西欧中世の民衆信仰――神秘の感受と異端

西欧中世の民衆信仰

LA RELIGION POPULAIRE AU MOYEN ÂGE

——神秘の感受と異端

R・マンセッリ［著］
大橋喜之［訳］

LA RELIGION POPULAIRE AU MOYEN ÂGE
Problèmes de méthode et d'histoire
(IL SOPRANNATURALE E LA RELIGIONE POPOLARE NEL MEDIO EVO)
by Raoul Manselli

西欧中世の民衆信仰

目次

【凡例】

一、本書は、Raoul Manselli, *La Religion Populaire Au Moyen Âge. Problèmes de méthode et d'histoire*, Institut d'études médiévales Albert-le-Grand, Montréal, 1975 の日本語版である。但し、翻訳の底本には、権利者の許可を得たうえで左記のイタリア語版を用い、同書に載る「緒言」および「序」を併せて訳出した。

Il soprannaturale e la religione popolare nel Medio Evo, Edizioni Studium, Roma, 1985.

一、「補遺」ならびに図版は原書にはなく、日本語版刊行にあたり新たに付したものである。

一、本文の右肩に付した（ ）は原註の註番号を、＊〔 〕は「補遺」の参照項目番号を示す。また、訳註は原則として本文中に〔 〕を付して組み込んだ。

緒言

この翼はもはや飛ぶには短いけれど
率先して大気を打つことも稀にして
その大気もいまや小さく乾燥し
意志よりも小さく乾燥し、
気を配ることと気にしないことを教え
じっとしているようにと教える。
（T・S・エリオット「灰の水曜日」）

ラウール・マンセッリは仏語版『[*]中世の民衆信仰、その方法と歴史の問題』公刊の年である一九七五年以降、このアルベール・ル・グランでの講演のイタリア語原文刊行をも念願していたと言えよう[1]。しかし、彼が「民衆信仰の信徒」と呼ぶ者たちは書物によるよりも、彼らがかよった教会の絵画によって文化的に養われたものであったことを意識して、彼はそれに数多くの図版を付したいと考えた。そこで、文献資料にしたがって再現された彼の書冊の本質《エッセンス》をなす民衆の宗教性に感興を添える図像を探し、それを加えることを欲したのだった。

数々の学術的責務——一九七七年には初期中世イタリア研究所所長となり、一九七九年にトリノ出版協会UTETから刊行された二巻からなる大冊の『中世ヨーロッパ』を準備中であった——深刻な家族問題、そしてしばしばわれわれにも起こるように、心が平静にかえり、他の問題に煩わされることないときに、最も大切な研究に戻りたいという想いから、この作業への着手は遅延した。

とはいえ、民衆の宗教性にたえず彼が関心を抱きつづけていたことは、なにより一九七九年ブダペストで発表された「中世における宗教と民衆信仰」、一九八三年雑誌「イル・ムリーノ」の「中世における民衆信仰」特集号の監修、一九八三～一九八四年の彼の最後の大学講義「西洋中世史における神秘」に通底しまたそれを主導する夥しい著作が証している。[2]

一九八三年出版社ストゥディウムの慫慂に、彼は次のように返答している。「貴方がわたしの『民衆信仰』のことをおっしゃるのは誠にごもっともです。残念ながら私事、また懸案多事にわたり、こちらの仕事はこの三年というもの遅延し……しかし印刷に付すため早々に着手したく存じます。問題は、貴方もご承知のように、挿図にあります」。一九八四～一九八五年の大学講座を準備するうち——それはひきつづき「神秘」の問題を扱っていた——彼は「今年中に、図版に要する経費を切りつめて、それを出版することになるだろう」とわたしに語った。

しかし神の摂理は別様に働いた。マンセッリは突然の心筋梗塞により、一九八四年十一月二十日に亡くなり、自ら何年も温めてきた研究の数限りないプロジェクトとともに帰らぬ人となった。そして、豊富な文献註、記録の写し、また各種の問題のニュアンスを識別洞察し、何をも見逃さない歴史家の驚くべく広範で注意深い探求解読の成果になる覚書、整理票が残された。

本緒言の筆者に残された、名誉であるとともに悲しい務めは、彼によって準備された最後の大学講義を教授の生徒たち（彼は学生たちを大変愛し、特別のとはいわぬまでも稀にみる援助配慮をみせた）になし了えること、そして今ここに何十年も共通した研究を続けてきた記憶を悲しみで圧し包みつつ彼が決意したとおりにこの書の印行を監修することとなった。

序文を寄せることを引き受けられたピエール・ボリオーニと、本書の監修に助力を惜しまなかった夫ラヨス・パストゥールに感謝するとともに、わたしたち二人とも永い友情で結ばれたマンセッリ教授を失ったことに深い哀悼の意を表して。

一九八五年五月二十日

エディス・パストゥール
ローマ大学サピエンツァ校

〔原註〕

●1）——ここに公刊する文書はマンセッリが準備したものであり、一切加筆改稿されていない。

●2）——ラウール・マンセッリの著作一覧は、彼の著作選集としてローマ大学サピエンツァ文学・哲学部中世史科と中世イタリア史研究所から近刊予定。＊＊以下、アルベール・ル・グランでの講演以降公刊されたものの内でも民衆の信仰に関連した彼の著作の一覧を掲げる。

「十一‐十三世紀の異端に対する民衆の不寛容の様相とその意味」　『十二世紀の異端研究』所収（ローマ、一九七五、増補再版、一九～三八ページ）
「中世魔女狩り序論」　『ヨーロッパの魔術』所収（ボローニャ、一九七五（一九七八再版）、三九～六二ページ）
「聖ベルナルドゥスと民衆信仰」　『クレルヴォーの聖ベルナルドゥス研究』所収（フィレンツェ、一九七五、二四五～二六〇ページ）
「十二‐十三世紀の民衆信仰」　『教会史の諸問題、中世、十二‐十五世紀』所収（ミラノ、一九七六、七三～八九ページ）
「十三世紀の宗教史における小さき兄弟会士たち」　『カターニァ古典・中世研究』所収（一号、一九七九、七～二四ページ）
「十四世紀の民衆宗教運動から社会運動まで」　『ワルド派研究紀要』所収（一四六号、一九七九、三九～四九ページ）
「キリストおよびアンチキリストとしての教皇たちと教皇庁、教会大分離への宗教的アプローチ」（仏文）　『西洋教会大分離の原因と発端』所収（パリ、一九八〇、五九一～五九八ページ）
「教会とフランチェスコ会女子運動」　『十三世紀の女性運動とフランチェスコ会運動』所収（アッシジ、一九八〇、二三九～二六一ページ）
「修道士と聖堂参事会員の民衆信仰との関係」　『西洋における修道制と司教座聖堂参事会制、一一二三～一二一五』所収（ミラノ、一九八〇、五五〇～五六六ページ）
「死に面してのキリスト教徒、初期中世の典礼伝統」　『カトリック研究』所収（二三〇～二三一号、一九八〇、二五五～二五九ページ）

「聖なる十字架の伝承、聖人伝の伝承からピエロ・デッラ・フランチェスカまで」　『文学・芸術・学術ペトラルカ・アカデミー紀要』所収（四二号、一九七六～七八、一九八一刊、四三～四五ページ）
「アッシジの聖フランチェスコにとっての祈り」　『フランチェスコ会論叢』所収（五一号、一九八一、五～一六ページ）
「農村地帯在俗者の信仰実践における古代文化に起因する抵抗」　『中世初期農村のキリスト教化と教会による組織、その拡張と抵抗』所収（スポレート、一九八二、五七～一〇八ページ）
「民衆文化の歴史性と非歴史性」　『民間伝承の古層表現』（ヴィテルボ、一九八二、一～一六ページ）
「聖フランチェスコ、人の悲しみから十字架のキリストまで」　『アナレクタTOR』所収（一六号、一九八三、一九一～二一〇ページ）
『十二世紀、民衆信仰と異端』（ローマ、一九八三年、全三八三ページ）
「ヴェルナでの一日、聖フランチェスコと修道士レオ」　『フラーテ・フランチェスコ』所収（三二号、一九八三、一六一～一七一ページ）
「アッシジのフランチェスコに関する口承伝承と文書編纂」　『ヴィットーレ・ビアンカ記念論集』所収（フィレンツェ、一九八三、一七～二七ページ）
「アッシジの聖フランチェスコの霊性」　『アッシジの聖フランチェスコ生誕八百年』所収（ミラノ、一九八三、六〇～七四ページ）
「中世の祝祭」　『古典古代より十五世紀イタリア宮廷に至る饗宴祝典』所収（ヴィテルボ、一九八三、二一九～二四一ページ）
「一千三百年、聖年の宗教性、その一解釈」　『ローマ紀元千三百年』所収（ローマ、一九八三、p七二七～七三〇ページ）

「アッシジのフランチェスコにおける民衆信仰についての覚書」　『中世の安息日、J・M・デ・スメット献呈論集』所収（ルーアン、一九八三、二九五〜三一一）
「女性運動を前にした十四世紀の教会についての省察」　『アナレクタTOR』所収（一七号、一九八四、五二九〜五四二ページ）
『中世の民衆信仰』（ボローニャ、一九八三）
「中世における宗教と民衆信仰」（ハンガリー語）　『ハンガリー中世の歴史観論集』所収（ブダペスト、一九八四、一九九〜二一二ページ）

これらの論考はマンセッリの急死により本書イタリア語版草稿に補塡できなかった追加文献とみなされたい。***

［訳註］

*――*La Religion populaire au Moyen Âge, Problèmes de méthode et d'histoire,* Institut d'Études Médiévales Albert-Le-Grand, Paris, Vrin, 1975.

**――刊行済み：*Scritti sul medioevo,* Roma, Bulzoni 1994 ; *Da Gioacchino da Fiore a Cristoforo Colombo,* Roma, Istituto Storico Italiano per il Medio Evo, 1997.

***――第Ⅰ章原註4に原綴を補った。

序

今は亡き友たちにたいする親しい記憶とともに、故マンセッリ教授のこの書のアイデアがどのように生まれたか、特にはっきり憶えている。この遥かな前史は、この著作の意味を了解する援けともなることだろう。

一九七三年の秋のこと。マンセッリ教授はモントリオール大学の中世研究所[*]の招請により、中世の民衆的異端について五週間のセミナーを行なった。またこの論議は「アルベール・ル・グラン公開講座」で再び採りあげられることとなったが、これはこの研究所の学術的閲歴において最も盛大なものであった。毎年、中世研究の大家が自らに最も親しい題材の成果を説き、将来の研究に刺激を与える公開講座開催のために招聘される。毎年開かれるこの講演会では、エチエンヌ・ジルソン、アンリ・イレーネ・マロー、M・ドミニク・ケヌー、ポール・オスカー・クリステラー等著名な学者が語っている。本来のプロジェクトは、マンセッリ教授にまさに彼の中心的研究領野である中世の民衆的異端について、その概要を問うことにあった。しかしセミナーの諸週のあいだに、このプロジェクトは別の方向に発展しはじめ、本書をなすイタリア語のオリジナル・テクストに結実する。われわれの間での長い論議の末、フランス語のタイトルは「中世の民衆信仰、その方法と歴史の問題」となった。この変更を知らず知らずのうちに導いたのは参加学生たちであった。

　それはほとんどフランス語圏ケベックの学生たち二十人程で、彼らにとって中世の異端問題はもちろん歴史文化における熱い一章ではあったが、それにも況《ま》して信仰と社会の現実問題として特別な題材であった。実際、当時は所謂「静かな革命」の最も困難な時期にあたっていた。この間、ケベックはアングロサクソンの影響から自らを護ろうとする閉じた農村社会の保守主義的な言語‐郷土‐宗教という怪しい三項図式から、世俗都市としての多層社会へと社会機構も人心もめまぐるしい展開を遂げた。この急激な変化にあって、公教会組織は――聖職者が政治生活に厳然たる影響を及ぼし、教育にも社会活動にも絶対的な権限を有していた万能の長い時節を過ぎ――ほとんど壊滅的な動揺を来たし、組織は解消し、信じられないほどの教会人を失い、日曜ミサ参列者も激減し、新たな「知識階層《インテリゲンチァ》」の大多数からの鋭い反教権主義運動の矢面に立たされた。こうした啞然たる衰滅の中でケベック教会の残余はいまだ完全には再興ならず、それに代わる勢力として少数派とはいうものの、活動的で中世の民衆的異端との親近性を見ないわけにはいかないような、キリスト教の周縁的な運動が幾つも起こった。共同体生活、原理主義的聖書講読、カリスマ集団、カトリック的聖霊降臨論、「民衆教会」、教会外儀礼。公教会の指導に対するあからさまな無関心がほとんどすべてのグループを近づけた。

　だが、マンセッリ教授のセミナーに参加した若者たちの興味は周縁的グループの諸現象にとどまるものではなかった。これら学生たちの大部分は、学術的要請を超えた個人的な関心から、穏健な「民衆信仰研究所」[**]にも参加していた。これはブノワ・ラクロワとわたしがこうした分野の研究のため一九六八年に設立した研究会で、大学機構に属するものではなかったが、この問題を論じるために定期的に集まり、毎年ケベックのいろいろな大学で個別の提題についてモノグラフィー的会議を催すアマチュア・サークルの一種であった（マンセッリ教授も一九七三年、シェルブルク大学での催しには「民衆信仰とケベックの古文書群」を以て参加された）。

われわれの会議は定期的討論同様、公教会組織の衰滅にもかかわらず第二ヴァチカン公会議後突然進歩主義者に変身したケベックの聖職者が、耐えられない様子で不本意ながら眺めていたようにみえる民衆信仰の多様な形態のまさに信じがたい生命力とともに生き残りつづける状況にあって、常に意表をつく問題の確認に資するものだった。大量の巡礼、神秘や奇蹟の待望、教会外での献身。ほとんど文盲のある助修士によって創設された壮大な市民の聖域、サン・ジョセフ・ドゥ・モン・ロワイヤル礼拝堂は毎年二百万人の巡礼を引き寄せつづけ、サン・タンヌ・ド・ボープレやノートル・ダム・ドゥ・カップの聖域もまた何百万もの人々を惹きつけた。日刊紙には小さな広告コラムに、聖ユダへの報礼の祈り、聖霊への祈願、また「N・Nの費えにより報礼を公約す」といった匿名の祈願が載りつづけた。サン・ジョセフ礼拝堂へ赴きそれを目の当たりにするだけで、こうした信仰の多様で熱心な諸形態を現実に捉えるに十分であった。公衆の礼拝に供された僧《フレール》アンドレの心臓をとりまく蠟燭と灯心、信仰の生の熱烈さの完璧な象徴、大衆をあつめた公開祈願、病人たちへの祝福ばかりでなく、終わりのない木製階段を跪いて登る巡礼たち、請願と苦悩のうちに忘我の人、また地下礼拝堂の隅に身を隠して祈る人。

マンセッリ教授は、その他人への際立った共感と好奇心からする驚くべき包容力をもって、彼の学生たちの提起するこうした問題に熱心に対応した。すべてを聴き、すべてに関心を寄せ、彼を魅了してやまないこの新旧の奇妙な混交からなる環境を理解しようと試みた。セミナーでの討議はこうしてより広範な問いへと移行し、彼はそれが若者たちに齎す不安焦燥にも十分自覚的に鋭くそれを受け入れ、次のような問いへと導いた。キリスト教はいかに生き延びるか。公式な組織を超え、いかに大衆のうちに根づくか。こうした大衆はキリスト教史に具体的に何を齎すか。なぜケベックには、すでに中世初期の宗教史を特徴づけ、またラテン・アメリカを特徴づけるような、キリスト教と先在文化との共存といった際立った形が存在しないのか。

　こうした関心と問いの総体に向け、彼をとりまく環境の文化的な懸念によりよく応えようとするかのように、マンセッリ教授は会議のために準備された異端という主題を、中世の民衆信仰へとより一般的に拡張しようと考えるに至った。実際彼には、その新しい枠組みのうちに自らの研究人生を捧げてきた関心と問題のすべてが合流するように見えたのだった。西洋史におけるキリスト教の役割、大衆の霊的要請からする不満の生きいきと自律した表現としての中世の異端の数々、アッシジのフランチェスコという偉大な姿によって奇蹟的に乗り越えられたものの、たちまちフランチェスコ会運動のうちに再発した「霊的教会《エクレシア・スピリトゥアーリス》」と権力構造との永劫の緊張関係。約《つづ》めて言えば、「民衆信仰」という観念は彼にとって刺激的な動機と映り、それを巡って彼の研究者としての深い関心と参加学生たちの好奇心から浮上した諸問題が、新たな総合のうちに組織されることとなった。こうして知的また実存的展望をひとつに、本書の一頁一頁に漲る中世の民衆信仰の解釈の大枠に到達したのだった。

　彼にとっては何よりまず、中世の民衆信仰という問題を挿入するに最も適し、また実り多い場は、キリスト教史という舞台であった。実質的に民衆の信仰あるいはより厳密に言えば慎ましい文化水準にある宗教世界が、独特な様態において解釈され、比較的自律して生きられたキリスト教として示されることにより、この歴史に彼の論考は堅く繫留されることとなった。もちろんマンセッリ教授は、民衆信仰の民俗学的な深みを無視した訳でも、異教の残滓という問題や宗教者の無知という問題、あるいは中世ヨーロッパに存在した折衷主義の曖昧さを視野に入れなかった訳でもない。本書で彼はそれを公然と論じているし、また彼はこうした現象に数々の研究を捧げている。しかし彼は、こうした点にのみ民衆信仰の意義をみることを常に拒否しつづけ、キリスト教化はすくなくも十一世紀以降西ヨーロッパ中に浸透したという前提に立って、さほど文化的に高められていない人々の宗教史にとっても、公式キリスト教の深みは不可避的な準拠点とされる。こうして彼にとって中世の民衆信仰の中心問題は、大衆のキリスト教的文化変容つまり公式キリスト教の教えがいかに民衆に受容され、民衆が順応していくか、という問いとなる。中世の民衆信仰を魔術あるいは隠秘的異教主義といった次元に還元しようと欲する者たちに対して、彼は不満を隠さなかった。ピエール・サンティーヴの『現代の異教主義とケルト－ラテン民族』に示された理論などは、彼にはこの問題に関わる真の歴史と社会の深みを知らない民俗学者による逸脱とみえた。こうした観点から、彼は中世キリスト教という広範な歴史において、下級聖職者たちの果たした重要で特別な役割に注目した。彼らの修養と宗教的心性について注意深く研究するようにとの誘いは、本書の最も刺激的な省察のひとつとなっている。

二つ目の特徴は、民衆信仰の自律的活力を高く評価したところにある。これは決して文化変容の受動的で怠惰な帰結とされることなく、公式宗教の組織を持続的に決定的に改変していくこととなる生命力とみなされる。宗教のこうした二つの水準からする影響の循環性とその寄与の相補性という主題は、中世キリスト教の歴史の全体性において理解されるべき本質的問題として一再ならず巧みな言葉で語られる。まさにこの主題こそ、マンセッリ教授がその著作の中で、民衆的異端が中世キリスト教の生に齎した決定的な貢献として論じるところである。

民衆信仰の深い生命力と相対的な独自性を前提することによって、そこから法学者や神学者たちの宗教から区別されるその内在的特徴や固有の意味を掬い取るために、歴史のリズム、公式宗教とは違った具体的衝迫を照合しつつ、この著者はこうした宗教性の構造現象学のようなものを構築しようと試みているようにもみえる。この試みは漠然とした民衆信仰と称するものを実態化するものであり、具体的諸状況に対しあまりに抽象的に過ぎると中傷されもしたが、これは歴史の帰納推理の帰結ではなく、民衆信仰が実際に中世に存在したことを要約するとともに、その生命力に新たな理由づけを与えたものである。こうした民衆信仰の特徴にかかわる総合的規定および論述としての研究がいかに困難なものであろうと、人類学的統一性の再構を拒むような諸事実の際限のない寄せ集めに縮約してしまうことを欲しないならば、それはもはや避けて通ることのできないものとなる。

マンセッリ教授のこの書は熱烈な反応を将来した。これは先駆的な書物であり、先駆者はその誉れとともにリスクも負うものであるゆえに。国際的な歴史学討議において「民衆信仰」という言葉を最初に使ったのは彼であり、それは同意と論争をともどもに惹き起こさずにはおかず、新たな会議や討論の機会を齎し、また数多の研究が続いた。当初彼は歴史学の伝統的アプローチを、社会学、人類学、宗教史学といったすべての人文科学と総合する途を探ることを提言した。まず彼は民衆信仰の問題を、中世キリスト教史における構造的で不可避の問題として想定したのだった。

こうした示唆を受けて、他の研究者たちはキリスト教文化と民俗学的基層の関係を跡づけ、また別の者たちは具体的に民衆信仰が姿をあらわすこととなった社会階層を研究し、こうした社会‐文化状況がいかに個別具体的にキリスト教に影響を与えることになったかを調べた。そしてまた別の者たちは、より厳密にあれこれの現象、あれこれの地域をモノグラフィーとして研究し、より詳細な輪郭、より分別的な解釈を提示することになった。しかし本書に漲る暗示的緊張感は今もかわらない。十年の歳月を隔てて、本書はいまだ完璧に初発の飢渇に応えつづける。それは正確な答えを提供しようとするものではなく、新たな問題を大胆に提起し、数々の方法を示唆し、より広い研究に導こうとするものである。今日顧みても、この著者がかくも短い頁のうちにいかに多くの問題を指摘し、多くの仮説を提示し、多くの範疇を機能させることができたかを観るのは驚きである。

この論考について偉大な中世史家レオポルド・ジェニコはフランス語元版の書評で次のように語った。「この著作の紙幅とこの分野の研究状況を省みるに、マンセッリ教授のこの書のごとき著作をなし得る歴史家はほかにほとんど見あたらず、また誰もこれに優るものを書き得ないであろう」。それから十年、この評言は今もかわることなく是とされる。

ピエール・ボリオーニ
モントリオール大学

＊――Institut D'Études Médiévales Albert-le-Grand.　＊＊――Centre d'Études des religions populaires.

第I章 方法の問題

PROBLEMI DI METODO

【扉図版】
年間農事
バルトロメウス・アングリクス
『事物の諸特性について』（1445-50年頃）挿画
パリ国立図書館蔵

1　民衆の信仰とキリスト教の現実

知性に溢れるばかりか機知にも富んだイギリスの文学史家、クライヴ・ステイプルズ・ルイスは、没後刊行された論考『中世における想像力と思惟』の巻頭で、中世の人間について概括する指標の数々を提供してみせましたが、それは、じつに啓発的であるばかりでなく、本書で論じようとすることがらの前置きともなり得るものです[1]。彼は次のような考察をしています。「中世の人間は現代の未開人たちに共通したいくらかの無知のうちにあり、その信仰のうちには人類学者が不思議な並行現象とでも称するようなところがある。しかし彼が未開人であったと推測することにはひどい過ちがあろう。それはこうした評価が中世の人間をその真の尊厳からひきずりおろすものであるから、というばかりではない。あるいはかえってポリネシア人の方に好感をよせる者があるかもしれない。いずれ良くも悪しくも両者は異なったものだった。彼らは別の観念体系のうちに棲み、異なった歴史をもっていた。ある未開な様式で考え行動していたとしても、そこに到達した道は違ったものだった[2]」と。ルイスによって明確に表現されたこうした観察は、どちらかというと民族学の、社会学の、そしてまた各種の宗教史学の研究対象であるような問題に対処しようとする中世史学者としてのわたしを勇気づけてくれるものです。

　それは中世の民衆の宗教性について――モントリオールのブノワ・ラクロワとピエール・ボリオーニが実現に努めていた称賛に値する研究を別にして――その見通しをつけ、位置づけをする暇もないうちに、未開人たちの研究、現代の民衆あるいは古典期の信仰、また過去の大宗教の数々に対する研究の増加により、まさにそれが氾濫をきたそうとする時のことでした。[3] 信仰生活の個別の観点についての探求[4]がなかった訳ではありませんが――ここに第一の問題があります――中世の千年のうちには、典拠の種類によりまた精神態度の違いによって差異があるのであって、つまり一般的な語彙の数々――これについてはいつもたち戻って考えてみる必要があります――と各々の時代や土地の違いに特徴的な個別性について調整する努力を怠ってはなりません。

　人類学者たちの用途に従うとして、フィールドにあるとはこの場合慎重に広大な記録資料《ドキュメント》の堆積にたち向かうことを意味します。これについて、今日の人間科学によって提供される有益な援けを識る必要がある一方、民衆の信仰がその時代の歴史的現実と絡みあったものであるという事実が由来する資料自体の、歴史化に伴う方法論的基礎に潜む要請を決して忘れてはなりません。実際、中世における民衆の宗教性を研究するものを条件づけるのは、まさに歴史性そのものなのであって、人間科学に由来する方法論的指標と傾向の受容それ自体がその限界をも画しているのです。

2　民衆の信仰と知的な宗教の懸隔としての中世キリスト教

では、翻って今日、民衆の宗教性に関する探求についていかなる位相から取り組むことが可能なのでしょうか。いまだ転変をつづける議論の詳細にたちいることなく、まず最初にどうしても、信仰心というものの「単一性」を確認しておくことが必要であると考えます。いずれにせよ、信仰というものはそのうちにあってはどんな分節も引き裂かれるような痛みとならずにはおかないような「統一ある現実」としての人間の具体的体験を表示するものと規定されるでしょう。つまりわたしのみるところ、何人もの人が陥ったように「民衆の」信仰を「知的な」宗教とは完全に区別されるものと観ずるようなことは、方法論的な過ちなのです。民衆の詩と芸術的な詩についてーーずいぶん以前にベネデット・クローチェが註したように(5)ーー「詩」としてそこに差異がある訳ではないが、表出や表現としての詩の形において差異があるのだというのは、中世のキリスト教をとりあつかうわたしたちの場合、信仰であることには違いはないがその形態において違いがあるのだということになります。

では、中世において知的な宗教と民衆の信仰のあいだには、いかなる区別を措くことができるのでしょうか。前者つまり知的なものは、キリストの啓示の〈ことば〉によって与えられる諸事実を観念的に組織化体系化しようとする傾向があります。後者つまり民衆のものは、同じ啓示の〈ことば〉を観念的な現実の複合したものとしてではなく、至高の権能によって保証された真実として受け容れます。それは信仰と霊性の歴史においてすでに諸々の形をなした心的構図のいずれかによって枠組みを与えられるような、群集の宗教的要請を満たすことができる限りにおいて、主観的に受容されるのです。そこから民衆の信仰には論理的な事実よりも感情的な事実に継続して優越が認められることになり、先在する伝承が確としてひき続き変容と適合をみせつつ、知的な省察に由来する指示や禁止を越えたある現実《リアリティー》として続くことになるのです。それはたとえ切実なものでないにせよ、信仰に対して、中世の民衆の困難な生活において強くみられる、保護の、援助の、慰めの要請への満足を求めるのです。(6) 一方、知的な宗教は、可能なかぎり厳密で論理的に、後述することになるような民衆の信仰をも考慮に入れて、自らの含みこむ諸要素を適合させる過程を採りつつ、常により秩序づけられ一貫性のあるものとしようと努めるある複雑なもの、として特徴づけられます。民衆の信仰の方は、より素朴で整序されておらず、つまりその特徴は多岐多様であるとともに、より不安定でより消耗、損壊、変移といった事態を招き易く、中断、放棄にまで到り得るものです。

こうした事態のすべてから、中世とその意味するところのより深い理解に資する一連の帰結が導かれます。

まず第一に、歴史家にとって、知的な宗教と民衆の信仰のあいだに質的な差異はありません。実際、両者ともそれぞれに二つの異なった様相のもとに観られているとはいえ、お互いに矛盾したり他を排除したりすることなく、またその意味価を異とするものでもない人間のある現実、ある具体的な生の了解に生気を与えてくれるものなのです。文化史家にとって、農婦の木靴は貴婦人の靴同様に重要な対象であり、指物師の鋸や樵《きこり》の斧は騎士の剣にも等しいように、中世の信仰生活や文化の様相を研究するものにとって、民衆の信仰は知的なものに劣らず重要です。

この点について、さらに正確を期しておくことにしましょう。質的な比較や評価を排除したままで、知的な宗教はその文化的様相の実質や多様な発展に焦点を当てることにおいて、知識人の世界を観ることを許す一方、民衆の信仰はまさに人々の感情的現実にかかわる感情と要請の複雑な絡まりあいによって、時から時へと、場所から場所へと、ある時は個人的な、また時には集団の希望や喜びを識らせてくれるのです。どんな書簡も、祭壇画も、記録文書も伝えることを知らぬ、直接的で具体的な民衆の信仰を。実際、それは中世のある場所から別の場所へと各々厳密な特徴を見せつつも、知的に統率されたり条件づけられたりしたものとしてのその領野は組織的でも体系的でもなく、何よりもいろいろな宗教体験を編みこんだ織り目をなしているのです。

3　文化変容を語らねばならないのだろうか

民衆の信仰と知的な宗教の関係がここで指摘したようなものであるとすると、そこに際だった帰結が齎されることになります。つまり、文化変容を語ることには、われわれは十分慎重でなければなりません。[7]

ある文化が他の文化にとって代わったり、その精神を支配したり調節したり変容させたりするのではなく、「二つの」文化のあいだの相互的な関係が、恒常的にお互いに影響を与えあう弁証法的な関係が見出されるのです。もちろん同時にそれらは遭遇と融合の可能性の探求でもあります。してみると、キリスト教への改宗の時というのは知的な宗教の信仰者の側が、より深く決定的に文化変容を蒙ったということであったように見えます。

著名なテクスト、『ピルミーニウス言行録《ディクタ・ピルミーニ》』*[a]〔八世紀後半〕あるいはノワヨンの聖エリギウス〔五八八頃～六六〇〕の『説教集《セルモニ》』や、その他いまだ信仰教義に確信のもてない信徒たちのために準備

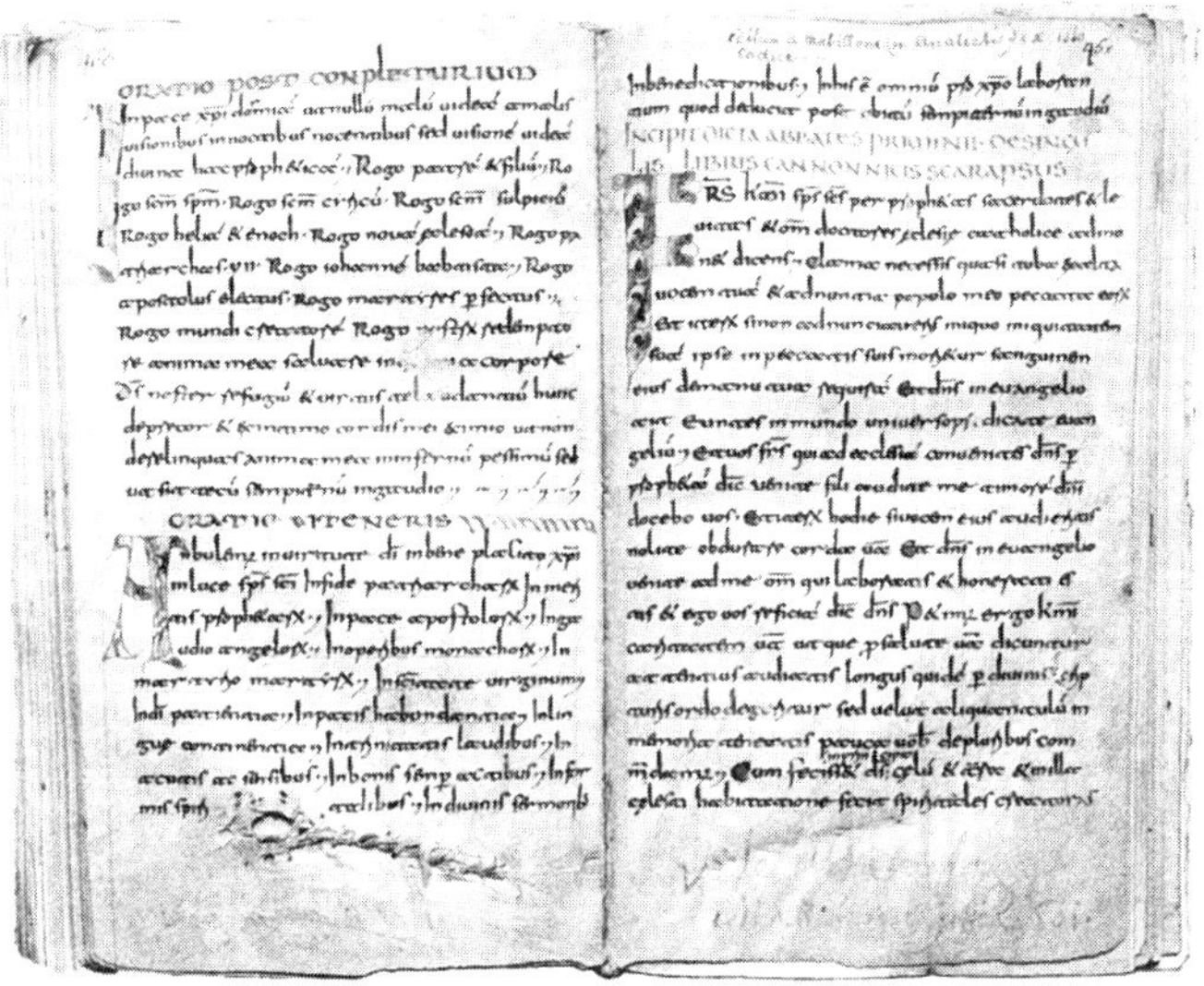

ORATIO POST COMPLETURIUM

INCIPIT DICTA ABBATIS PIRMINII DE SINGULIS LIBRIS CANNONICIS SCARAPSUS

『ピルミーニウス言行録』
8世紀後半の写本、ライヘナウ修道院蔵

された説教のいくつかを読んでみるならば、ある文化の架乗の印象を、たしかにそれをつなぎ合わせることによって先在文化を変質させようとする傾向を、認めることができます。しかし実のところ、慣習を、伝統や風習を廃する必要について固執することは、先立つ信仰を棄て、信仰そのものを変えねばならないと繰り返すことは、語彙の厳密な意味において文化変容が現実には生じてはおらず、二文化間の交換過程における調整がおこなわれている段階であることを意味しているのです。それはまた重要さにおいて優るとも劣らぬ、キリスト教のうちへの先在する宗教の風習、慣習、言い伝えの受容という別の一連の事実をみるとき、より明らかなものとなります。(8)

たとえば、どのような裁きの形をとるものであっても、神の審きに関する典礼の数々をみるとき、そこにはキリスト教的心性に出るというよりも、キリスト教的に装われたゲルマン心性ともいうべきものが見出されるのです。(9)

実のところ、中世初期に真正のキリスト教文化がみられることは稀な事態なのです。そしてこれは、上層文化や知的な宗教についてのみ言うことのできるもので、心性の深い変化は熟慮に富んだ深い価値をみせる著述家や神学者たちが見せてくれるところにしかないのです。そうした中にも、特に神秘に言及するものには、民衆の世界の形式や観点からする伝統がますます露わに暴かれるような「不思議」の類の受容契機が認められます。(10)

これに対しては、実際にはそうは見えないほどに執拗な抵抗が試みられたのですが、教会は一

簡易食台での宴会
「ラトレル版詩篇」（14世紀）挿画、大英図書館蔵

連の譲歩と適応を迫られることになります。つまり、ローマ・ゲルマン文化の受容作業は、一世紀以上前にはじめてその重要さと意味を浮き彫りにしてみせたロマン派の歴史学が考えも及ばなかったほど、非常に難しく複雑で多様なものでした[11]。要するにそれは数限りない障害と困難のうちに分け入る、骨の折れる、緩慢で些細な作業の積み重ねだったのです。確かにキリスト教は揺るぎないものとなることに成功し、教会は民衆に、神のたしかな臨在と援助の恩恵を享けた唯一の同じ共同体《コルプス》に属することの意味を与えるに到ります。しかしそれも、同時にキリストの信仰という複雑な全体性を、民衆の心性に適合させるためにひどく単純化する過程を経ることによってのみ可能だったのです。これはすでに類似した接近過程をローマ人に関しても証することができるのですから、何もゲルマンの心性についてのみ言っているのではありません。とすると、ある事実が非常に興味をそそることになります。控えめにみても、ローマ人とゲルマン人の心性の差異は最小限度にまで近づきました。南フランスにおいてアルルのカエサリウス*[b]〔四七〇～五四三〕の用いた言語、訓戒、規則の数々は、後続する各民族への宣教においても安んじて用いることのできるものでした。ピルミーニウスやエリギウスにも、カロリング朝またカロリング朝以降の公会議や管区会議に到るまで、その余韻を聞き届けることができます[12]。

　その上、ローマの行政階層に属する専門の慎重な聞き手たちを相手にした知的な宗教は、初期の侵略の数々の後、王から――文化的に観て――最下層の民衆までを同一水準に見出すことになりました。つまり中世において、シャルル・マーニュによって好意をもって迎えられたアニアーヌのベネディクトゥス〔七五〇頃〜八二一〕による修道制改革や王宮学校のように[13]、権力の座にあるものたちが文化の重要性に気づき、それを援け、またそれを身につけるにいたることがあるにしても、おおむね民衆の信仰の心性や形に従うものであったと評することができるでしょう。

中世の大部分の文化は聖職者の世界に限られたものとしてあった故に、それ自体の理解ばかりか、この千年間の民衆の信仰や霊的、政治的な生活の形を理解するために大きな重要性を帯びることになります。これら聖職者たちはその重要性や教養にもかかわらず少数派に過ぎませんが、以下に観るところとなる史上の民衆の信仰の自律展開はすべてそこに起因するものであるゆえに、少しばかり概観しておくことにしましょう。

4　中世における司祭階級の重要性と機能

中世のヨーロッパにおいては、ゲルマン民族の居住しないあまり広くない領域（ヴェネチア、プーリア、カラブリア、後にイスラム化するシチリア、地中海岸のカンパーニア、ローマ）を除いて、ゲルマンの伝統の複合が認められます。教会は民衆との疲れを知らぬ対話を通し、それに対して応える努力を続けました。ヨーロッパのローマ帝国領から分裂後の数々の王国へ、そしてカロリング朝帝国にいたる千年紀を越え、一方いまだスカンジナビアがその詩に古の神々を謳っていた十三世紀末には、スラブや北欧の境域を越えて。

この文化間の交換および相互の適合の過程が新しい形と新しい方向を獲得するためには、都市という民衆の信仰の新しい形と新しい様式が出現することになる十一世紀の「キリスト教文明」のはじまりをまたねばなりません。しかしそこではまた、民衆層にすでに多くの文化的な相互影響が起こっていることに気づかされるのです。農村地帯においては、その収支が目覚しいというのではないにせよ、伝統的世界のキリスト教への転換のための枠組みがすでに完成に近づきつつありました。宗教的に責任ある人々は、伝統の濫用を指摘した咎め、規範と限度を設けたのです。キリスト教以前の民衆の心性の「残滓《カプート・モルトゥム》」である、神判や決闘、各種の魔法や妖術の実践、教会前での舞踏や劇の上演の慣行、愚者《アシニ》の祭りや無辜《インノチェンティ》の祭はいまだ根づよく残っていました。教会の規定に反する高利貸しや詐欺行為については言わぬことにしましょう。どちらかといえばこれらは時と場所とを選ばずこの世にはびこる人間の貪欲さに帰すべきもののようですから。

すでに述べたように、都市の出現によってすべては変わりました。

とはいえ農村が消え去った訳ではなく、一度ならず特に経済史家たちは、中世を通して農村生

教会の祭日の風景
ハンス・ゼバルト・ベーハムによる木版画、1535年頃

活が基本的で決定的な役割を果たしつづけたという事実を忘れることのないように注意を促してきました。しかしそれにしても、徐々に都市が農村よりも支配的な様相をとりはじめることの意味が失われるわけではありません。それどころか、いろいろな様式や形態によって、都市は——特にイタリアでは——手段を尽くして農村との連繫を確立するとともに、それを監視し支配しようとしはじめます。それはつまり、農村部における民衆の信仰が停滞をきたし膠着する一方で、都市は教会という組織だった機構において力づくでかからねば済まない新しく気難しい存在として姿をあらわした、という事態をも意味しています。

都市の民衆の信仰は、もちろん宗教であることにかわりはありませんが、今やまったく違った内容を負った新たな要請を突きつけることになるのです。それは、約《つづ》めて言えば、〈社会〉性と呼ぶことを許すような、たとえば貧困——これについては後述することになります——といった生の基本要素に著しい変更をもたらす問題です。

ひとつの事実がこの点を明らかにしてくれるように思われます。生の様式や人の活動や条件の違いに由来する諸々の信仰態度が、宗教的現実《リアリティー》を求める唯一の方法として民衆の信仰のうちに融合するのだということを。民族的社会的に異なった二つの現実のうちに生きる八世紀のアイルランド人もしくは同じ時期のイタリア‐ランゴバルト人が二つの異なった信仰形態においてふるまったとしても、それは両方とも民衆の信仰でした。同様に、初期中世のヴェネチアの商人は、同じ町の船乗りとは違った信仰心のうちに生きていました。にもかかわらず両者とも民衆の信仰であって、知的な宗教とは異なったものだったのです。この視角からすると、歴史の具体性においてて民衆の信仰は社会的経済的でなく、霊的精神的要請として迎え括ることができる限りにおいて「社会階層の違いを捨象する」ものであり、そこでは経済的社会的事実はある現実《リアリティー》との照応関係において自らを表現し主張するのです。その現実《リアリティー》とはキリスト教的中世においては、超自然、より厳密を期すならば、民衆の信仰が受け容れまさにそれを知りそれを成し得、また成すところの具体的な〈神秘〉です。

知的な宗教と民衆の信仰という二つの宗教を結ぶ弁証法的関係、厳密な相互依存性、その歴史における具体相について述べたことから、そうした関係がいかにして自己実現されるか、つまりいかにして聖職者の文化が民衆にまで届き、たとえそれがある限界のうちの妥当性に留まるものであっても、いかに相互了解を見出すか、また一方、民衆は時としてはっきりせず、明示的でも意識的でもない自らの要請を、強制に、時には肉体的暴力にまで押しあげることによって要請として綜合することにおいて知的世界にまで届かせることができることが明らかにされます。

ここで聖職者階層の重要性が問われねばなりません。その階層は決して均質な文化教養を備えた者たちだった訳ではなく、ひどく細分されまた異なった水準の者たちからなっていたのです。「聖職者」階層を学識者階層とみる深刻な過ちを犯さないようにせねばなりません。それは知的な宗教に含まれる、というに過ぎません。実際、初期中世から宗教改革前夜にわたる長い長い証言の数々が、疑いようもなく、「司祭階層の内部にもまた」知的な宗教と民衆の信仰の区別を確認することができることを教えてくれるのです。そのことを納得するためには、九世紀にプリュムのレギーノ[*c]〔八四〇頃〜九一五〕によって編まれた教区訪問用の問答必携あるいはオド・リガルドゥス〔一二七五没〕の味わい深い教区訪問記また中世ヨーロッパの多くの教区の司教区会議規約集の類を見れば十分です[14]。

つまり聖職者といっても、その教養はちょっとした宗教上の知見のいくつか、ラテン語の初歩的知識を出ない者たちがいた一方で、修養を経た者、また神学や聖書に対する完璧な研鑽を積んだ者まで、雑多でした。

しかしそれを聖職者階層として一括し（不可抗的に存在する偏向した少数派は除外して）、一定の環境において会合をもち、討議する義務を課すという制度上組織上の性格からする事態があります。

無知な者たちであっても、聖職者である限り日常的に司教たちを目にし、近隣の修道院との交流や儀式典礼の機会をもち、利得や寄進――自らの利益を守るため以外のなにものでもなかったでしょうが――を論じ、地方教会会議や教区会議に出なければならなかったに違いありません。こうしていろいろな知的水準の聖職者たちとかなり頻繁に接触することとなり、いずれかなりの影響を被ることになる訳です。一方、司教、修道院長、教養ある聖職者たちにしても、民衆の信仰表白に出会わずに済むということはありえず、毅然とした態度であったり柔らかい物腰を通してであったり、いずれ態度を示さない訳にはいかなかったことでしょう。そして、良識や義務感からそれを教導し、矯正し、変節させ、場合によっては追放に処すことすらもありました。下級聖職者たちは、教養ある者もそうでない者も、そうした時に注意を払い、身構え、催促し、対応に応答を繰り返すことによって、ついには知的な宗教と民衆の信仰のあいだの行為と反応を解消していったのです。

要するに中世を通じ、こうした宗教の二様態は紛糾の中にあり、一方の発展と変容は他方をも含む多様な反応のうちにいろいろ異なった修正作業を遂げるのです。それはグレゴリウス時代や十三世紀などにみるように、知的な宗教を捲きこんで繰り返し起こる事態です。そしてこうした改善が信徒たちをより深く捉え、より配慮することになっていきました。また民衆の信仰が発酵段階にあり、問題を抱え、騒動が起こる前に、速やかにその反動を嗅ぎつけ、それが知的なものであり時として新しい困難をもち来たるような場合にも、検討し、対話し、議論し、そしてついには受け容れるか拒否することになります。

こうした事態についてはいくつか例示してみるほうが明瞭でしょう。

十二世紀末から十三世紀のはじめ、西欧ではしばしばマニ教と同一視される異端カタリ派が、哲学も神学もすべてを含めて非常に先鋭な問題、悪について再提起をおこします。カタリ派が長く民衆水準の問題に向かい、哲学的水準で対応した訳ではなかったというのは事実です。しかしそれにもかかわらず、知的な宗教はそれに対し、鋭敏に反応します。実際、悪に関する議論は、この歴史的時点において、ますます精密化され確固とした没個性的な〈討究《クエスティオ》〉の的となっていたのです。すでにオーヴェルニュのギョーム＊[d]〔一二四九没〕の神学論考から聖トマス・アクィナス＊[e]〔一二二五頃～一二七四〕の大著『悪について』に到るスコラ学の時代でした。

また一方では聖母信仰という問題があります。これは民衆の信仰に押されて生まれたものですが、それがキリスト論の神学的発展のひとつの契機ともなったのです。そしてこの神学的発展は、すぐさま中世の民衆の信仰に影響し、十二世紀から徐々にひきつづく諸世紀にわたり、聖母に献げられた教会の増加となってあらわれます。

民衆の信仰と知的な宗教の相互影響の媒介者としての司祭階層の働きは、民衆の信仰が中世末の数世紀に書写されることになるにしても、いまだそれは稀であり、中世の多くの局面では口承で伝えられ拡がるものであったことを考慮するならば、著しく興味深いものであったというだけでは済まないものでした。

5 民衆の信仰とその口頭伝承

民衆の信仰の現実の意味するところを浮き彫りにするためには、この事実をいくら強調してもしすぎということはありません。それは信仰の専門家たち、ひとたび定められたら易ることのない規範や規則から成るものではないのです。それには繰り返しによって記憶にとどめられた短い章句のいくつかで十分なのです。聖なる歴史の基本的な事実のいくつか――使徒たちの象徴、十戒――といった、それ自体どのように了解され適用されるに到ったかかならずしも明瞭ではない事実のように。こうした僅かばかりの一定した要素をめぐって、口伝《くちづ》てに時や所にしたがって変更を加えられ、聴衆を得、その同意を得るために必要な加工や変形をほどこされることによって、別の一連のものと化していったのです。

こうして言葉はその重要性を獲得してゆくのに、それを発する人物の価値が決め手とならない訳ではありません。農民や町民の誰かが語りいずれ皆が耳にした同じ議論でも、聖性をとりざたされる隠修者や説教者あるいは権勢ある者が語れば、その威力は絶大です。民衆の信仰にとって、語る者は聴く者の信頼をかちえなければ、あるいはすでに何らかの信頼を得ているのでなければなりません。こうした意味において、回心した者のものがたりは格別の意味をもつのです。

実際、カンタベリーのアウグスティヌス〔六〇四没〕によるアングル族の何千という人々の改宗をわれわれが読むとき、それに懐疑的になるか誇張と信じるのは容易です。しかしそうではなく、こうした改宗が民衆の君主に対する信頼の行為を基に起こったものであったことを忘れてはなりません。実のところ、周知のようにアングル族の王の妃はカトリックだったのです。その夫エゼルベルト〔五五〇〜六一六〕はカトリックに好意的で、教皇大グレゴリウス*[f]〔在位五九〇〜六〇四〕の遣わした宣教団にも援助しました。とすると、この大量改宗も了解可能となります[16]。

そうしたことの確認のひとつとして――心理学的にみて格別の価値ある一連の含意とともに――ある一節を引いてみたい誘惑に駆られます。なぜといって、これはスラブ世界の学者たちのあいだでは有名すぎるほどのものですが、西欧の宗教を学ぶわれわれにはほとんど知られていない、ロシア民族の改宗に関するものだからです。『過ぎし時の年代記』あるいは『ネストルの年代記』として高名なこの書は、次のようにものがたっています[17]。

> ケルソネスの高所に彼〔ウラディーミル大公〕は教会を建てた。それは町の中央、土を山のように盛って建てられた。この教会は今も存している。そこに赴くに、二体のブロンズ製の偶

像と四頭のブロンズ製の馬を携えた。これらは今も神の聖母教会の裏に安置されている。物しらずの者たちはそれを大理石製と信じた。ケルソネスは〔ビザンツの〕皇女の結納としてふたたびギリシャ人たちのものとされ、彼はキエフへ帰った。到着早々、彼は偶像を牽き倒し、あるものは粉々に、他のものには火をかけるよう命じた。ペルン〔の像〕を馬の尾に結びボリチェフの丘から小川まで曳きずるように命じた。そして十二人の男たちにそれを棒で打つようにと命じた。これは何も木が感じるからというのではなく、このような姿をとって人々を欺いた悪魔を侮辱するため、人からの罰を受けしめるためのものであった。「主よ、あなたは偉大にして、あなたの御業はなんと驚嘆すべきものであることか」。昨日までは人々に讃えられたものが、今日は侮辱される。小川に沿ってドニエプルまでそれを曳きずっていくと、聖なる洗礼を授けられていない不信仰の男たちはそれに涙した。曳きずり来た後、それをドニエプルに投げ込んだ。そこでウラディーミルは命じて言った。「それがどこぞに停まったならば岸から押し戻せ。そして水門を越えたならば放っておけ」。彼らは言われた通りになした。それを捨ておくと、水門を越え、風に打たれてある岸辺へ流れ着き、そこは今日もそう呼ぶようにペルンの岸辺と呼ばれることになった。そしてウラディーミルは町中に布告した。「豊かなる者も貧しい者も、乞食も職人も、明日〔洗礼を受けに〕川に来たらぬ者は我に叛く者とみなされよう」。それを聴いた人々は喜び勇んで川へと向かい、口々にこう言った。「この信心が善からぬものなら、君主も貴族も認めた筈がない……」。

改宗したスラブ人たちは、つまり――この『年代記』が伝えるように――キリスト教という客観的な真実に納得した訳ではなく、最近の研究によれば、キリスト教についてはそれもかなり大雑把な知識を持っていたに過ぎず、彼らは彼らの君主が改宗したという事実に後押しされているのです。君主が信じる神が善いものでない筈がない、と。

中世後期の例を提するためには、その周囲に大群衆を抱え、すぐさま熱狂の渦をなし、時には衆合的な感情の激発をともなう大混乱をも惹き起こした、民衆に対する偉大な説教者たちの評判について指摘すれば足りるでしょう。

それにしても改宗や説教はほんとうに深い成果を得ることができたのでしょうか。

ここに民衆の信仰世界の最大の困難があります。こうした情動的な混乱は、深みに到ることなく、内的な心性をまで変容させることのない偶発的な事件を生んだだけでした。なぜといって、そのためには急激な転換ではなく、緩慢な霊的変容という作業が要請されることでしょう。中世初期という時代がみせるように、そのためには何世紀をも要したのです。それゆえ、すくなくともラテン西欧においては、キリスト教の普及の歴史を表面的に考察するならば、それは当惑せざるを得ないような鳥瞰を呈することになります。世紀から世紀へとつづく群集の混乱した運動が、教会の勝利をひとつまたひとつと承認させていくかのような。しかし現実に民衆の信仰がその表面的な形式を獲得することは容易であるにしても、深い成果を残すことはたいへん難しいのです。

司教たち宣教者たちからする異教徒たちの残存への不平不満、そして後の説教者やモラリストたちからする聖職者や信徒たちの背徳への嘆き、異端の沸騰からカトリックの信仰を守る業の困難は、民衆の信仰の気まぐれ、移ろいやすさ、衰弱に直面した知的な宗教の業がいかに労多く困難なものであったかを示しているのです。

6 民間伝承《フォークロア》か

ここで、民衆の信仰が、周辺環境に画定された歴史的次元のみでなく、通常民間伝承と呼ばれるような伝統に影響をおよぼし、条件づけ、変更さえさせるような、伝統の交錯といった次元にも棲みつくものであることを忘れてはなりません。

当然ながら知的な宗教は異教の残滓に対したように、民間の伝承に対しても和解不可能な時にはそれを排除するよう、また可能であればそれを吸収し変容させようとして膨大な努力を払ってきました。
しかしまさに民間伝承に対面しては、批判的に極端な慎重さをもってあたらねばなりません。なぜならそれは宗教的な事実の一部をなす場合に限り、われわれの問題にかかわるものとなるからです。(18)

民間伝承的要因は、実のところ宗教的要因の傍らにありながらも、それとは独立に、けっして同化吸収されることなくその内実を保ち得るものなのです。

ある呪文、身振り、ものがたりは、宗教的な生に影響をおよぼすことなく、それを入念に作りあげた人々の生のうちで自律した様相のもとに継続されつづけることもできます。けれどもそれが、いかなる手法いかなる理由によってか、宗教の世界に入り込むときにのみ、民衆の信仰のある要素を構成するに到るのです。民衆の信仰の一部となった後にも、場合によっては霊的な様相を残すことなく、民衆の伝統として残存することもあり得ます。

ひどく流布した現象を例にとって、ひとつだけ触れておくことにしましょうか。蠟細工の人形を介した呪術は、妖術をかけ、いろいろな方途によってついには「殺す」べく、ある人物の肉体の一部をも含みこみます。これが最も原初的な魔術の形式のひとつであり、ひどく普及したものであったことについてはここで繰り返す必要もありません。これは語の十全な意味で民衆的なものにその起源がある、ということができるでしょう。それはそれとして、中世においてこの呪術形式は、悪魔的な力と関連づけられることによって民衆の信仰の一様相と化し、魔術や妖術に結びついてゆきました。

徐々に十八世紀以降、とりわけ十九、二十世紀に大衆の脱キリスト教化が進むとともに、こうした非常に古い呪術は宗教世界との接触を失い、民間伝承《フォークロア》的残滓、いまだ密かに実修されるにしても、謂ってみれば原初の様相を取りもどした伝承として残ったのです。ここまでの確認として言うならば、民間伝承は、民衆の信仰の歴史的構成要因のひとつと化すこともありますが、常にそうとは限りません。いずれにしても、それは場所により様相を変え、関与し、そこに民族的特徴を刻印する要素のひとつとなるものです。

より正確を期すならば、民間伝承的要因は民衆をその具体的な生の要請にしたがって、神秘との関連のもとにある諸要因の探求へと向かわせるような、表層的で時には曖昧きわまりないキリスト教化をうけた場所での民衆の信仰に対し、際だった重要性を発揮するのです。

民間伝承のこうした様相は、それが歴史的文脈のなかにあらわれぬ限り考察されることもなく、出来する限りにおいて論じられてきました。アルルのカエサリウス*[b]が、教会へ行ったり踊ったりするのに美しい衣装を纏うことを断罪したの[19]は、異教をではなく、民衆の伝承を論《あげつら》ったものでした。教皇を猥褻な行為に引きこもうと、信じがたくもローマで信徒たちがボニファティウスに対して騒動を起こした元旦の祭りについても同様です。ここに通底しているのは異教の習慣ではなく、民間伝承です。教皇の返答が示し他の要因の複合した状況が帰結するところには、実際ある事実をめぐる厳密な対決があるのが判ります。本来宗教的であったサトゥルナリアの祭祀（収穫祭）がいまや本来の意味を失いつつ民間の伝統行事に変じる一方、教会は他の場所にあってももちろんですが、すくなくともローマにおいて、一連の試みとともにそれをキリスト教化しようとしていたのです。それが最終的な解決をみるためには、何世紀をも要する訳ですが[20]。

いずれにしても、本来民衆の信仰伝統であった元旦のキリスト教化を、例外的というわけではありませんがフランスに典型的な二つの祭り、先に触れた愚者の祭《フェストゥム・ストゥルトールム》と驢馬の祭《フェストゥム・アシノールム》と対比してみることには興味があります。それは時には猥褻と俗悪とに到らずには済まず、ある種無作法な言行と切り離せない暴発的な生命力と歓喜の発露にまでいたるものでした。

こうした民衆の伝統に直面し、教会は宗教的事実と直接かかわることのない執拗な抵抗に出会うこととなったのです。古代の神々を排除することは比較的容易であったとしても、現実生活や日常経験の世界に結びついたある種の心的習慣は執拗に残ったのです。

ある企てや行動をはじめるにあたっての障害や不手際は悪い前兆ともなりうるものですが、それは宗教的現実《リアリティー》とは何の関係もなく、どちらかといえば人の心性の深みに埋まったなにものかなのです。こうした態度こそ、異教主義ではないとはいえ、たちむかうに非常に困難なものとして、十三世紀の年代記作者ギョーム・ド・ピュイローラン〔一二七三没〕にとってはどうしても語

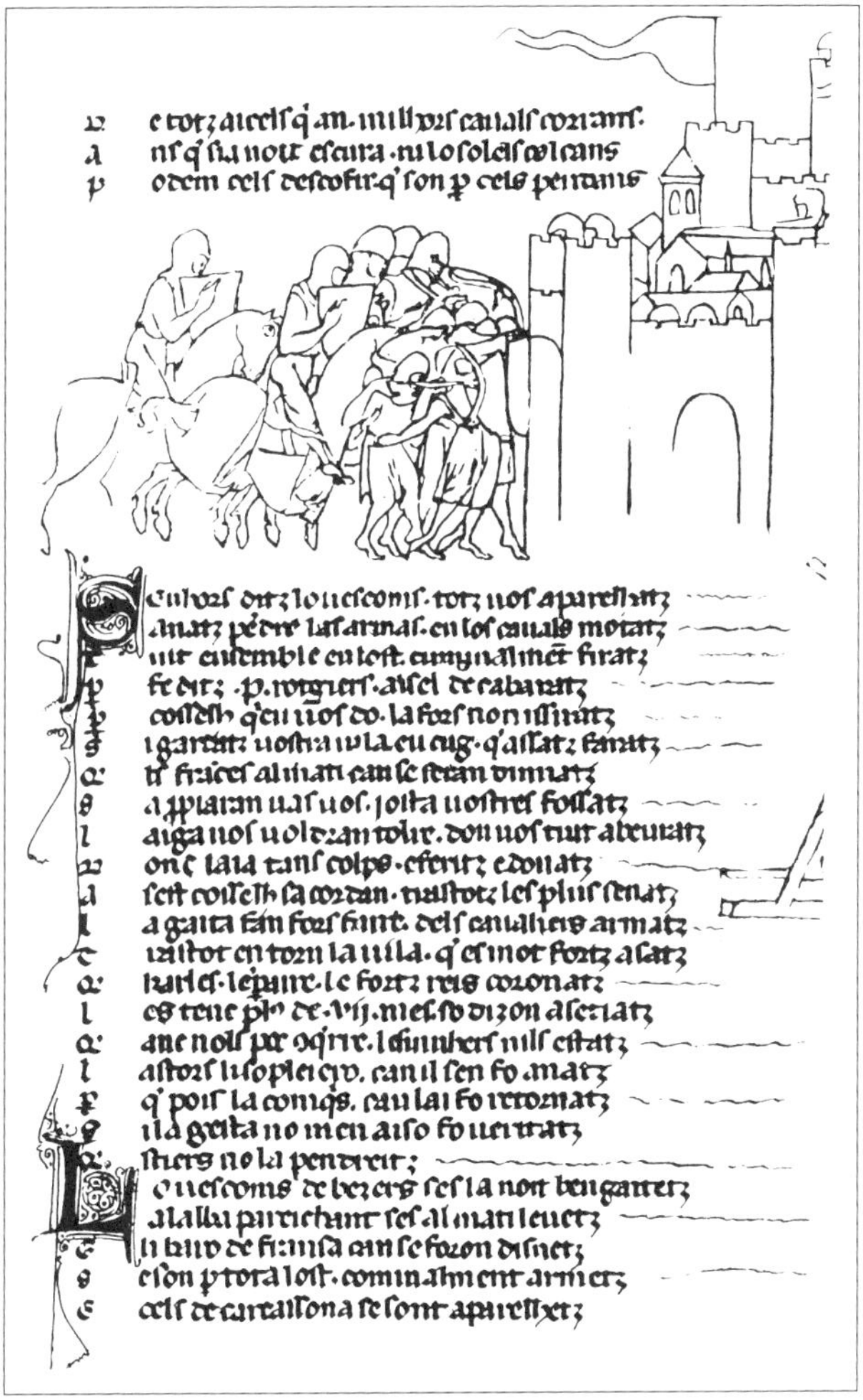

ミュレの戦いに先立つ〈カルカソンヌ包囲戦〉の模様を描く年代記の一葉
『アルビジョワ十字軍叙事詩』(1210-30年頃)、パリ国立図書館蔵

らずにはおれぬ事実だったのです。〔アルビのカタリ派に対し〕戦闘開始を決意したシモン・ド・モンフォール〔一一六〇頃〜一二一八〕の優勢――それは一二一三年ミュレでの戦勝を齎すこととなるのですが――それに到るまでに思わぬできごとにより一度ならず彼は騎乗を阻まれた、と。[21]

こうした各種各様の習慣の世界には、キリスト教以前の民衆の信仰が絡みあっています。それゆえ教会にとって、それをキリスト教化するためには格別の想像力を要するのです。

それは民衆の信仰の論理、弁証法的構築としての複雑さではないにしても、それを構成する諸要因の縺れであることにかわりはなく、キリスト教はそれを解き、結び、再構成する力として、そして可能であれば選択しつつなんとかそうした諸要因を組織統一する方途を採らねばなりません。

つまり、すくなくとも中世に関する限り（キリスト教は）そのうちにある悪しく傷つける力を排除することに努めつつ、可能な限りそれを吸収する方途を採り、（民間伝承と）持続的な緊張のうちにあったということです。

第Ⅱ章

民衆の信仰とその信仰形態

LA RELIGIONE POPOLARE E IL SUO FEDELE

【扉図版】
ボナヴェントゥラ・ベルリンギエーリ〈悪魔憑きたちの治療〉
《聖フランチェスコの生前および死後の奇蹟の数々》祭壇画部分
13世紀、ペッシア、サン・フランチェスコ教会

1　神とその全能

ここまでのところは、方法論的観点から中世の民衆の信仰にみられる基本的な問題群を検討してみた訳です。そこで、次に宗教というものが常にみせる二つの観点、つまり信仰を構成するところの複合体、〈信仰の信じるところ《フィデス・クァエ・クレディトゥール》〉と、それを信じる信仰主体の採る態度を念頭におきつつ、民衆の信仰を〈信じられてあるものとしての信仰《フィデス・クア・クレディトゥール》〉として了解する方策をも探りつつ、現象学的に検討を加えることが必要になります。

まず最初に強調したい点は、中世の民衆の信仰が、唯一の神の全能というキリスト教の観念から出発しつつ、同時に慎重に宇宙の現実《リアリティー》を自然の則の範囲を超えた神の働きの場とみなす傾向についてです。それは物理的現実《リアリティー》に、それを変化させる倫理的、霊的、はては教訓的な動機を介在させることでもありました。この意味においてキリスト教は、そうしたものをいまだ魔術的感情に支配される現実という心的世界から押しのけ、自らをそれに代えようと試みます。現実のあれこれの様相を守護するいろいろな神々、幻惑するのもお手のものである魔術師たちの能力は、特に最初の改宗につづく諸世紀に神の権能と魔術的権威を符合させることによって、唯一の神の権能に代えられていきます。

フランク王クローヴィス〔在位四八一～五一一〕が、妻クロティルデとキリスト教司祭レミギウス〔四三七頃～五三五頃〕の神が彼に戦勝を齎すならばその神に回心しようと約し、勝利を得るとほんとうに回心したという古典的な例は、印象的であるばかりでなく、オーディンによって敵する民に勝利した後、その神に深く信仰を寄せるとともに、この神の守護を記念して自らをまさにランゴバルト族と称したというヴィニリイ人たちのランゴバルト英雄詩との並行現象を印してもいます。(1) クローヴィスの場合にはランゴバルト族の場合同様、勝利を授ける神を信じているのであり、自らの信仰は最も強い神のもとへと赴かねばならないということです。(2)

こうした心性はより後になっても易りません。なんでも可能な神こそが宇宙の則の主であり、仲介者の踏む手続きもしくは任に適った仲介者を通し義《ただ》しい手段によって祈られる時、則を変えることもできるのです。こうした意味で格別興味深いのは、嵐を避けることができなかった事実によってカトリック司祭たちを殴打し侮辱しつつ被った損害を贖わせた、改宗したばかりのデンマーク人たちにグレゴリウス七世*[g]〔在位一〇七三～一〇八五〕が送った手紙です。(3) この手紙のなかのグレゴリウス七世の議論が明瞭でないとしても――教皇が何を論じればよいのか精確に了解していない――われわれは、このデンマーク人たちの態度の心理的機序を十分把握することができ

聖レミギウスによるクローヴィスの受洗と、
改宗の契機となったトルビャクの戦い
『歴史の海』（1488年頃、パリ）挿画

ます。神がほんとうに全能であり、禍をもたらす嵐を避けることができなかったのならば、それは神に祈りが通じていないということであり、つまり司祭たちは当代そう言ったであろうように、任に適った仲介者ではなかったのだ、と。これらを確認するのに、まったく別の異教の伝統において、嵐を起こしたり鎮めたりする能力を授けられまたその恩恵に浴していた女たちが、それより激しく殴打されることがなかったとはいえない環境があったことを想起しておきましょうか[4]。

それどころかこうした心性は、中世の大部分にわたり易ることはありませんでした。修道や教訓のための文書は神の介入に溢れています。それは自然の則にかかわらぬことではありながら、神の摂理による自然の改変として、ある種の合目的性に従って徐々に整えられていったのです。こうした意味では、中世初期から後期への経緯のうちに、神と自然の関係が徐々に明かされていく過程をみることができます*[h]。神の自然それ自体に対する働きは、人の行為や作業（それが祈りという行為であったとしても）からますます分離してゆき、摂理という合目的的秩序が置かれます。換言すれば、キリスト教は新たに改宗した民衆によってより力ある魔術的な信仰形態として受容されるところから、十三世紀に集成されまったく違ったものとして再燃する以前、緩慢に十一世紀頃までには魔術それ自体を消滅させるものへと変容していくのです[5]。これは十一世紀とそれにつづく諸世紀、アリストテレスの自然学《フィシカ》導入に到るまでの哲学興隆とも関連しています[6]。

なるほど民衆の信仰の研究者はその信仰の現実《リアリティー》のうちに、レヴィ＝ブリュルの原始心性やレヴィ＝ストロースの野生の思考を想わせる態度を認めたり汲みとったりしようとします。いまだ盛んなこうした複雑な理論的議論にはここでは立ち入りません。(7) それよりもまず、知的な宗教としてのキリスト教は、自ら精確な教義的基礎の上に立っているのだという事実を指摘しておきましょう。たとえ新しい大量改宗者たちが自分流に了解したとしても、それは長い時をかけてゆっくりとしかし執拗に改める力となって働く業であるのです。たしかに神への信仰が自然の現実《リアリティー》に対する魔術的働きをも可能とするものであるという信仰心を破壊し尽くすことにはならないでしょう。しかし民衆の信仰を、人の論理には見あたらぬ水準において善悪を配剤し、ついには論理によって画すことのできないものをまさに摂理として謙遜において識る必要へと、神慮の受納へと導く力でありつづけることでしょう。

中世の終わりの時期の苦悩、苦痛、死について、多くの例のうちから二つの事例を挙げれば十分でしょう。カタルニアに幽閉されたアンジュー家の皇子たちへのペトルス・ヨアニス・オリヴィ〔一二四八頃〜一二九八〕の手紙は、苦痛と死を宇宙的な神慮の水準で説こうとするものであり、(8) もうすこし後の一連の手紙は、苦悩や死を神の臨在のしるしとしてまた苦悩する者への特別な参与として霊的に勧告するものです。(9) ここに到って、ゲルマン・ローマおよびケルトの権能ある神の観念はいまや、知的な宗教がついに民衆の魂にまで届く新たな心理、信仰、霊的な次元に入ったということができるでしょう。

宗教実修を一瞥しておくならば、鞭打ち派《フラゲランティ》(10)またはそれに類した思いきった手段に訴える苦痛の表現、あるいはいかに民衆の信仰が異なったものと化したかを理解するに、生と死の不動性のうちに勝利する十字架のキリスト像《イマジネ》(11)に代わって、苦痛に痙攣し張り裂けるような十字架刑(12)が浮上してくるのも偶然ではないのです。

2 奇蹟

権能ある神の、あるいは摂理により神が介入するこの世界に、奇蹟が重要な位置を獲得することになります。

聖人伝文書に奇蹟が溢れているとしても、それは珍しい事例という訳ではなく、そうしたものの特徴のいくつかは奇蹟という観念の発展をしるす手本ともなるものですが、そのほんの要約を試みることにしましょう。(13) たとえば、スルピキウス・セウェルス〔三六〇頃〜四二〇頃〕の『聖マルティヌス伝』のような著作のいくつかを検討してみるならば、異教の神に対するキリスト教の神の権能の優越を示すような一連の奇蹟にであうことになります。(14) トゥールのグレゴリウス*[i]〔五三

シモーネ・マルティーニ
〈聖マルティヌス伝〉連作より
《乞食にマントを分け与える聖マルティヌス》(上)と《ミサの奇蹟》(下)
1317年頃、
アッシジ、サン・フランチェスコ教会

八～五九四〕の伝える奇蹟の夥しさはどんな類型にまでも及ぶほどですが、古代の神々の能力では適わなかったところにキリスト教の神が勝ち誇るという明瞭な形のものにも欠けてはいません。[15] それどころか、この神は信徒を棄てることなど決してなく、援け、支え、励ますのです。グレゴリウス自身、自らの個人的なエピソードをものがたっています。[16] その他、これまたトゥールのグレゴリウスによるものですが、一連の奇瑞を介してある聖人のために教会を建てることによって異教の民に湖への生贄をやめさせることに成功した聖ヒラリウス〔三一五頃～三六七〕の場合のように、[17] 奇蹟は異教信仰を排除するのに必要な場所に起こるのです。

また、大グレゴリウス*[f]〔在位五九〇～六〇四〕の著、『対話篇』も奇蹟に満ちています。時には聖性のしるしとして、ある時は神の寵愛、また神の権能のしるしとして、奇蹟自体が多様性と個別の様相のうちに顕れます。[18] これら、また後続する著述家たちにおいて、奇蹟は論述の展開に従い、著者から著者へとその形も表現も多様に掘り下げられていきます。しかしそれも初期中世から後期中世への経過のうちで、奇蹟は存在を続けつつも、神の摂理という事実に奇蹟それ自体の組織的論理的解釈を付しつつ合目的的な次元に配される傾向がある、ということができるでしょう。ペトルス・ヴェネラビリス〔一〇九二～一一五六〕の『奇蹟の書』《リーベル・デ・ミラクリス》[19] はわれわれの観るところ、その歴史的重要性が十分検討されてはいないもののひとつのように思われます。歴史のうちへ降りてみると、手にすることのできる資料の豊富さにもかかわらず、諸々の帰結を引

書簡を口述する大グレゴリウス
『グレゴリウス書簡集』(983年頃、トリーア) 写本挿画

き出すのはいまだ困難で錯綜したままの状態にあるのです。しかしその後、聖フランチェスコ〔一一八一頃～一二二六〕はすくなくともその在世中の姿について奇蹟《タウマトゥルゴス》を起こす人としてあらわされることがないという事実が、たしかな意味をもつことになるでしょう。彼に関して驚くべきは、神の権能の表明としてではなく、彼の神秘的霊性の表出としてのその聖性の表現のうちにあります。この聖人の死後、彼に帰された奇蹟の数々も、こうした点から検討されるべきでしょう。いずれにしても聖フランチェスコの列聖は奇蹟の数々によってでなく、この小さき兄弟《ポヴェレッロ》の生自体が決定的な契機となったということが重要なのです。

この事実は、この聖人が彼自身代表者の一人、あえていえばその第一人者であった中世の民衆の信仰の現実《リアリティー》のうちにあって、特立していることのしるしであり、その意味なのです。

これはなにも、フランチェスコ会運動あるいは十三世紀の民衆の信仰が奇蹟を放棄したということではありません。しかし、奇蹟は宗教的生の他の諸形態同様、いまや神学的に論究する対象となり、学匠《マエストロ》たちの議論と提題のうちに入るのです。それはふたたび魔術の終わりをしるす論述、神秘にも意味と内容を獲ることを目指すキリスト教の主張として展開します。こうした奇蹟の神学的体系化と同時に、民衆の信仰によって申したてられた誰某の聖性が、知的な宗教において、その生涯と奇蹟とをあわせた聖性の確認のための評議を通し、聖性それ自体を現実的事実として証明されねばなりません。つまりここには奇蹟の二重の解釈がある訳です。民衆信仰にとっては聖人が聖なる奇蹟をなすのであり、それが一般の意識において受納される一方、教会聖職者にとって奇蹟はそれによらぬ限り認めることを得ない聖性を神が証すところの歴史的しるしとなるのです。ここには民衆の心性と知的な心性を完全に分ける差異と対照があらわになっていることが判るでしょう。[20]

伝承がフランク王やイングランド王に帰す、王による奇蹟を介しての神権の表明という観点からする問題提起については、その功労に報いるべく有名なマルク・ブロックのまさにこの主題にかかわる著書を想起するにとどめましょう。[21] ここで神の権能は、聖性を介してではなく、奇蹟を通して神が祝福し、支持し、承認する王権の現実《リアリティー》の中に見出されます。ここでも民衆の信仰と知的な宗教が、同一の現実を二つの異なった観点から掬いとっている事実を認めることができるのです。民衆にとって、王は神によって支持されているゆえに癒し、知的な宗教にとって、王は彼に奇蹟をおこす可能性をも認める神の摂理という秩序のうちに置かれるゆえに癒すのです。

3　聖人・聖母

奇蹟と、奇瑞的なできごとに向かう民衆の信仰に緊密に結びつくのが、多くの議論の的となった聖人という問題です。

ここでは十九世紀末にサンティーヴ(22)とヴァカンダール(23)の間に交わされた、聖人たちは古代の神々を後継するものたちであるかどうかという議論に還ることも、デレイユの古典的論考『聖《サン》なるかな《クトゥス》』(24)で鳥瞰された注意や指摘を繰り返すこともしません。

キリスト教において、いかにして聖人の観念が形成されたかという問題よりも、ここでは、この観念がいかにして民衆の心性のうちに入りこみまた受容されたかに関心があります。いずれにしても、こうした問題、つまりキリスト教における聖性の観念の形成に先立って、ルーミスの提起した観念、それも特に『白魔術《ホワイト・マジック》』(25)に捧げられた彼の著書の序論に対し、わたしは同意できないということをはっきりさせておく方がよさそうです。彼によれば、キリスト教はキリストの信仰を普及させるために魔術的要素を用いることも辞さず、奇瑞の信仰がまさに聖人たちとその伝説と関連して説かれます。つまりこの著作においては、聖人の意味と内容をキリスト教の内側から、特に民衆の信仰から除去しようと、また一方で聖人たちを古代の神々の後継者とし、他方で神に代わるものとする周知のサンティーヴの位置を基本的に繰り返すに終わっています。実際には聖人たちとその伝説は、ギュンターがたいへんうまく表現してみせたように[26]、純然たる民間伝承や魔術といった要素によって解決できるものではないのです。いかなる類の聖人伝文書にも表現されているものとしての聖人の生涯は、その大部分が民衆の信仰へと向けられたものであるにもかかわらず、たしかに無学とは呼べぬ聖職者たちによって著されたものなのです。こうした聖職者は、文字を書くことを知っているというだけではなく、読者や聴衆を得るためには、伝統的な文学「類型《トポイ》」である聖人伝の数々を用い、その知識と手本を織り込みつつ基本的な類型化をほどこしてそれを構成したのです[27]。

こうした点からするに、メロヴィング朝の聖人たちに対してフランティゼーク・グラウスによってなされた研究は格別貴重なものです[28]。彼はある時代ある文化の伝記および聖人伝の総体を具体的な時空のうちに定位し、それらの政治的意思、その限界、その文化的背景を示してみせます。また別の時代、ゼープフによって研究された十世紀を採りあげてみるならば[29]、これまた教会の生の革新、改革という要請の最初の表現に密接な関係をもつ一連の伝記の類型化といった例をふたたび見出すことができます。大修道院長の模範が、たしかに聖人ではないとはいえ聖性に欠けることのない大修道院長との関連のもとに語られるのです。

しかしある時代を特徴づける問題群の状況に結びついたこうした指向性の域外で、聖人自らの表現も、信者の側から見られた描写も、共通してたしかに聖人にその権能を認め、その聖性に由来する力の行使可能性を認めるにもかかわらず、そこで働くのは常に必ず神の権能であることが強調されずにはおかないという事実に気づかされます。こうして、民衆の信仰という圏域において、聖人は神への仲介者、信者の代弁者となり、神の意志を信者に伝えるものとなります。この意味において、聖人はたしかに古代の神々を継承するものではないばかりか、その徳と聖性によって実効的に神に執り成しすることのできる人であり、しばしば霊性に欠けあるいはそれに乏しい聖職者の代わりを快く勤めるまでになります。聖人は一連の驚異的権能によって特徴づけられるばかりか、その死後も何世紀にもわたって多様な相貌のもとに齎される聖性によって公式に承認されるのです。しかし聖人の権能は、決して直接彼自身に由来するなにものかではなく、魔術師とは違って、彼はそこに用いる力に対して命じることはありません。特別な治癒や介入をなす時というのは、彼がうけた殉教の類型、彼の聖性の特徴的な様相、彼の具体的な生涯の現実《リアリティー》に依存しているのです。換言するならば、特に存命中に奇蹟をおこなう聖人にとって、その聖性がほとんど直接神のもとで聞き届けられ授けられたものである場合、彼は時として聞き届けられることなしに、すでに聞き届けられたものとして短い時間、通常の完徳の水準から引き離されることもあり得ます。このような手法によって、知的な宗教は聖人の生涯を教訓的、倫理的要請とともに表現すると同時に、聖人が異教的な信仰に超脱しようとするところに正確な限界を画すのです。とはいえ、何度も奇蹟をおこなった聖人でも、時にはいろいろな原因からそれをなすことができないという事態もあり得ます。これが神と聖人の境界です。

しかし一方で、聖人は全能の神、存在者《ありてあるもの》に、つまりすべてを超えた力をもつものに援けを請うことができるまさにそのゆえに、過去のいかなる神よりも大いなる業をなす力を可能的にもつに到ります。たとえば、ゲルマン神話において、神が魔法の力に支配され、またオーディン自身苦労に苦労を重ねてルーン文字の意味を習得することによって、他の神に卓越する力を獲ねばならなかった、ということを忘れてはなりません[30]。

中世初期、聖人がその伝記において教訓的範例の価値をもち、奇蹟において——決して皮肉の表現としていっているのではないことをご了解ください——多価的であるとすると、徐々に中世後期に向かい時を経るにしたがって、特殊個別化とでもいう過程に出会うことになります。つまり、ある聖人は信仰の援けを借りて、あるいはある仕事、ある社会集団の、果てはひとつの町にいたる守護者として、ある一定の形の神への執り成しと結びつく傾向をもちます[31]。

これが民衆の信仰における聖人の、最も基本的な要点のひとつです。協力者にして守護者として特徴づけられるこの進展に伴って、信徒は聖人の置かれた状況や生を人間的、霊的に感じることとなり、聖人はますます信徒に親しいものとなっていきます。そうした例に、伝承によると靴職人として生きた後に殉教した聖クリスピーヌスと聖クリスピニアーヌス〔ともに二八七頃没〕があります。[32] 彼らは徐々にではありましたが、中世後期にはまさに靴職人の守護者と化すことになります。靴職人の組合は、これらの聖人のうちに彼らの仕事と状況をわかちあうものを感受した訳です。職業活動に結びついた他の聖人たちについても、同様のことが言えるでしょう。

民衆の信仰との関係、またそのうちに存在する聖人という観点からして最も重要なのは、守護聖人という問題です。最近一度ならず論じられたところでは、それはある町の初期の司教たちという問題に密接にかかわっています。ルッカの聖フレディアーノ〔五八八頃没〕、ナポリの聖ジェンナーロ〔三〇五没〕、パリの聖ドニ〔ディオニシウス、三世紀〕が果たした重要な役割を考えてみれば十分でしょう。[33]

こうした環境に、知的な宗教からする別の問題が加わります。シェーナウのエックベルト〔一一三二以前～一一八四〕の『カタリ派を駁す説教《セルモネス・コントラ・カタロス》』[34]の有名な頁を播くとき、フランスやドイツの町の多くについて使徒継承が截然と語られているのをみる一方で、民衆の信仰の側においては、キリストの直接の弟子あるいは使徒たちの方が他のものに優る権能を任され、すなわちより効力ある守護者にして仲介者となります。しかし知的な宗教としては、自主的にというのではないにしても、他の教会の数々に対する尊重と熟慮から、ある主張と要請を以て仕切りなおしをすること

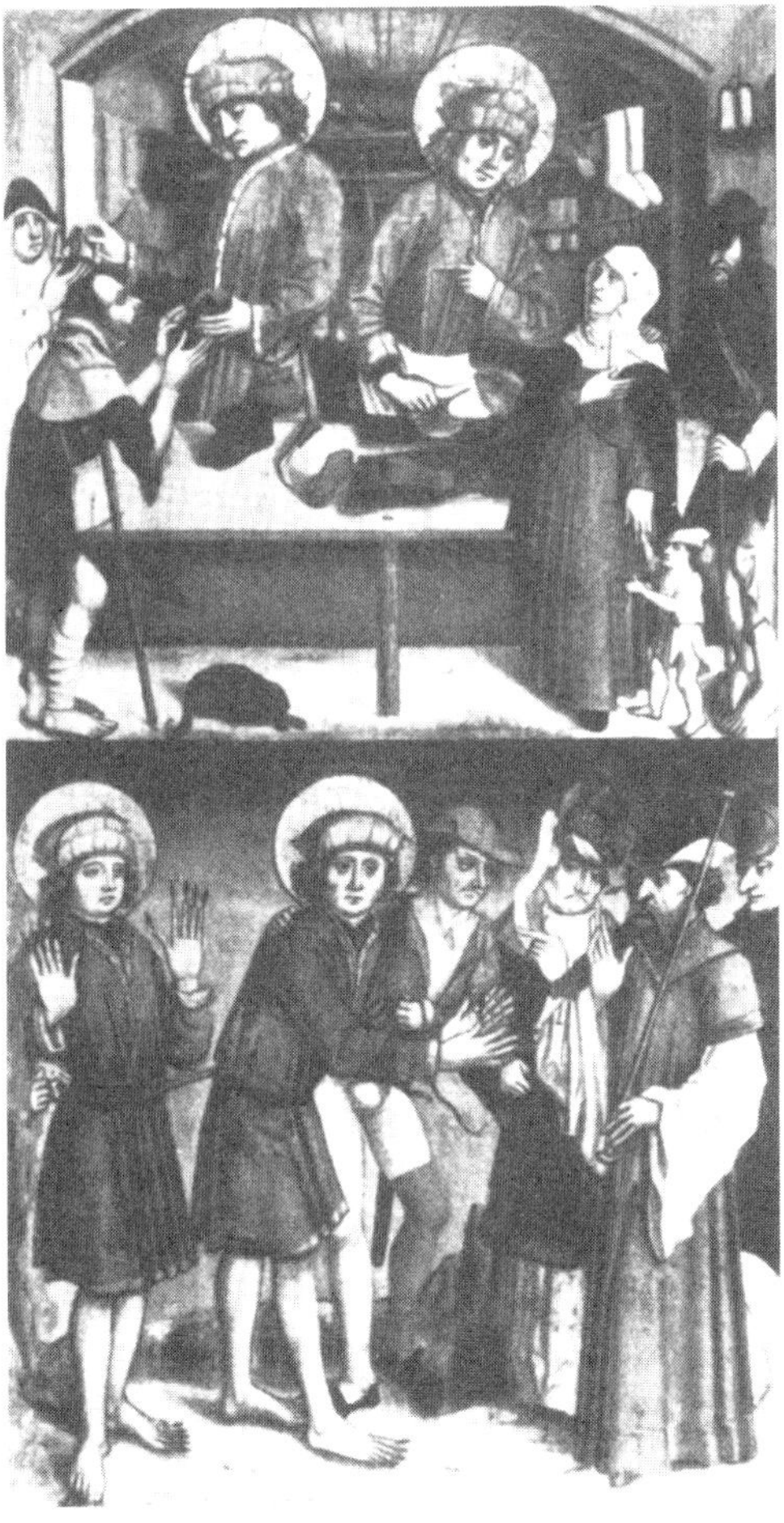

聖クリスピーヌスと聖クリスピニアーヌス
貧者に靴を与える両聖人（上）と、その殉教（下）
祭壇画部分、1500年頃
チューリヒ、スイス国立美術館蔵

となりました。それはつまり、ローマにとってのペテロとパオロの重要性、と言っておけば了解されることでしょう[35]。

つまり、中世を通じて民衆の信仰の中に諸聖人の存在を認めるとき――すでに先に指摘したように――その基本的な重要性に気づかされるのです。中世がわれわれに伝える、いずれ伝説あるいは歴史的な知見としての奇蹟の大部分をなしたのは彼らなのです。中世における実践的、人間的、霊的要請のすべてを支援し、仲介するのは、彼らなのです。民衆の信仰の意識に神が存在することができたとしても、そこに生きる者たちはいろいろな理由から、より近くより人間的に了解でき、共感できると感じていた聖人たちに訴えることを好み、また実際にそうしたのでした。

それゆえ、民衆の信仰と知的な宗教が、聖フランチェスコに〈第二のキリスト《アルテル・クリストゥス》〉を感じ、それによって先行するいかなる聖人伝の公式をも破りつつ、特別の符合と収束をみせるという事実には、いかにも深い意味があるのです[36]。聖フランチェスコがその死後にみせたしるしである聖痕《スティグマ》は、神によって奇蹟的に刻印された彼の聖性のあかしとして感受され、まさに民衆の信仰の本能的自発性の首肯するところ、彼の生涯のすべてにわたる特別な伝説的置換の出発点となりました。厩での誕生、伝記作者は福音史家とおなじ四人、最初の同伴者は使徒とおなじ十二人、そのうちの一人はユダがキリストから去ったように彼から去ったという伝承に、復活待望までが加わるのです[37]。これらすべて、民衆の霊性が、フランチェスコの死のときの聖痕を介して、フランチェス

聖フランチェスコ
13世紀前半、スビアコ、サクロ・スペコ修道院、
サン・グレゴリオ礼拝堂壁画（部分）

（手に聖痕がないことからスビアコ訪問時の若きフランチェスコ像と解釈され、現存する最古の肖像とみなされている）

〈聖痕印刻〉
13世紀後半、ウフィツィ美術館蔵

コをキリストと結びつけてみせたことにはじまる働きの帰結を示しています。

まさに聖フランチェスコと彼の伝記の数々の辿った錯綜した経緯[38]そのものが、民衆の信仰やその意識について知らせてくれるものこそ、わたしたちに伝えられてある聖人たちの生涯であることをはっきり示しているのです。すでに指摘したことですが、中世初期についてみるに、それはまさに真の歴史の典拠として価値あるものから、教化的教訓的な類のものがたりまでの拡がりのうちで定まらないという点を、再確認しておきましょう。聖フランチェスコの傍らには、聖ドメニコ〔一一七〇以降～一二二一〕の伝記群の重要性[39]、また修道士エジディオ[40]〔一一九〇頃～一二六二〕のような聖フランチェスコの同伴者たちの経緯といった問題もあります。残念ながらこうした具体的な問題について、『ボランディスト聖者伝《アクタ・サンクトールム・ボランディアーナ》』の十巻にものぼる聖人伝またその他の聖人伝集成といった宝の山の検討はその緒についたばかりです。とはいえ、そうしたうちのいくつかの公刊は、そこから抽きだされるべき豊かな成果を垣間見させてくれます。特に伝記の部分に関し、ある時期以降、聖人のなした各種の奇蹟のものがたりが収録されるようになります。一部の者たちは類型化した図式と旧式の範型を繰り返しているだけだとしても、多くの場合奇蹟の数々が生きいきと、稀にみる直接性を以て民衆の信仰の外観や様態を、要請を、懼れと希望を、時の経過と心性の発展のうちにみせるものとしてあるのは、たいへん貴重なことです。

こうした場所のうちに、列聖審議の数々もその位置を占めます。これは疑いもなく、知的な宗教が民衆の信仰から、聖人たちをつくりだそうとする要請、衝動を剥奪しようという試みです。多くの場合、審議をすすめる者たちの各種の質疑に対する答えのなかには、請願者たちの期待し意図するところの信仰や現実《リアリティー》とは異なった宗教性や現実が侵入していることが判るのです。その典型的な例として、トゥールーズの聖ルイ〔一二七四～一二九七〕についての審議を挙げることができるでしょう。そこで証人たちに課された質疑は当時緊迫した問題であった清貧という問題を避けようと試みているのですが、政治的なものをも含めたいろいろな動機から、このフランチェスコ会のアンジュー家の皇子の列聖を望む者たちをも巻き込んでいくことになります。[41]

中世初期についていまひとつ、キリストの人性により配慮したキリスト論の展開のうちに、十二世紀を通して拡大する聖母信仰の重要さについて銘記しておきましょう。つまりその人間的な母性のうちに、一人の母の悲しみ、不安、希望、悲劇への参与をみる聖母信仰です。イタリアの偉大な宗教詩人の一人ヤコポーネ・ダ・トーディ〔一二三〇頃～一三〇六〕が、学識者や教会歌手のために『悲しみの聖母《スタバト・マーテル》』を詩作したのみならず、民衆のためには俗語で『天国の婦《おみな》よ、おまえの息子は捕えられ……』の詩劇をつくったのも偶然のことではありません。[42]ここでは神学的水準において、贖い主キリストの苦しみへのマリアの参与を称えるとともに、息子の死に絶望する母の一人としての悲劇的な苦しみを表現しています。マリアの伝説や伝承に関してギュンターが注記したように、[43]こうしてマリアは普遍的な価値を獲得するとともに、以前にもまして民衆の信仰

シモーネ・マルティーニ
《弟ロベールに王冠を授けるトゥールーズの聖ルイ》
1317年頃、ナポリ、カポディモンテ国立美術館蔵

ピエロ・デッラ・フランチェスカ《ミゼリコルディアの聖母》
祭壇画部分、1445年頃、サンセポルクロ市立美術館蔵

の生に近づくのだと確言しておきましょう。〈神の母《テオトコス》〉は崇拝の、祈りの、驚くべき考察の対象ではあり得ましたが、十二世紀以降、マリアは皆の母、キリストの母であると同時にキリストを信じその信仰においてキリストを兄弟とするものたちの母となるのです。ここで聖母がその外套のうちに、すべての階層、状態、社会階級の信徒たちを包みこむ特徴的な図像主題を想起しておくことにしましょう。(44)

4 悪魔と天使

聖人たちや聖母の場合のごとく、民衆の信仰が信頼と期待を寄せ、あるいは不安と懼れを向ける神秘の圏域、この霊的世界には、最も重要な主役の一人である悪魔がいます。(45)

すでに述べたギリシャ・ローマおよびゲルマンのオリンポスの神々の悪魔たちへの階級降格、またそれが時々苛烈に断罪された信心の対象となったり、これまた譴責され断罪された魔術的信仰の動機となったりしたという仮説については、ここで繰り返しません。(46) われわれにとって興味深いのは、信徒たちがキリスト教の信仰世界の総体を受け容れるにつれて、徐々に異教主義が信徒たちの意識から消えてゆき、キリスト教神学の悪魔たちが魔術をなす力ある者という古代の地位を失い、新たに誘惑者、神の敵、魂を神から引き離し自らとともに地獄へ連れ去ろうとかどわかす者となることです。つまり彼らは、民衆の心性にとっては悪の個別具体的な化身となり、それどころか矛盾語法に訴えて〈悪の聖人たち〉、神と闘うためにサタンの遣わす者と化すのです。こうした悪魔たちは、これもいずれ神秘なものとしての彼らの力能を以て介入するため、信徒の散漫を、その罪を、不正行為を待ちうけて罠にかけようとする者たち、と観念されます。

　こうした線に沿った展開はいうまでもなく数知れず、変形と類型化をともなって、地方によりというも愚か、場所によって分岐をみせます。その例をあげるには、エチエンヌ・ド・ブルボン〔一二六一没〕の『聖霊の七つの賜物《デ・セプテム・ドニス・スピリトゥス・サンクティ》』をハイステルバッハのカエサリウス*〔i〕〔一一八〇頃〜一二四〇頃〕の『奇蹟についての対話《ディアログス・ミラクロールム》』と比較してみれば十分でしょう(47)。神学的問題に十分精通したこの二人の著作家において、悪魔は悪を悦び、特にひとつひとつの魂を神から引き離すことを愉しむ悪意ある知性として存在し働くものです。それゆえ、信徒たちにとっては弛まぬ持続的な防御をこらした状態を要する、まさに危険な存在なのです。つまり聖人が信頼を寄せる人物として信徒が助力を請う者であるならば、悪魔たちは不用意な犠牲者を地獄に引きずって行こうとどこにでも待ち構えている数知れぬ存在として常に懼れを抱かせるものと化すのです。

　こうした事態、つまり悪魔の存在は、中世も終わろうとするにしたがってますます横柄に悪意を増していくのですが、それには悪辣な魔術の拡張とそれに対する恐れが与って力あったものとみえます。また格別意味あるのは、十五世紀になると、悪魔たちが中世終末期数十年の特殊な文学表現、つまり『往生術《アルス・モリエンディ》』(48)にみられるような死と、新たな次元で結びついてあらわれることです。ここで悪魔たちは、臨終の時の誘惑者として魂をうちのめし、懼れさせ、誘惑のなかでも最も恐ろしい誘惑、神の慈悲《ミゼリコルディア》に対する望みの儚いことを言い募りつつ、尊大にも神から魂を引き離そうとするものとして現われます。この主題はなにも中世の最後の数十年に限ったものではなく、大グレゴリウスの説教*[f](49)のなかに臨終にあたっての誘惑が語られているのを見出すこともできるのですが、衆合的な終末論の緊張が徐々に緩んでゆく中世の最後の二世紀にわたって、個人の死の時という問題がだんだん露わになってきます。まさにこうした新たな感受性に、悪魔たちは際だった重要さをかちえるのです(50)。

手短かに民間伝承の要素としての悪魔について触れておくことにしましょう。上述したように民間伝承としての悪魔が、民衆の信仰における悪魔そのものとは截然と区別できるものであるとわたしには思われるのですが。ひとつは、民衆のものがたりに多くある悪戯好きの人を馬鹿にした悪魔、また、ライヘナウの有名なフレスコ画にあらわれる悪魔。それは大きな皮を網のように広げて婦人の一群を狩るもので、その姿に付された銘記には、教会へ祈りにも行かず、陰口を叩いてばかりいてまさにサタンの犠牲となる者を待つ定め、と警告があります。これと同類の悪魔

牛の皮で婦人たちを狩る悪魔
14世紀のフレスコ画、ライヘナウ修道院

たちについて、『神曲《ディヴィーナ・コンメディア》』には、詐欺師《バラッティエーリ》たちのうたの俗悪で醜悪で人を馬鹿にしたものたちも、地獄のグイド・ダ・モンテフェルトロのうたや煉獄のブォンコンテ・ダ・モンテフェルトロのうたで弁舌のたつ論理を披瀝したり、逆上して反発するものも、どちらも語られています。(51)

つまり民衆の心性において、悪魔は人の知性、聖性あるいは神の権能を馬鹿にするものとしての表現と、万能ではないにせよ間断なく偏在する恐ろしい誘惑者の間を揺れ動いているのです。(52)そこで特殊な信心の身振りや形式をもつ一連の祈りが、信徒にとって突然の悪魔たちの攻撃から身を守ってくれるものとなるのです。

民衆の信仰は悪魔たちと対照して、天使たちを見ます。天使たちは神学的意味における語彙を以て解釈されたり評価されたりすることはありませんが、旧約聖書のトビア書でトビアを伴う天使のように、人を護るために神が授けた同伴者として感受されるものです。その結果、古い天使信仰がゆっくりと変容しつつ、特に中世後期にもて囃されることになります。(53)

それより以前、天使は悪魔たちと闘う力のある神の兵士とみなされていました。こうした意味では、葬送の儀礼の祈禱に意義深い範例が残されています。これは起源の非常に古いもので、ギリシャ・ローマの異教（心霊的神性《プシコポンポス》）にまで遡り得る歴史的様相を垣間見せるものです。(54)

中世後期には、聖人たちに関して語ったこととの並行現象がみられ、天使にもある種の特殊個別化が起こります。聖ミカエルは悪魔たちと闘う天の軍団の領袖としてますます際だち、兵士の血族の偏愛する天使という伝統に則り、たとえばランゴバルト族は彼のためにガルガーノに聖域を建て[55]、それほど遠隔の地という訳でもなかったビザンツ世界からの影響を受けつつ、その信仰はキリスト教西欧全域に拡がりました。トビアの守護者であった大天使ラファエル[56]は、若者たち、旅人たちにいつも援けの手をさしのべる用意があり、聖ガブリエル[57]はマリアに受胎を告知します。けれども天使の現実《リアリティー》としては、われわれ一人一人の傍らにいる守護天使、人々を善導し、神のことばを示唆し、罪に目を瞑り、細心の配慮を凝らしてくれる、神に遣わされた不可視の同伴者が、中世後期に最も重要性を得ることになります。

ディオニシウス・アレオパギタ以降の学匠や神学者の天使論的思弁は、精確でも明瞭でもない観念としての天使たちの諸類型、諸範疇の区別より他、何もとは言わぬまでも、ほとんどこの民衆の宝のうちに入りこむことはなかったように見受けられます。

5　彼岸の世界

神、奇蹟、聖人たち、悪魔や天使たちという問題は、すでに指摘した民衆の信仰に生きる人のうちに拡がる心的次元について即座に再論を促します。中世の人は、不動にして確固とした自然則の現実《リアリティー》のうちに生きているのではありません。もちろん彼は、法則がこの世を支配していることを知っています。たとえば、人が高いところから身を投げれば、墜落し、死ぬこともありうるという事実は、十分に承知しています。しかしこうした物理的自然の次元の傍らに、人は複雑に巧みに関連づけられた神秘なある現実《リアリティー》の存在と働きを置くのです。それは彼にとって、彼の目にし、確かめることのできる可感世界の具体的な価値に決して劣るものではないのです。彼はその上に神的にして天上的な現実《リアリティー》、その下に地獄の悪魔的な現実《リアリティー》をもつ世界のうちに生きています。ここで、その上とかその下という言葉は、たとえ知的な宗教が神の遍在を説き、悪魔の世界を心霊的なものと解するにしても、民衆の神性においては明らかに実在するものと感受される場所《トポス》的な価値を付与され用いられるものです。

こうして天国《パラディソ》の描写は、当時の政治的、教会的な現実《リアリティー》と相関した言葉として受けとられます。神は何人たりとも受け容れざるを得ず、すべてが服従する無限の権能を有する至高者《ソブラノ》として、その本質《エッセンチア》は旧約聖書の神の表わすものに近づいてゆきます。一方、三位一体の神学は、神を神の子つまりキリストとしても描くばかりか、より近しくより願いを聞き届けてくれる者として、神の母たるマリア、聖人たちをその贖罪行為《ペニテンツァ》とその自己犠牲によって、疑いもなく天上の歓喜のうちに迎えいれられたに違いないその徳目によってなされた信仰実修によって、人に生を授けるも

のたちとして語るに到るのです。そしてこの歓喜は、アッラーあるいはマホメットの天国のよう

に具体的に語られることなく、人間的な具体性と現実《リアリティー》のうちに感得されたのです。その例とし

て、後述することになるダンテ・アリギエリ〔一二六五～一三二一〕の『神曲』(58)で絶頂に達する十

一世紀以降の彼岸の多くのヴィジョンを想起すれば十分でしょう。

天国に対置されるのが、地獄です。これもまた苦心の末に、悪魔たちが集まり、命令を発する中枢たる王《ソブラノ》サタンの地獄の使者たちが出陣する宮城として観念されるに到ります。当然ながら、天国の悦楽には地獄の責め苦が対置されるのですが、ここにもまた、知的な宗教と民衆の信仰の間に差異を認めることができます。前者にとって天上の至高の愉悦は神の観想にあり、地獄の最大の苦悩は神の喪失にある一方で、民衆の信仰にとって天国を特徴づけるものは天上の歓喜であり、地獄は悪魔的な邪悪さによって有罪者たちに対する残忍で純粋な苦痛が案出される場所なのです。文書にあらわされた夥しい証言や図像表現の数々は、中世の長きにわたり民衆の心性が、またルネサンスのはじまりの時期に生きたヒエロニムス・ボス(59)のような画家がいったいどこまでその計り知れない想像力の羽をのばし、残虐さの探求においてどこまで到達してみせたかを見せつけるものです。

中世の民衆の信仰においてこの世を超えた次元のひとつに、捏造とまでは言わぬにしても、たしかに案出されたに違いないもの、つまり煉獄《プルガトリオ》があります。ここで煉獄に関するカトリック教

ドメニコ・ディ・ミケリーノ《ダンテと『神曲』の世界》
サンタ・マリア・デル・フィオレ大聖堂のフレスコ壁画、1465年頃

義形成の複雑な歴史を辿りなおす訳にもいきませんが、その基礎的架設と分節がカロリング朝およびそれ以降に起こり、特に十一世紀以降発展したものであったことをだけ注しておきましょう。そしてその観念は、この世の終末の待望という主張と化し、それは人々の心にキリストの再臨への待望、とりかえしのつかぬという訳ではない罪の数々の贖い、そして天国の愉悦に到ることができるようにという期待を植えつけない訳にはいきませんでした。煉獄の教義的形成とともに、十二世紀末から十三世紀初頭にかけて、罪と罰の段階的な体系的組織化に到る各種の試みを認めることができます[60]。

こうしたこの世を超えた世界のヴィジョンという観念領野に、具体的で正確な意味をもってあらわれるもののうちで最も際だっているのがダンテ・アリギエリの著書です。それは寓意を介した知的著述と、信徒たちの教化と聖化のために俗語で記された彼岸の旅のものがたりというどこか民衆的なところの混じた両義的な姿をみせています。こうした意味において『神曲』は、われわれの研究領野において格別の意味と重要性をもつ歴史的霊的発展の頂点を代表するものと言えます[61]。

民衆の信仰の神秘の次元は、場所《トポス》的なだけでなく年代的なものでもあります。民衆の信仰が救済の経綸や神慮に関する複雑な教義を常に掬いとることができなかったとしても、それはキリストをめぐり、この世の終末という事態に集中していくのです。それがまったくさし迫ったものであるというのではなくても、近づきつつある現実のできごととして。つまりキリストの再臨と最後の審判のことです。

6　終末論的待望

ここでミシュレのあまりにも有名な頁が頭をよぎります。十九世紀末から二十世紀初頭にかけて、これを槍玉に挙げることが流行りました。十世紀の末から十一世紀のはじめ、そして一〇三三年をめぐる歳月にも、生は常に変わることなく継続されたのだということを示そうとして。しかし面白いことに、こうした論争は皆驚くべき符合をみせて、中世における審判待機が、ある日ある年を期したできごとであるという訳ではなく、何より中世の幾世紀にもわたり多様な相貌をとりつつ現われた不安な懸念であったということを忘失しています。(62)

大グレゴリウスを、クリュニーのオド〔八七八頃〜九四二〕を、ノルマン、イスラム、ハンガリーの襲来の時期の年代記作者たちのことを、偽メトディウスの『啓示の書《レヴェラツィオーネ》』、ティブルティーナの巫言あるいはモンティエラン＝デルのアソ〔九九二没〕の『アンチキリスト論』(63)また、ヨアキム主義に煽られた終末論の大波とそれにつづく論議の数々を考えてみるに、中世とはその全文化水準にわたって生者たち死者たちを審くためのキリストの再臨を凝視しているのです。(64)

文書記録類に関して、知的な宗教と民衆の信仰の様相を明確に区別することがなかなか困難であることについては後述することにしましょう。大グレゴリウスの終末論的待望は疑いもなく知的な神学者としてのものではありますが、民衆に向け警告したり勧告したりするメッセージとしての説教においてもそれを語っています。教皇庁においてグレゴリウスの熟知していたスペクトールとしての高位聖職者たちの姿《イマジネ》、つまり敵する者の到来を監視し待機する見張り人の姿は、知的な宗教の民衆の信仰に対する態度をよく伝えるものですが、それればかりでなく民衆が受け取ったメッセージにどう反応しまた受け容れたかを理解させてくれるものでもあります。(65)

いずれにしてもこの終末論的待望は、通説されてきたように、いろいろな変容と心的態度を伴いつつ、いまだキリストの再臨の時として可能な年を算えていたニコラウス・クザーヌス〔一四〇一～一四六四〕にまでも至る訳です。(66)

しかし民衆の信仰の祈願と要請を迎えいれるに優位を占めたのは、信仰表現の別の世界、具象芸術でした。

細密画の領野ばかりでなく、数知れぬフレスコ画、浮き彫りその他いかなる装飾にも、最後の審判という主題が採られるのです。通常聖書の枠組みは、まさに最後の審判をものがたる福音書

最後の審判
12世紀、コンク、サント・フォワ大聖堂のタンパン

の偉大な頁の数々によって与えられ、善なる者たちは右に、不正なる者たちは左に、前者は天国の愉悦へと差し向けられ、後者は悪魔たちの恐ろしさに、地獄の永劫に震えあがるのでした。この分野については、アルベルト・テネンティがこうした図像的主題の発展を論じ、特に十一世紀以降の宗教的心性の変容展開について指摘しています(67)。

民衆の信仰に生きていた者たちの心理において、審判に先立って起こるに違いないできごとの数々を前に、不安な焦燥あるいは真の怖れの感情が沸騰します。その中でも最大の位置を占めるのがアンチキリストによる試練です。これは中世後期、それも特に――一例に過ぎませんが、意味深い――真のアンチキリストとアンチキリスト・ミスティコ*[t]の区別がなされたときにますますその重要性を浮き彫りにします。この区別は南フランスの聖霊派とベギン派の環境の中心でなされたものですが、その時以来、宗教改革の反教皇派の挿絵や「ちらし」の前代未聞の冒瀆的な図や文言に到るまで、西欧の宗教意識の中にあって決して滅びることのなかったものです(68)。

こうして真の教会の待望における反措定が、後述することになる中世最後の諸世紀に錯雑しつつも生気に溢れて拡大しつつ新たな社会を実現する宗教運動の数々を担う各種の様態として、深刻化することになります(69)。

この複雑な観念の、感情の世界は、神学的現実《リアリティー》としてではなく、正確で組織的な体系化なしに、信仰と一体化します。まさにこの終末論的観念に関しては、民衆の信仰と知的な宗教の関係

レビアタンに跨るアンチキリスト
サントメールのランベール『花の書』（1120年頃）挿画
ヘルツォーク・アウグスト図書館蔵

アンチキリストの寓意
偽ヨアキム預言書写本挿画
ヴァチカン図書館蔵

について、わたし自身すでに何度も論じたところを確認しておきたいと思います。ハンガリー人侵攻の時あるいはもっと後、聖霊派やベギン派の迫害の時、アンチキリストの到来もしくはキリストによる最後の審判を待望する敬虔な信徒は、この終末論に関してフライジングのオットー〔一一一五頃〜一一五八〕やフィオレのヨアキム〔一一三〇頃〜一二〇二〕やペトルス・ヨアニス・オリヴィ〔一二四八頃〜一二九八〕と同じようにはふるまいません。そこにある本質的な差異を認めない訳にはいかないのです。後者にとって、それは神学的体系化にかかわる神学問題であり、つまりそこでは個人に関してほとんど何も考慮されておらず、最大の関心は理論なのです。換言すれば、それは認識にかかわる問題であって、解釈学的論考、聖書、教父学文書においてすでに多かれすくなかれ啓示の事実として含まれるある真実を出来させることに焦点があるのです。前者、つまり民衆の信仰にとって、問題は別のところにあります。自らキリストの審判に臨むこと、隠されてある罪の数々を報せること、キリスト教共同体総体のありかたについて。つまり生の諸問題、衆合的責務と一緒に、個人の救済が問題とされるのです。これらすべてに、何ごとかは知ることができても完全に識ることのできない来たるべきできごとに対する恐ろしい未知の懼れが覆いかぶさっているのです。ここで審くものは、もはや十字架につけられたキリストではなく、モワサックやウェズレーにみられる荘厳なキリストです。こうしたフランスの大聖堂にみられる壮大で複雑な彫刻群の委嘱者が依頼した主題からして、どう考えても彼らは神学的知識のあるものたちであったに違いない一方で、それを制作した逸名の彫刻家たちは、自然にか意図的にか――これについてはなんとも言うことができません――民衆の信仰の心や態度に同調し、すくなくとも民衆の信仰に向けて制作しています[70]。

この懼れ、この不安は、悪魔への恐れ、彼らをとりまく神秘の感覚、どんな細かい作為の襞にも分け入ることのできる全知に由来する厳しい審きに対する懸念と、密接に結びついたものでした。つまり救済願望が果たされるためならば、どんな手段とも結びつくのです。ここにキリスト教西欧における民衆の信仰の最も深い個人心理の本質が明らかになるのです。

7 救済への願い、秘蹟

この救済を得るため、信徒はなんとかその保障を手にしようと試みます。今日では残念ながら大方その有効性の内実を感得することはできないにしても、この救済を保障する各種の手段が格別重要なものとなります。

そのうちでも、民衆の信仰において最大の位置を占めるのが秘蹟の数々ですが、そこには神学的教義的に正しく厳密な区分はありません。特に中世初期、たとえばゲルマンの民衆を改宗させようと赴いた宣教団の小論考を捲ってみれば、秘蹟の数や性格にまで混乱があったことが明らかとなります。いずれにしても、二つの秘蹟が重要性をかちえます。ひとつはキリスト教社会に迎えいれる洗礼で、改宗時に格別重要なものですが、いずれ過去の棄却と将来にかかわる公式契約にも等しい相貌をもっています。中世の教会が、婚姻の妨げともなるような霊的な親族関係を定めるに到る程にも代父、代母の役割の重要性を強調したのも偶然ではありませんでした。そのうえ、洗礼は自覚的な人物に授けられるべきもので、幼児に授けられてはならないと主張するような異端への逸脱すらみられます。(71) 洗礼は中世の長きにわたり、重要な秘蹟として意味深い様相を呈しつづけます。民衆の信仰生活の中で、新生児洗礼にあたってその家族の豪華な祝宴が公衆の前で誇示される、という事態がだんだんと浮上してきます。

洗礼とともに民衆の信仰にとって秘蹟として重要なのは、ミサとそれを構成する複雑な典礼の数々に結びついた聖体《エウカレスティア》です。信徒たちとの霊的絆を明かし、教会のうちにキリストが臨在しつづけることを証すものとしての聖体は、民衆の信仰においては、長い間ほとんど魔術的な権能を授けられた手段と観念されていました。果し合いの前に決闘者は聖体にかけて誓い、信徒が受けるやもしれぬ最も深刻な罰から免れしめるのです。(72)

公的もしくは私的な悔悛《ペニテンツィア》は、正統と異端の間で悔悛の秘蹟の神学としての曲折を経ながら、今日にも受け継がれる一定の定式と典礼としての形を採るにいたります。悔悛の秘蹟をめぐって、十二世紀から十四世紀にわたり、異端の間に一連の議論が戦わされ、つまり中世の宗教世界の均衡《ウニタ》について思いを馳せてみるならば、それがカトリックの間にも拡散したと想像するに難くありません。(73)

正確で特徴的な相貌をみせる秘蹟の数々のうち、民衆の信仰に関連しないのが聖職者の叙階です。これは神学的論究の、学匠たちの論議の対象となるものであり、司祭叙階を、どちらかというと魔術的な力の授与、また神、キリスト、聖母や聖人たちのもとで働くことのできる世界への参与とみなすような民衆には関係のないものです。(74)

その他の秘蹟は、終油や婚姻の場合のように、日常の生のあれこれの局面を聖別するためになされる夥しい宗教的実修と混合し混同されるに到ります。

こうした秘蹟の数々は、中世の人々の意識のうちでは神学が規定し明示した聖なる儀礼というよりは、魔術と境を接する業をなすための手段でした。ここでもふたたび注目すべき違いがみられるのです。

そのうえ、救済に関してはまだ他の手段がありました。

たとえば富者はたしかに富裕でしたが、自らを救うためには喜捨を惜しまず、遺言書には教会への寄贈をしるして教会を援助せねばなりませんでした。在世中に、教会に対し暴力や横柄を働

秘蹟の寓意
ドイツ、16世紀、コルマール市立図書館蔵
（左上から順に、叙階、洗礼、悔悛、聖体、婚姻、堅信、終油）

くようなことがあった有力者は、臨終にあたって呵責にさいなまれるような場合、自らの罪を拭い去るための一連の約定の態度をとることによって宥しを受けることもできたのです。(75)

8 悔悛と巡礼

民衆の信仰における公的な悔悛は、贖罪のための模範として教会規範の好んで認めるところであったばかりでなく、その公開性のうちには、予定された期間、課された形式によって悔悛がまさに成し遂げられたというあかしもある訳です。中世の長きにわたり悔悛という現象が時を経るに従って各種各様に、しかし常に存在したのも偶然のことではありません。(76)

この外見の重要性について、大きな托鉢修道会の在俗支持者による第三会の者《テルツィアーリ》たちは、その着衣や身振りといった外見によって支持する宗教団体に参加していることを示すばかりか、それ以上に救済の実現達成のあかしを得ようとしていたのだったということを想起しておくのもよいでしょう。(77)

こうした悔悛者たちの世界には、いろいろな呼称のもと、十二世紀以降西欧キリスト教を特色

1349年、ドールニック（現トゥルネー）に現れた鞭打ち派の一行
年代記の挿画、ブリュッセル王立図書館蔵

づける宗教団体の数々も含まれます。謙遜派《ウミリアーティ》は休みない労働を通じ、深い信仰における兄弟愛のうちに救済への道を実現します。その信仰の単純素朴さは、二世紀後、共住兄弟会のもとに、またベギン派の〈新たな献身《デヴォーティオ・モデルナ》〉のうちに特殊な類似を見出すことになるものです。[78]

同信会《コンフラテルニタ》のうちでは格別、救済への道探求が具体化されるのがみられますが、それについて同信会自体が、イエス・キリストへの信者全体のうちにおける対異端の闘いを完遂したり、浄福なる聖処女への数しれぬ同信会の成立にみるように聖母への献身がなされたり、果ては一二六〇年以降の鞭打ち派《フラゲランティ》のように、公衆の面前で鞭打ち苦行をしたりするものすらありました。こうした同信会の活動が、貧者、孤児、寡婦たちのための慈善や救護の団体となっていったことには、なんの矛盾もありません。こうした目的はますます本質的なものとなり、発足時の性格から決して排除されることはありませんでした。また、どの鞭打ち信心会も、通年いくら慈善《ミゼリコルディア》の業を果そうとも、決められた日に公衆の面前で自らを鞭打つことを辞めることはなかったのです。(79)

悔悛の要請に連繋して聖なる場所の効能に対する信心、巡礼があります。(80)

聖なるものに対する深い情感に発するその起源は非常に古いもので、神性を担った霊的人物、それも特にキリスト、殉教者、聖なる生涯を送った人がまさに生きた場所の数々に結びついたものです。それゆえキリストが生き苦しんだ場所を訪れるためのパレスチナへの巡礼行の伝統は非常に古いのですが、これまた古く実行するのがより容易であったゆえにある意味ではより普及した現象に、殉教者たちの勲功で名高かったり有名な聖人たちが禁欲修行しまた奇蹟的な力を発揮して聖化された場所の訪問があります。こうした意味で、ローマの使徒ペテロとパオロの墓あるいは、先に触れたトゥールの聖マルティヌスの聖地《サントゥアリオ》への巡礼が普通のこととなっていくのです。(81)

こうした巡礼の慣習のうちでも、特に遠隔地への巡礼は、千年紀のはじめノルマン人たちがガルガーノ山の聖ミカエルの聖地を訪ねた例にみられるように、当然ながら小集団によって果されるものでした。(82)

そのある様相から悔悛の巡礼行とみなされるようになるものについて、罪と罰に関連した文書の数々に一再ならず記されていますが、これについては後述します。特に重要なのは六世紀以降、禁欲修行の一形態として、アイルランドの修道士たちに典型的となった巡礼行です。コロンバヌス〔五四三頃〜六一五〕、ピルミーニウス〔七五三没〕、ヴィルブロルド〔六五八〜七三九〕、ウィンフリド（ボニファティウス）〔六七二頃〜七五四〕その他数しれぬ名も知られぬ者たちが、愛する祖国を棄て、永遠の巡礼に発つのです。それはすでに殉死行でもありました。改宗させるべき兄弟たちへの愛と、真の殉教死への期待。(83)

ここに民衆の信仰と知的な宗教の緊密に交錯するひとつの現象を見出すことができます。コロンバヌスもボニファティウスもたしかに無知な人ということはできませんが、彼らに同伴した者たちがいたことに疑いはなく、そうした者たちは知的な意識によって動かされたのではなく、なんといっても苦痛、災厄、流亡生活また永遠の救済への願望と期待のうちに身を投じたというべきでしょう。

十一世紀、小集団や際だった性格を示す人物による巡礼行がつづくうち、それにつき従う群衆の数が徐々に膨れ上がっていくことになります。

こうした際だった人物たちについては、特殊な形式の典拠に一連の証言が伝えられています。それは巡歴記で、記述され送付され編まれ、つまり文字を読むことのできる人たちによって成されたものでしたが、いずれにしても民衆の信仰の現実《リアリティー》に結びついたものとしてありつづけたことは、そこに録されたいくつかの特徴的な指標の示しているところです。十二世紀中葉に遡るア

聖ウィンフリド（ボニファティウス）
宣教と殉教の二場面を描いたもの
1000年頃の写本、フルダ国立図書館蔵

イスランドの修道士ニコラスのパレスチナ巡礼記のようなものを読んでみると、シエナの婦人たちの美しさに触れていたりして、文字で記されたものとはいえ、これはどう見ても民衆の感受性を示した記述のひとつというべきものでしょう。[84] また『驚異の町ローマ《ミラビリア・ウルビス・ローマエ》』の文章のように、ローマの古代モニュメント群の現実《リアリティー》を巡礼たちがどのように見たかを説こうとする著作ではありますが、それはまた受け取り手たちが後代に語り聞かすことのできる文章のひとつともなったのです。[85]

その他、たとえばジャンヌ・ヴィエリヤールによって編まれたサン・ヤコポ・ダ・コンポステッラへの巡礼行に関連した著[86]などについても、同様のことが言えます。行程、宿泊地の案内、そこに示唆される霊的な意味は民衆の信仰に立ってみるときにのみ意味をなすものです。洗練された手法でそれを指摘してみせるのは、いまだ十四世紀の繊細な詩人フランチェスコ・ペトラルカ〔一三〇四〜一三七四〕で、ソネット『白髪で色白の老爺が赴く……』は、生まれ故郷を発って、ヴェロニカつまり救い主の容貌を映した像《イマジネ》（聖骸布）を見るためにローマへ出かける巡礼の心理を描いてみせています。[87]

こうした領野で中世を通じ最も意味深いエピソードは、おそらくボニファティウス八世〔在位一二九四〜一三〇三〕の贖宥聖年《ユビレウム》です。これは——はっきり記録されているとおり——民心の自発的で直接的な衝動に発するもので、その起源は根深い待望にあり、これまた教皇庁の警戒心と当

1300年のローマへの巡礼
15世紀の年代記挿画、ルッカ国立文書館蔵

惑のもとに迎えいれられはしたものの、いかなる神学的教義によっても正当化の途を見出せぬ類のものでした。一三〇〇年の聖年に発せられた教勅は、実のところローマに溢れかえった夥しい巡礼たちを前に教皇が驚き、ある種の不安に襲われたことを明瞭に示しています。それどころか、ボニファティウス八世が発した言葉を伝えるヴィルヌーヴのアルノオ*[k]〔一三一一没〕の有名なものがたりは、まさにそうした様子を確認させるものです。つまり巡礼は、教皇の判断によれば、全贖宥《アンプリッシマ・ヴェニア・ペッカトールム》を享ける手段として民衆の熱狂の発揚のうちに解消されるものであり、教会ヒエラルキアの最高位を代表するものはそれを受け容れねばならぬのですが、それは教皇の知性と教養に

おいて了解したり是認したりすることのできぬものだったのです[88]。

必要とあらば、大贖宥という民衆の観念を受け容れる教皇のこの不本意さを証すため、その五十年後、一三四七年にコーラ・ディ・リエンツォ〔一三一三頃〜一三五四〕が教皇クレメンス六世〔在位一三四二〜一三五二〕のもとに赴き、まさに大赦《ユビレウム》を授けたまうよう願い出た時のことを見てみることにしましょう。当時の不安な信仰を懸念した教皇は、コーラを長く待たせ、承認された公式行事外に行われることがらに、あまり熱意を示したようにはみえません。ここでコーラが教皇から遣わされた理由の数々を考慮してみるに、彼としては単にローマをふたたび世界の首府《カプート・ムンディ》としようと夢想しただけでなく、社会や教会の根底からの革新の必要をも感じており、大赦《ユビレウム》という事態はその表面的な宣揚の一事例に過ぎなかったのだと慮るに困難はありません。しかし――これが重要な点ですが――コーラは神学者ではなく、彼の宗教的教養は当時流布していた預言的黙示録的主題群を反映していたに過ぎないのです。そうした状況を彼は熱烈に生き、また伝播させたのです。それを宗教的でなく、政治的な策略を弄する欲望であるとか奸策であるとみなすのは、十四世紀の宗教性に対する不用意な考察という他ありません[89]。

巡礼に関連して、もうひとつ衆合的信仰の生における贖罪や救済の手段として考える必要があるのが、十字軍です[90]。

第一次十字軍については、コンスタンティノポリスに集結し、ビザンツ皇帝と同盟を結び、隊列を組んで聖地エルサレムへ向かった大君主や騎士集団の領袖に注意を向けるのでなければ、ある意味で混沌と無秩序のうちにアミアンの隠者ペトルス〔一〇五〇～一一一五〕や無所有者ゴーティエに従った群衆によってはじまったと言えます。この点について、ペトルスが多くの追随者を自らに引き寄せた魅力は、キリストの墓を解放しようという意図にあったばかりでなく、強調しておきたいのは彼の隠者としての存在、暫く後に巡歴説教者たちがなすことになるのと変わらぬ娼婦たちへの好意的な対処と現実社会へ戻すための措置にみられるような、彼の個人的な信仰行為に魅きつけられてのものだったことを想起しておきましょう。[91]

ここで注目すべきは、信徒たちが神のことばに直接的に魅了された素朴な魂のうちに横溢する神慮の加護への信頼において出発したという事実です。ここに十一世紀から十二世紀にわたり、民衆の信仰が獲得してゆく様相と形態に垣間見える深甚な力が潜んでいます。より後になって、第一次十字軍の年代記作者たちのうちに見出すことができるのは、知的な評価としての民衆の激発的行動の省察となり代わります。『フランク武勲詩《ゲスタ・フランコールム》』の逸名の著者、シャルトルのフォルキエルス〔一〇五九～一一二七〕あるいはノジャンのギベルトゥス〔一〇五三～一一二四頃〕が語るところの異教《パガニタス》あるいはイスラム信仰に対して戦いを挑むキリスト教精神《クリスティアニタス》も、実のところ群集にとっては彼らを導き勝利を齎す神秘ななにものかに対する深い信心であったというに過ぎません。[92] 十字軍の最初の群集が、直接ボスフォラス海峡を突っ切って全滅戦を闘うためにトルコ人の中へ突入し

十字軍を率いる隠者ペトルス
14世紀の写本

ていったのも、こうした自生的で直接的な意味での神助への信頼の結果でした。この点、後になっての隠者ペトルスによるギリシャ人たちへの背信行為という非難に欺かれてはなりません。それは貧しき者たちの十字軍という、民衆の信仰の驚異的な表出が破局に終わった後でなされた批判に過ぎません。

第一次十字軍について語ったことを、ひきつづく十字軍について繰り返すつもりはありません。ただ、そこには常に君主たち、領主たち、騎士たちがいたにしても、貧しく素朴な民衆が欠けることはなかったこと、彼らは内的な生の衝動や信仰感情に突き動かされて十字架を取ったのだったということを指摘しておけば十分でしょう。

十字軍において、民衆の信仰という枠組みによく見合ったエピソードとして、一二一二年の所謂小児十字軍があります。もしもこれを民衆の信仰という環境と次元において考えるのでなければ、それは中世の宗教世界において最も印象的なだけでなく、説明しがたいできごとのひとつと化すことでしょう(93)。

夥しい数の小児の群れがヨーロッパ各地を転々と動き回り、聖地エルサレムへ向かわねばならぬという、どんな障害をも撥ねかえす確たる信念。これは、いかなる神学的措定からも哲学的論議からも演繹され得るものではありません。それは神秘の次元が排されることなく生の具体的な現実《リアリティー》を成すばかりか、実在し欠かすことのできないものとしてそのうちに人の行為が溶けこみ、そうすることによってのみ行為は善く果されると感得する素朴な魂においてのみ生じることのできるものです。

巡礼や十字軍と同じ性格のものとして、『スタデンス年鑑《アンナーレス・スタデンセス》』に記される一二一二年のよく判らないできごとや、北イタリアのポー川流域の町々に及び、それほど長くにわたって続かなかったとはいえ歴史的に重要な意味をもった、周知の一二三三年のアレルヤ運動が跡づけられます[94]。こうした現象の数々は、宗教的政治的要請を表現したものであると同時に、住民全体の平和の待望が永遠の救済への希望としてあらわれたものでした。魂の感激は疑いもなく多くの場合率直なもので、たとえ短期間であったとしても癒しがたい憎悪を抑えつけることに成功しましたが、これはたしかに知的な議論あるいは教義や神学を基にした意識態度には属さない心的状態のあらわれです。ちょうどアレルヤ運動の時期、修道士サリンベーネ〔一二二一〜一二八七〕がライバルのドメニコ会士たちに対し、この説教者たちは民衆の信仰のあり方を十分計算に入れて民衆の同意、称賛を、またいずれその支持を取りつけるのに利用したと、証拠まで挙げて罪を着せたのも同類の詭計でした[95]。こうした弁舌の詭計が、芯からの神学者たとえばトマス・アクィナス〔一二二五頃〜一二七四〕やボナヴェントゥラ〔一二一七頃〜一二七四〕の心を動かすものでなかったことについては言うまでもないでしょう。

鞭打ち派《フラゲランティ》のようなエピソードを念頭におきつつ、どうしてもこうした運動の自生的発動という事実を認めない訳にはいきません。たとえ、アレルヤ運動におけるジョヴァンニ・ディ・ヴィチェンツァや鞭打ち派における有名なラニエロ・ファサーニのような人物がその契機をなしたとしても、それは初発の力となっただけで、後は自生的な様相を取ることになります。その展開において、運動自体の内部にそれを動かし指揮するまさに自律的な位相が生成するのです。数年前、ちょうど一二六〇年の鞭打ち派を論じた時、そこにヨアキム主義的待望は何の影も落としえなかった、と述べたのも偶々のことではありませんでした。彼らの運動に対し、ついに聖霊の時代が到来し、それがはじまったのだと説明することはできても、その運動がそうした観念に触発されてはじまったのだと言うことは不可能です。[96] ただ当時一二六〇年にも、より後の一三四八年、またその他の運動も、特に十四世紀においてはある環境にはあれこれの異端の痕跡を同化して、どれも常にある場所に悔悛の衝動が湧き上がるのだと言い得るのみです。それは教皇庁や教会ヒエラルキアのこうした自生的運動に対するその時々の態度によってのみ説明され得るのです。

ここまで述べてきたことについて、千年紀以前の民衆の信仰とそれ以降の信仰を対比してみるならば、最近の歴史学においても特筆されているような明白な特徴がみられるといえるでしょう。それは民衆の参加の肥大です。中世初期の世紀にわたり、民衆の信仰は個別に限定された逸脱、しばしば個人的な様相としてあらわれるように見えます。ここで注意しておくべきは、異教の執拗な残存――ローマ人にとってもゲルマン人にとっても――あるいは古い心性や態度への帰還という事態です。それが中世も後期となると、格別印象的なのは、民衆の信仰の様態が強く明確に衆合的な様相を呈してくることです。ここでは、中世初期の民衆の信仰の場合よりもずっといろいろな信徒団の要請、期待あるいは疑念があからさまに表面化するのがみられるのです。

それに加え、祈禱の様態にも変化があらわれます。典礼や聖歌に、民衆の側から典礼外の歌や詩が添えられるように要請されたのです。それは学匠や神学者によって発想されたものとみなすことができるようなものではなく、なにより群集の信仰や要請に応えるものでした[97]。

こうした観点からみて典型的なのは、讃歌《ラウダ》の数々です。これは悔悛派や鞭打ち苦行者たちによって公衆の前での行列の時や、〈同信会〉《コンフラテルニタス》の集会において謳われた歌の数々です。その単純な旋律と平易な言葉は、真の叙情にまで到達した感情を生き生きと伝え、感動的ですらありますが、すべての面がその民衆起源を確証しています[98]。

こうした讃歌の数々は、そこに深い霊性を見出すことのできるものにとっては、まさに民衆の信仰の何たるかをなにより明瞭に知らせてくれるものなのです。それはその具体性と感情表現において、民衆詩の特徴の数々を映し出しているのです。

こうしたすべてから、衆合的救済にかかわる手段の重要性が浮き彫りとなります。すべてを含め、そこに参集することが救済を保証したのです。けれども、同時に個人的で個別的な動機の数々があったことも確かです。ここでも資料の欠落ゆえに、中世後期にわたる広漠たる記録を目の前にするほかありませんが、あきらかに信徒は教会が提供する手段に個人的に与ることによって、あるいは独自にか小集団によって[99]個性的な信心に励むことによって各個の信仰をもち得た訳です。それゆえ、巡礼のうちに特別な態度で臨むもの、たとえば、決して馬や驢馬に乗らずに目的地に到達したり、ある種の食物を断ったり、宿舎や〈救護院《オスペダーレ》〉に泊まらず、はたまた聖母や聖人たちへ特別の信心を捧げたりする者たちを見出すことになっても驚くにはあたりません。

ここではこうした数限りない個別の信心の実例にとり組む余裕はありませんが、いずれにしてもその重要さについて強調しておかなければなりません。こうした信心においても信仰の誇示は繰り返され、それを人前に見せない限り、信仰、儀礼、悔悛を完遂することにはならないのです。これとおなじ霊的世界に、救済成就のための行為ばかりでなく、現世でのなんらかの目的の達成のための行為も配分されることになります。実に民衆の信仰は、永遠の救済に配慮するばかりでなく、控えめなものであったとしても日常生活の要請の多様な請願をもあてにしているのです。信心は救済を得るためだけでなく、なにより中世の終わりにあたる数世紀には、息子や親しい人の病気の治癒やらなにやら、ある目的を達成するためになされるようになるのです。こうして民衆の信仰は、明示されることはないにしてもより切迫した心理動機として、具体的な必要に癒着した姿をあらわすようになります。それゆえ民衆の信仰に生きる人は、聖職者たちからいろいろと訓えられる複雑な教義からではなく、個人的な救済の必要と同時に彼を襲う諸悪からの庇護や日々必要な財物の要請をまで表現する宗教世界にある者なのです。宗教的観念からすると、こうした心理描写はひどく慎ましいものに見えるかもしれませんが、こうした信心のうちに生き、参与している人々の人間的現実《リアリティー》とは、こうしたものです。つまり民衆の信仰に生きる人は、その大部分が敵意ある世界のうちにあり、全能の神にのみ援助と解放を期待し得るのです。彼の傍らにはキリスト、聖母、聖人たちがいる一方で、たとえば彼が苦しむ諸悪の原因であり、対決し打ち負かさねばならぬ誘惑者としての悪魔を引き連れたサタンを前に、聖職者もなんらかの形で彼を援けることができるでしょう。

こうした現実《リアリティー》のうちにあって、民衆の信仰にある人は、信心と信仰を強く響かせてすばらしい表現をしたフランソワ・ヴィヨン〔一四三一～一四六一以降〕の詩のように期待のうちに生きるのです。彼、この「呪われた」詩人は、自らの母の口を借りて、民衆の信仰の最も深い意味を込め、中世のフランスで一番美しい聖処女への祈りを表現しました。[100] 詩人の母であるものは、いったいなにを感得しているのでしょうか。

わたくしは　貧しい老婆でござります。
何も存じて居りませぬ。皆目文字が読めませせぬ。
わたくしの属する僧院の教会堂に　描かれた絵に、

天国には　琵琶や竪琴、地獄には
罪人の亡者が煮られている様が　見られまする。
一つはまことに恐ろしく、一つは楽しく思はれまする。
天国の女神さま、わたくしに　喜びを授けてください。
罪の子たちは、信心深く、いつわりなく、また懈怠なく、
みな、ひたすら　マリアさまにお縋りせねばなりませぬ。
この信仰にわたくしは　生きて死にたいと思ひまする。

（鈴木信太郎訳）

この母はいったいここで何を見、信じ、苦しみ、期待しているのでしょうか。彼女は聖母に――神やイエス・キリストにではなく――救済を祈り、一方に天国を、他方に地獄を描いた絵のある教会へ行き、前者に悦び、期待を寄せ、後者に恐れおののくのです。

9 民衆の信仰における女性の位相

さて、こうして民衆の信仰を特徴づけるひとつの表象——それもかなり意味深い——に到着します。それはまさに重要な、女性の位相です[101]。民族移動時代から中世初期にかけての時代にも、聖なる生涯を送った女性がいなかった訳ではないと言われますが、実際には少数であり、すべてがすべてというのではないにしてもそれは修道院で禁欲修行に身を捧げたものがほとんどでした。十一世紀のはじまりとともに、そうした状況は根底から変わってゆきます。すでに十一世紀の民衆運動に、当時の宗教的焦燥を享けていくらか女性たちの参加が認められます。この点、所謂オルレアンの参事会派《カノニチ》と呼ばれる異端*[P]のうちに女性が一人いたこと、またフランク王妃コンスタンスがその参事会派《カノニチ》の一人、まさに先に自らの聴罪司祭であったこの異端の者を冷遇したという話は印象的です。女性たちについて、モンフォルテの異端*[P]に関連しても記録があります。ラウール・グラブロ〔一〇四七頃没〕のものがたるところによれば、ある者によって正統ならざる典礼とみなされたはっきりしないできごとの主役として一人の女性が介在しています。ランドルフォ・

セニョーレ〔一〇八五以降没〕は、モンフォルテあたりには異端が蔓延《はびこ》っていると証言する一方で、異端の徒たちは男も女も貞潔《カスティタス》に生きることを遵守する者たちであった事実を伝えています。(102)

またパタリア派*〔r〕の運動にも、その他十二世紀以降の各種の異端運動にも女性の存在は顕著です。ビンゲンのヒルデガルト〔一〇九八～一一七九〕とシェーナウのエリーザベト〔一一二九～一一六四〕のあいだに意味深くもまた個性的な友情が結ばれたのも、まさに十二世紀のことでした。前者は学問的、哲学的、神学的な教義に優れた知的女性、後者はその傍らに彼女のヴィジョンを書記した兄弟エックベルトもいたにもかかわらず、素朴で直截で世俗的なヴィジョンをみせた女性でした。この二人の婦人には共通してラインラント地方の信仰生活が色濃くみられますが、われわれにとって格別意味深く思われるのは、一方が知的な宗教に生きているのに他方は民衆の敬信《ピエタ》の世界に向かう傾向をみせていることです。(103)

これはヒルデガルトが聖ベルナルドゥスをはじめとした当時を代表するような男性たちの性格と関係を結んだ一方、エリーザベトはより慎ましい信仰生活に影響をうけたことに起因するものでしょう。しかしエリーザベトはウルスラとその同伴者たちの殉教の伝説にみられるように、より広範な影響を残します。(104)

ここでは中世社会、それも特に千年紀の後における婦人たちの果した役割という複雑な問題に立ち入ることはできません。いずれにしても、聖性から異端に到るまで、個別的な信仰実修から

天地創造をめぐる聖女ヒルデガルトの幻視
『神の御業の書』（13世紀の写本）挿画、ルッカ国立図書館蔵

衆合的な共同生活に至るまで、民衆信仰のすべての様相に女性の存在が重要な役割を果したことについては十分に注目しておく必要があります。ヒルデガルトやエリーザベトのような修道女ばかりでなく、アルブリッセルのロベルトゥス（ロベール）〔一〇五五頃～一一一七〕に付き添い、レンヌのマルボド〔一〇三五～一一二三〕に実に不快な届出をさせることになった在俗の女性たちがいたことも記憶にとどめておきましょう。また修道士アンリ*[m]〔一一四五以降没〕が、売春をなりわいとする婦女の救済のために争ったことも重要です(105)。

清貧の説教について述べたところで明らかにしたように、ワルド*[r]は自らの周囲に数のうえからいっても著しい賛同者を得ましたが、そこにも婦人たちの姿があります。クレルヴォーのジョフロワ〔一一二〇～一一八八〕のようにそれを目撃した証人の語るエピソードには、このリヨンの貧者たちの運動における婦人たちの果した意味と重要性がものがたられています。それどころか――キリスト教の伝統からみるに――ここで最も多く、女性たちは説教したり司祭職のいくつかの役目を果したりしているのです(106)。

この点において、フランチェスコはワルド派から深く隔たります。アッシジのキアラ〔一一九四～一二五三〕やその妹のアニェーゼ〔一一九七～一二五三〕の追随や、高貴なローマの貴婦人セッテソーリのジャコマのことを思い浮かべてみれば、彼が女性を承認しなかったという訳ではありません。しかし彼は常に彼の修道会をめぐる悪意を避ける必要――たしかに教会の修業の軌道に

聖女キアラ(クララ)の死と戴冠
祭壇画部分、14世紀
ニュルンベルク、
ゲルマン民族博物館蔵

沿ったものとして――を警告し、厳密に男性の〈兄弟会《フラテルニタス》〉から女性たちを隔てたのです[107]。

これらはおそらく最も際だった二つの事例でしょうが、唯一という訳でも、これで最後という訳でもなく、すくなくとも謙遜派《ウミリアーティ》の共同体を対照してみる必要があります。そこでは組織制度との関係の複雑さにもかかわらず、働き手としての活動としても宗教的な生の活動においても、決して女性の参加の可能性が留保されることはありませんでした。この事実は、教会権威の介入に従いだんだんと女性たちが男性から分離されるようになっても、その真価を失うものではありません。

女性の敬信《ピエタ》の形をみるに、それは無知とは言わぬまでも非常に慎ましいものであったということができます。もちろん、場合によってはキアラ・ディ・モンテファルコ〔一二七五頃～一三〇八〕に自由心霊派《リーベロ・スピリト》*[s]の異端に追随する者が近寄ってきた時のように[108]、良識をもって異端的主張を前に注意を払い警戒することができました。

中世後期については、より際だった女性の敬信《ピエタ》の例をいくつか指摘するにとどめましょう。他の事例については後述する機会があると思いますから。プロヴァンスの聖霊派*[t]とベギン派の婦人のうちには、ヴェントゥリーノ・ダ・ベルガモ〔一三〇四～一三四六〕に追随し、彼のローマ巡礼派遣に従った者もありました。しかし中世の女性の霊性の頂点を成すのは、ラインの女性神秘家の場合でしょう。そこに開花した強い敬信の念については、すでに注意深い研究者によって論じられてきました。
また教皇庁がアヴィニョンに遷されていた間〔一三〇九～一三七七〕、民衆の信仰生活においてたしかに霊的ですが実践的に、シエナのカテリーナ〔一三四七～一三八〇〕とヴァドステナのビルギッタ〔一三〇三頃～一三七三〕という二人の女性が果した役割についてはつとに有名です。二人とも、いろいろに調子を変えて教皇庁を批判し、そのローマへの帰還を切望し、彼女らをとりまく者たちのあいだに深い敬信の念を掻きたてました。そればかりか、特徴的なのは信心深い魂の表現を蒐めるにあたり、個人的に聖職者たちと接触を重ねることとなり、十分に教養あり知的な者たちにまで深い影響をおよぼすことになりました。ここにも民衆の信仰と知的な宗教の出会いという興味深い事例がみられるのです。[109]
ラインラントの男性神秘家たちと女性の霊的な弟子たちとの関係も、よく似たものです。最近の研究で明らかにされたように、深い敬信を示した婦人のうちには、今日も称揚されつづける『神性の流れる光』のマクデブルクのメヒトヒルト〔一二〇九～一二八〇〕の例もあります。そして〈新しい献身《デヴォーチオ・モデルナ》〉の運動について、民衆説教者たちの聴衆として女性たちの参加は、イタリアについてみるに特に際だっています。
その他、十五世紀において忘れてならないのは、まさにフランソワ・ヴィヨンの母の傍らに配さるべきジャンヌ・ダルク〔一四一一頃～一四三一〕で、彼女の声はフランスの国内で民衆蜂起に

聖女ビルギッタの幻視
14世紀末の写本挿画
ニューヨーク、ピアモント・モルガン図書館蔵

まで繋がる力と勇気を引き出すことになりました。[110]

女性の姿とともに、この民衆の信仰の形態と表現への一瞥を閉じることにしましょう。彼女たちは、まさに民衆の信仰を構成する大きな力のひとつとして、口承伝承の世界をつくりあげていきました。母、妻、娘、姉妹、女友達たちは、研究家の精細な検討からも遁れかねない役割を果し、はかりしれない重要性を発揮するのです。

第Ⅲ章
民衆運動と教会

I MOVIMENTI POPOLARI E LA CHIESA

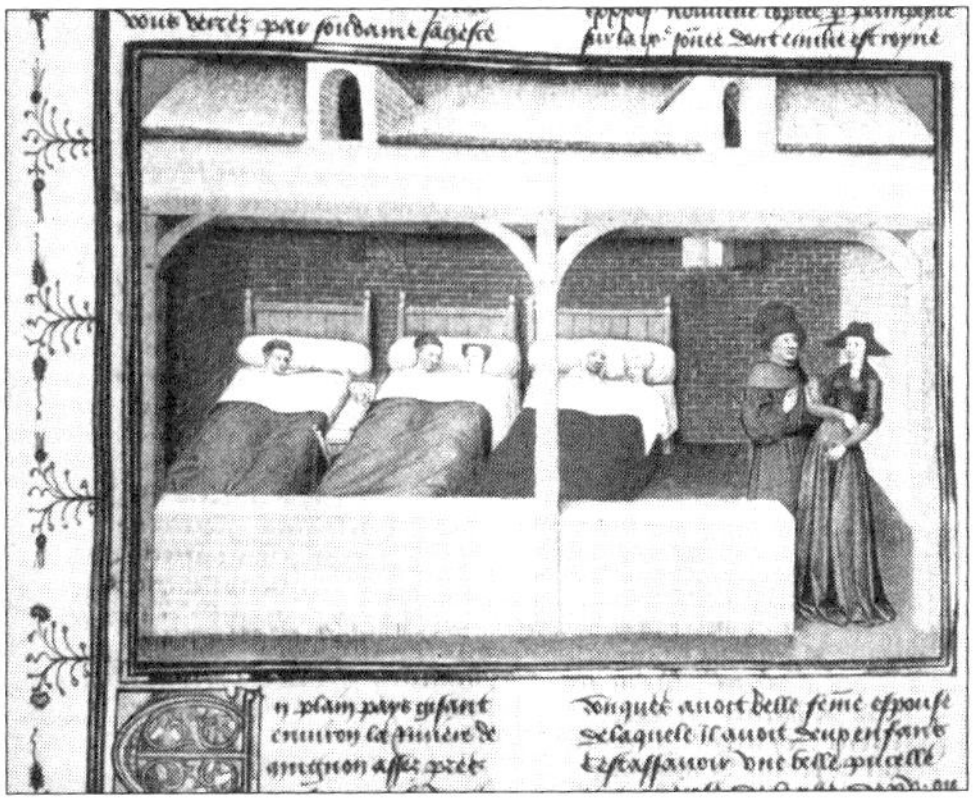

【扉図版】
宿屋の情景
ボッカチォ『デカメロン』9章6話の挿画
14世紀後半の写本、パリ、アルスナル図書館蔵

1　グレゴリウス改革の現実と諸問題

中世における民衆の信仰の現実《リアリティー》とそこに生きた人々の心性がこうしたものであったとするならば、教会ヒエラルキアはそれとどのような関係にあったのでしょう。これについて千年紀までの中世初期全般にわたり、証言はほとんどないということを言っておかねばなりません。この期間については知的な宗教の代表者、それも特に聖司教たちや宣教団の数々が、現実にはそれが非常に慎ましい成果をあげたに過ぎなかったにしても、信徒たちの宗教生活の基調を高めるのに尽力した行為や態度について識ることができるばかりです(1)。先に改宗に関して述べたところを思い出しつつ、それが個人的内面的な変化をもたらすものであったというよりも、しばしば政治的衆合的な事件であったということを繰り返し言っておきましょう。この点、民衆の信仰からする反応は、時には異教信仰の心的様相や態度の残留とみえたり、先行する心性の形式に訴えるものであったり、日常生活の要請に繋がった特殊な対応であったりします。

一方、十一世紀以降の証言はかなり豊富なものとなり、民衆の信仰態度はその不十分さと挑発とのあいだを動揺して画然とした限界をみせています。民衆の信仰世界の不十分さに関してはシュヴァルツヴァルトのヒルザウの大修道院長ヴィリヘルムス〔一〇九一没〕の『伝記』が典型的な例をみせてくれます。[2] 彼は修道院所領を巡回中、ある小屋に到りつき、一人の貧しい婦人と出会いました。小屋へ入り、彼女とお喋りをします。夫が農園から帰ってくるまで、話は困難な生活条件に集中しました。ここで大修道院長は彼らにカトリック信仰について問いかけ、その返事に信仰にかかわることなどまったく彼らの視野にないことを感じとるのです。[3] この邂逅で興味深いのは、自覚的でないにせよ、カトリック信仰を無視して人としての生活を営むことができるのだろうかという大修道院長の問い、つまり疑問です。これは通常そうとは見えないにしても、十一世紀に異端運動が起こり、宗教者たちが公然と反教権主義的な態度を示すようになる機運を説明することにもなる信仰心の欠乏という状況を垣間見せる事実なのです。[4]

ここで、歴史における所謂グレゴリウス改革の深い意味に違った方角から光をあててみることができる訳です。より持続的で活動的な司牧による文化や倫理の改善については、実のところ聖職者の諸習慣の変更という単純素朴な要請によるだけでは無理なのです。先に民衆の信仰に典型的な要請としてみたところ、つまり彼らは日常具体的な態度、行為、典礼の表現において表面的に示されるばかりか、通常富裕で時として倫理的に非難すべきある聖職者個人の顕示欲を、ひどく煩わしいものと感じていたのです。教会の諸規定と聖職者の態度のあいだにみられる対照は、激しい論争を惹き起こすほどにも一目瞭然たるものと化していたのです。この時代、全ヨーロッパでいろいろな要請や各種の手段によって多様な姿をまとって一連の民衆運動が起こったのも偶然のことではありませんでした。それは聖職者に教会規範に則った生活をさせようというばかりでなく、聖職売買《シモニア》や畜娼《コンクビナート》といった先に冒された過剰や侵犯を認めず、厳格で正しい生のため、新約聖書の勧告と規定に従わせようとの試みでもありました。扱いにくい聖職者の改革という路線で捉えられた奇妙な事態あるいはローマ教会による狡猾な群衆本能の利用とまで言われた収斂の状況は、現実には民衆の信仰の側からと教会改革の側からする二つの事態の歴史的展開の本質的な局面における出会いであったのです。[5]

ピエトロ・イグネオ*[1]〔一〇八九没〕の神の審きに関する有名なエピソード[6]は、偶然の事態というよりは改革への切望——この場合はヴァロンブローザ修道会士たちの——機運を浮き彫りにするエピソードというべきものでしたが、それが聖職売買にかかわる司教に対する民衆の反抗と、ちょうど時を同じくしたのでした。この神の審きは、まさに民衆感情を満足させたのでしたが、ヴァロンブローザ会の説教だけで司教に対してフィレンツェの民衆を行動にまで促すことができたなどと考えるのは余程のお人好しで、群衆の方にすでに彼らに向けられた説教に耳傾け、受け容れる用意ができていたというべきでしょう。

言うまでもないことですが、宣教の言葉に耳を貸す用意のある者たちに向けられるのでなければ、決して宣教に成功することなどあり得ません。それにはフランスで畜娼の聖職者に抗弁し、生きたまま火焙りにされた後にやっと無実が証された説教者ラミルド〔一〇七七没〕の、悲惨なエピソードを想起しておけば十分でしょう[8]。

所謂グレゴリウス改革というのはつまり、知的な宗教の表現が、民衆が真に必要を感じていたキリスト教徒の深く価値ある生の要請との出会いを果したものでした[9]。パタリア派*[r]のエピソードも、ここに帰着します。パタリア派のメッセージを受け容れ、腐敗した聖職者に叛旗を翻す行動の引き金となるような歴史的状況が存在しなければ、ミラノの民衆はアリアルド〔一〇六六没〕やエルレンバルド〔一〇七五没〕の説教を聴いて畜娼の聖職者に向かって反乱を起こし闘らなどという事態は決して起こらなかったことでしょう[10]。

要するにこうした民衆の信仰は、この改革によって十一世紀も末にますます深刻となりつつあった火急な問題に対し自覚的になっていくのです。当時、宗教家にとっても都市にとっても、貧困は都市の再興と街中の貧困階層の拡大によってますます先鋭な問題となりつつありました。こうした貧困者たちにとって、キリストと富裕でなお富を増そうとする司祭や参事会員たちのあいだにある咎むべき矛盾に気づくのに、哲学など不要でした[11]。

しかしまさにこうしたエピソードの数々のうちに、単に敵対するだけでなく、相互に依存しつつ影響を及ぼしあう聖職者と信徒たちの関係が新たに浮上してきます。実際、信徒たちが福音書や聖パオロの文書を耳にすることができるのは聖職者たちを通してだけでした。それを知るといっても、文献学的解釈学的に学ぶ訳ではありません。彼らはそれらの講読や説教から必要最小限の格言を身につけましたが、いまやその感受性は新しく以前とは異なったもので、直接文字通りの意味も寓意や解釈によって本文からかなり隔たったものにすりかわるのでした。千年紀の後、特にこうした新約聖書への帰還は、そこに直接的な意味を見出すようになります。こうした逐字主義は多く民衆的なもので、文字の中に閉じこもるのは断罪すべきユダヤ的解釈であるとする学匠たちの解釈学的批判を、彼らは気にすることもなかったからです。(12)

実際、神のことばを見出したという喜び、神によって伝えられ、やっとそこに発見された真実の味わいのうちに、自生的に個人的にではあっても説教したいという欲求、兄弟愛を伝えたいという要望が頭をもたげ、徐々に町中や仕事の中に浸透していきます。ここでふたたび、謙遜派《ウミリアーティ》の事例(13)にたちもどることになります。それは先に述べたような典礼や態度をとりつつ、他の者たちを霊的に信仰に引き入れ、まさに共同の信仰生活への欲求を実現する、兄弟愛の感情でした。しかしまさにここから、他ならぬ聖職者との対立のすべてが生まれるのです。聖職者は信徒たちに発するいかなる批判をも撥ねつけると同時に、異論の余地ない教会の正規の伝統を基に、独占的に神のことばを説教し普及させる権利を主張します。ここに激しい反教権主義へと到る第二の根があるのです。

反教権主義から異端への道のりは僅かです。ここで中世後期の異端者たちを考えてみるに、興味深いのは疑いもなく彼らが民衆の信仰に結びついていることです。これは中世初期の異端のエピソードや、通常知的な宗教に典型的な異端のエピソードの数々とはまったく異なった様相です。

プリシアヌス主義[14]の激震の後、中世初期の異端*〔o〕の数々は、ウルゲルのフェリックス〔八一六頃没〕の養子説[15]やトリノのクラウディウス〔八二七頃没〕の宗教厳格主義[16]あるいは九世紀の聖体論争[17]など、専ら聖職者たちの現象であったことを銘記しておく必要があります。その他、十一世紀には独居の禁欲修行者トゥールのベレンガリウス〔九九九頃～一〇八八〕の聖体による霊性の主張[18]と、同時期にこの町を大騒動に巻きこんだ民衆運動の数々とのあいだには、完全な区別があります。ベレンガリウスとパタリア派の運動がまったく同時代であったことを忘れてはなりませんが、前者はそれが基本的な重要性をもつものであったにしても神学的論争をひきおこしたのみであったのに、後者はひとつの町の日常生活を転覆させるものでした。より後の例をひとつだけ引くならば、第四ラテラノ公会議〔一二一五〕におけるフィオレのヨアキム〔一一三〇頃～一二一五〕に帰される主張への断罪は、修道士たちのうちに追随者を見出すだけの神学的教義に対する処罰であったとはいえ、それはマニ教の再興としての二元論的世界観の再燃を視野に収めた恐ろしい懸念を背景にしたものでした。

また一方では、こうした異端の開花は、個別具体的な要請を背景にした主張のいくつかが正統

悪の軍勢（複数のアンチキリストたち）を象徴する〈七頭の龍〉
フィオレのヨアキム『形象の書』（13世紀）

ならざるものとして溢れ出すような民衆の信仰にまで触れる、宗教の根底からの更新の一様態に過ぎなかったのです。ラテン・ヨーロッパ世界がこうした民衆の信仰の更新という体験をいろいろな様相のもとに生きている間、いくつかの場所、特別な状況において、十一世紀末から十二世紀初頭にかけての巡歴説教者たちに現われ、そこからいろいろ導かれた歴史的帰結とともに、正統と異端のあいだの振幅をみることができるのです。

2　正統と異端の間の巡歴説教者たち

これは民衆の信仰と知的な宗教の関係を了解し、民衆の信仰に生きていた者たちの側が宗教的メッセージをどのように受容していたかを知るためにはまたとない歴史の一頁です。民衆の信仰と知的な宗教の関係についてはまず、正統であるなしにかかわらず巡歴説教者たちの宗教者としての現実《リアリティー》の表現がまさに当時の文化世界に関与し、そこにある問題や要請を説くものであったことには疑いがありません。いずれにせよ、それよりもっと重要な事実は、こうした説教者たちがまさに当時の文化のうちに生きていた一方で、同時に彼らが説いていた信徒たちの衆合的要請についても気づいていたということです。これが修道制の〈安住《スタビリタス》〉を破ろうとする一修道士の試みの数々という形のもと、〔クレルヴォーの〕聖ベルナルドゥス〔一〇九〇～一一五三〕が『雅歌講話《セルモーネス・スーペル・カンティカ・カンティコールム》』(19)で、非常に精密に分析してみせた繊細で複雑な心理機制でした。こうした説教者たちには、純然たる称揚でも訓戒としてでもなく、何より生の模範と実践として福音のことばを伝え広めようという意志が認められます(20)。

歴史的現実《リアリティー》の具体性において、それはしばしば真の反教権主義、反修道制論争に翻案されます。たとえば巡歴説教者の一人、将来のフォントヴロー会設立者アルブリッセルのロベール(21)（ロベルトゥス）〔一〇五五頃～一一五三〕に対するレンヌの司教マルボドの厳しい譴責にみるように。こうした観点からするとマルボド(22)の手紙は、民衆が新たな衝動に突き動かされ、先在する伝統にまったく反してというのではありませんが、いろいろな方向へ動きだす様相をしるしているという点からして非常に重要なものです。

マルボドがアルブリッセルのロベールに対し、彼が清貧に関する説教の価値を高めるために襤《ぼ》褸《ろ》を纏い、それを聖職者に対する手厳しい批判に利するように用いたことを叱責する時、それは信徒たちから彼に寄せられる寄進をとりあげようとする意図であった訳ですが、現実にはロベールの魅力が衣類の貧しさにあったわけではなく、農村生活にはみられなかったような当時の市民生活における貧困という厳しい状況における貧困の確認が与って力あったのです。それに加え、ロベールに向けられたもうひとつ別の大きな譴責は、より特徴的なものに思われます。彼が一群の女性たちを従えていたことについて、彼と彼の追随者たちに対してなされた深刻な倫理的疑惑。こうした火の粉を消すのは容易ではありません。[23]あきらかにこの司教は、こうした説教者たちの周囲に女性たちが押し寄せている状況が、歴史的にたいへん重要な意味をもっていることに気づいてはいなかったのです。十一世紀以降、西ヨーロッパのキリスト教を特徴づける深い宗教的不安において、女性的なものの存在が示すことになる重要性について。

この手紙から、アルブリッセルのロベールが教養文化の世界に個人的かかわりをもっていたことが識られます。[24]彼はたしかに知的教育をうけたことに間違いはありませんが、ここで重要なのは、ロベールに影響を与えたものがこうした文化に由来するのでなく、民衆の文化水準に価値をもたらし、彼らの心的状態、感受性に受容できるような、こうした群集が生きるために必要とする具体的な社会的現実《リアリティー》においてある宗教性を表現できたということにあります。これが重要な点でしょう。こうした巡歴説教者たちの歴史的意味は、哲学や神学の弁証能力や彼らの観念のうちにあるのではなく、民衆がまさに信仰の必要から、個人的倫理や霊性において応答を求めていた勧告や模範を表現する能力にあったのです。

それにも況《ま》して重要なのは、ミュレのステファノ〔一〇四五〜一一二四〕の模範です。彼は巡歴説教者たちのうちにあって、おそらく清貧の問題を最も深く劇的に引き受け、彼によって説かれ

ミュレのステファノと聖ニコラウス
13世紀のリモージュ焼、
パリ、クリュニー美術館蔵

たことがらはアッシジの聖フランチェスコによってなされたものに最も近いものでした。(25) その後、まさにこの霊的指導者ステファノの周囲に形成されるグランモン修道会の成功は、彼らの運動の意味と現実《リアリティー》であった教会における完全なる清貧の模範という彼らの厳しく確固とした清貧への意志によってのみ説明され得るものでしょう。ひきつづき修道制に対しその制度的性格からする難問を突きつけることになったグランモン会の位相は、より掘り下げて考えてみなければならない問題ですが、ここでもこの運動の成功がまさに貧困にあえぐ信徒たちに触れ感激をひきおこす状況に起因している、つまりなにがしかその感情の格別の重要性と直接性にかかわるものであったという事実を見逃してはなりません。(26)

この点を明らかにするためには、ついには異端と化す修道士アンリ*〔m〕〔一一四五以降没〕の推移もまた範例となります。この事件については『教皇庁ケノマニ勲行録《ゲスタ・ポンティフィクム・ケノマネンシウム》』に生き生きと鮮やかに語られた豊かな知見のおかげで追跡してみることができます。(27)

修道士アンリが民衆に朗らかに迎えいれられたのは、ただひとえに「十字の旗《ヴェクシリウム・クルーチス》」つまり十字架の教えとともに異議申し立てをしつつ町中に隠者の衣を纏って現われたからでした。ものがたりの全体から明快に浮かび上がるのは、修道士アンリが直接たちまちル・マンの町の人々に及ぼした魅惑がその説教にあったのではなく、その生の状況と悔悛の形式を示す貧しさをはっきりと表した外面的な姿にあったということです。この町の司教、有名なラヴァルダンのヒルデベルトゥス[28]〔一〇六五頃～一一三三〕に申し出て、説教をする許可をうけた後になってようやく修道士アンリは雄弁な語り手としての力を発揮し、自ら霊的な宗教者としての態度の形と考えとを披瀝するのです。そしてまさにここに、中世の庶民の信心の意味をしるしておきましょう。われわれは修道士アンリの考えをかなりよく識ることができます。それは十二世紀の霊性と神学的教義の発展に沿ったものと言えますが、洗礼その他の秘蹟と煉獄について、そして——当然ながら——聖職者の清貧と悔悛の要請については正統でない位置からの発言もあることが判っています。しかしル・マンの町の不安に動揺する生活の中で、信徒たちが聞き届けたのはまさに単に清貧の説教だけで、それもすぐさま参事会員たちを単なる大食漢の搾取者と言い募って好戦的な激しい闘いへとすりかえてしまうのでした。年代記作者がこの説教者に最も敵する参事会員のことを「水呑まぬ者《クイ・ノン・ビビット・アクアム》」と渾名しているのも偶然ではありません[29]。

女性の救済と解放に関する説教で、修道士アンリが婚姻について参事会員たちの反論に対し生き生きと論争を試み、多くの娼婦たちを回心させ結婚させることに成功するに到ったというのは、なかなか意味深いところです。この点、年代記作者が批判の言辞を弄していないのは、こうした事態が彼を公認することにはならなかったとしても、たしかに好意的に迎えられたと考えさせるものです。

また一方、この修道士アンリのエピソードにおいて、先にただ方法論としてのみ注意しておいた民衆の信仰の浮遊性や儚さを確認することができます。アルブリッセルのロベールやミュレのステファノが最後には自ら修道会を創設することによってこうした事態を免れたように見えても、ル・マンではそうは行きませんでした。参事会員たちに対する反乱――最後にはここにいたった訳ですが――は、ついには伯爵ウーゴに叛旗を翻すまでに拡大し、これを鎮圧しようと介入した伯爵は、町に与えていた市場権まですべてをとりあげてしまったのです。(30)

しかしその前に、修道士アンリと信徒たちの間の乖離の原因となった宗教的に重大で意味深いもうひとつのエピソードを語っておかねばなりません。

この説教者の攻撃と叱責に反論することもできない参事会員たちは、急遽司教に召集されてこの時ローマへ向かっていました。別言すれば、状況は民衆の信仰と知的な宗教の間で、十二世紀初頭の聖職者と信徒たちの関係において、非常に蘊蓄に富み指標となされ得るような事実に溢れていたのです。ただ修道士アンリのみ、群衆を指揮することができた一方、聖職者たちは誰も彼に抵抗できなかったのです。ところが修道士アンリの評判は、民衆の面前で司教の狡猾な問いに答えることができず、沈黙を強いられた時、劇的に中絶します。それにひきつづいて起こったのは、民衆の信仰心理に特徴的な事態でした。民心には学識がなく、文化教養の形式と内容に従って了解することができなかったとしても、それに気を配り、それを重要なこととみなしてはいたのです。修道士アンリによって提された議論は、彼について民心が受け容れることのできることだけが受容されたのですが、彼が教えること自体が文化的に意味のある権利なのだと想像されてもいた訳です。西欧中世の民衆の信仰は、まさにその起源が聖書、この書からもたらされる言外の意味と結ばれているゆえに、ひとつひとつの説教は理想の世界の表現であったとしても、知的文化的に有効で意味あるものであったことを忘れてはなりません。何も知的文化の教養が成功を授ける訳ではありませんが、その一方で教養は群衆が自らの関心にあわせて受容し、同意し、評判を与える考えの有効性の保証としてあるのです。

まさにこうした二重の宗教性について、少なからず興味あるのは、これも十二世紀初頭のアントウェルペンのタンケルムス〔一一一五没〕のエピソードです。[31] 彼の説教は知的教養を背景にしたものではありませんが、その地で――タンケルムスは巡歴説教者ではありません――直接、町の歴史的現実《リアリティー》の具体性を捉えたものでした。すでに一度ならず研究されているこの宗教史のエピソードについて細部にわたって繰り返すことはしませんが、タンケルムスが富裕に抗議し、町の人々からの搾取について、それも特に貧しい人々に向かって聖職者に十分の一税を払うことを拒否するよう、聖職者階層の悪癖を非難しつつ、説教をしたことだけを思い出しておきましょう。

ここでも聖職者はまったく状況を鎮めることができず、タンケルムスはマクデブルクのノルベルトゥス〔一〇八〇頃～一一三四〕と彼のプレモントレ会修道士たちがその模範の生と教養を以て彼を反駁するまで、まったく敵対者を見出すこともなかったのです。[32] ここで実に興味深いのは、聖ノルベルトゥスの知的優越――もちろんこの点に疑いはありませんが――が、彼の卓越や勝利を保証した訳ではなく、彼の聖なる生が説得力をもったという事実です。彼の披瀝した教養が強い印象を与えたことに間違いはないにしても、実際には彼の清廉な生が、厳格な倫理、彼及び彼の兄弟修道士たちの私欲のなさが、対抗者を越えることを得しめたのです。ここでもふたたび、先の巡歴説教者たちのように、タンケルムスもまたアントウェルペン住民のうちでも女性たちの広い支持を得ていたことに注目しておかねばなりません。何人かの年代記作者たちの誹謗に、レンヌのマルボドの当てこすり同様、われわれは判断を誤ってはなりません。

3 清貧への渇望、ワルドとフランチェスコ

十二世紀の中頃、こうした民衆の信仰が、清貧の要請が、また女性の運動への参加が明確な形で定着するのを――こう言うことができると信じるのですが――ワルド派[*r]その他の運動の展開のうちに認めることができます。

ワルドについては十分正確にその文化背景の性格と限界が判っています。教会で聴いた福音の

聖アレクシウス
祭壇画部分、1490年頃
ウィーン、オーストリア美術館蔵

説教に回心し、聖アレクシウス〔五世紀頃〕の生涯のものがたりが彼を感動させたように、彼の回心は福音を説くためそれを再読したいという思いであったことは確かですが、個人的にはかならずしもはっきり伝わっている訳ではない容易ならざる事態を切り抜けつつ、彼の評判を確かなものとしたのは、福音書や教会博士たちの文書もしくは自らの活動の支持のために用いた規範の研究でもなく、彼の説教自体に盛られた生の務め、つまり清貧としての悔悛という内容や自らの財物の売却にありました。(33) こうしたことはすべて明らかに、オーセールのジョフロワ〔一一二〇～一一八八〕の意味深い文書が証しているように、この説教を聴いた信徒たちによって個別的に非常に特徴的な仕方で受け容れられました。[34] 老婦人たちにとっては、説教にある清貧が労働の必要から免れしめる可能性として感受されます。フエスカのドゥランドゥス〔一二二七没〕は、福音を説く者はそれが誰であれ聴衆によって扶養される権利をもつ者である、と信徒たちに扶養される権利を有する司祭についての教会の伝統に即した清貧の体系化を試みました。[35]

このフエスカのドゥランドゥスの規定は、教会の生にとって難題をもたらすことになった清貧について、ある時期なにも特別な意見とみられた訳ではありません。非常に象徴的な『神の山の《エピストラ・アド・》兄弟たちへの手紙《フラトレス・モンティス・デイ》』[36]において、それは、カルトゥジオ会士たちに関しての明快で力強い主張となって姿をみせます。偉大なシトー会士、サン・ティエリーのギョーム〔一〇八〇頃～一一四八頃〕によるこの弁護は、修道院の清貧を私的所有の否定としつつも共有財については認め、まさにここに基礎を置いて修道院の禁欲修行あるいは司牧活動によって神に身を献げる者たちが、信徒たちによって扶養されるに値すること、また各種の観点からみてそうされる権利のあることを主張しています。[37]

これはカルトゥジオ会賞讃に向けられた著作としても著しく重要な部分で、当時この会派の修道士たちが修していた清貧が疑いもなく厳格な生の様式を執っていたにもかかわらず、この様式を批判し叱責する者たちに対する一修道士の省察としての弁護という格別の位相をもっています。

これは十一世紀そして特に十二世紀の修道制が、信徒たちから起こる批判に無関心でなかったばかりか、修道会に批判的に向けられているとはいえ、いずれ教会制度のすべてに抗してたちあらわれつつあった、信徒たちの民衆信仰の世界を十分認識していたということを示すものです。

こうした正統から異端にまでわたる巡歴説教者たちの運動における清貧の称賛には、その出発点は神学や教義的性格のものではなかったにせよ、十一世紀から十二世紀の社会変化、それに従う霊性の変化により、明白に言表されている訳ではありませんが、キリストが模範を示した日常の生のリスクをキリスト教徒は繰り返さねばならないという確信が現実のものとなった事態が透けて見えます。清貧の要請は、神学的思惟の発展のうちに生まれるものではなく、福音書や新約聖書の中、キリストの生の模範の確認の中から起こってくるものです。それは知的教養を介することなく、直接的に生まれます。つまりエルサレムの原始共同体《エックレシアエ・プリミティヴァ・フォルマ》の具体的な経験を繰り返すことではないにしても、キリストが個人的に生きた生を生き直そうと欲するところに起因します。[38]キリストのまねびそのものが、西欧キリスト教の発展に沿って決して欠けたことはなかったにしても、十一世紀そして特に十二世紀にはまったく新たに異なった効力を発揮してあらわれます。もはや厳しい禁欲修行、それもしばしば残酷なものとまで化す孤独な世界への隠遁を試みる少数者たちではなく、在俗で完全な貧困に生きる孤立した事例よりも、ずっと困難で厳しい都市生活の貧困のうちに生きる信徒の集団あるいは少なくともかなりの数の一団が立ちあがるのです。

この数世紀に関して、教会の生き生きとした現実《リアリティー》のうちに、ある新しい人格が登場するのを認めないわけにはいきません。それは先に性格づけようと試みたところ、ここで複雑な制度的区分という困難な論議を通じて拡がったようにみえるある具体的な形をとった民衆です。制度的議論においては民衆の信仰からする清貧問題を十分基礎づけることができず、一方民衆の信仰は否応なしに王国や帝国の政治的ヒエラルキアの現実とのすべての関係を破棄する必要を感じ、またそう欲するのです。ピエロ・ゼルビによってたいへん興味深く明かされたパスカリス二世〔在位一〇九九〜一一一八〕のエピソードは、民衆の清貧《パウペリスティカ》への意志と、それを異論の余地はあるものの簡潔さにおいて置き換え不能な封建制のうちに政治的に組み込まれざるを得ない必然性の間で、教会が生きねばならなかった困難な目標をみせつけるものです。(39)

よりはっきりしないとはいえ重要さで劣ることもないハインリヒ六世〔神聖ローマ皇帝、在位一一九〇〜一一九七〕のエピソードによっても、それは知られます。彼の有名な教会への最後の寄進は、実に清貧の主張でした。ただしそれが実現されなかったのは、ハインリヒ六世の死のせいばかりではなく、ローマ教皇庁の意味深い拒否のせいでもありました。(40)

こうした事態を加味して考えると、先述したフェスカのドゥランドゥスが教会に戻って以降、そしてまた聖フランチェスコに関してとったインノケンティウス三世〔在位一一九八〜一二一六〕の態度はより意味深いものとなります。教皇庁に認可を求めて提出された会則を前に、枢機卿たち

美徳に囲まれるハインリヒ六世
エボリのピエトロ『献皇帝祈禱書』（12世紀末）挿画
ベルン市立図書館蔵

が当惑したという有名なエピソード、キリストの福音を否むことなしにその認可を拒むことはできないという有名な所見は、民衆の信仰世界の歴史的了解と十三世紀はじめの信徒群衆の信仰態度を背景にしたものです。それにまた有名なインノケンティウス三世の夢も重要な意味を得ます。(41)

その後のフランチェスコの説教が獲得した目をみはるばかりの反響、修道会の急激な増大は、このアッシジの小さき貧者《ポヴェレッロ》が、その修道会の創設とともにいかに有効にまた現実に信徒集団の要請に応えたかをはっきり示しています。ジャック・ド・ヴィトリ〔一一六〇頃～一二四〇〕が、彼のもとにある聖職者たちが小さき兄弟会士となるため次々聖職を辞し、残っている聖職者たちが先の者たちに追随しようとするのをやっとのことで引きとめたところだ、とまさに喜劇すれすれに不平を漏らすように言うのも、かなり極端な例ではありますが、教会世界内部においても宗教的要請とその実効的な翻案としてそれに呼応する者たちが少なからずいたことを報せるものです。(42)

ここに新たに民衆の信仰の意味と成果を確認するに到ります。もちろん誰も、聖フランチェスコが無知であったとは言わないでしょうが、それにしても彼は神学者でも哲学者でもありませんでした。彼の説教は常に思いきった霊的回心と清貧生活の主題に結びついています。そして彼の「兄弟会《フラテルニタス》」は、聖職者をも在俗者をも巻きこんで増殖しましたが、それは新たな神学的思惟の鋭さによるものではなく、キリストのまねびに、その具体的な人間性の謙遜、苦悩また日常性における生存そのもののリスクの模倣への総合的な固着にあったのです。(43)

ジョット《インノケンティウス三世の夢》
1295-1300年、アッシジ、サン・フランチェスコ教会

ひきつづく小さき兄弟会の展開が、多種多様な対応と教会の要請に対する柔軟性によって、聖職者修道会へと変容したとしても、こうした聖職者たちの生や司牧活動は決して十二世紀初頭にアッシジのフランチェスコが成就した初発の意図と歴史上の機能の意味とその重要性を減じるものではありません。多様に継承されるフランチェスコ会運動が、世紀にわたって清貧を証しつづけてきたのも偶然ではありません。聖霊派《スピリトゥアーリ》、*〔t〕厳修派《オッセルヴァンティ》、カプチン派は、貧しきキリストの生に従い、それを反復しようという意図のさまざまな表現と確認なのです。(44)

4　清貧と民衆の信仰

十一世紀から十二世紀の教会内の生における清貧のあかしについて、巡歴説教者たちにせよ、ワルドやフランチェスコのような「回心者たち《コンヴェルティーティ》」にせよ、こうした清貧の模範を示す者たちと、それを目にする者たち、つまり彼らの説教を聴き彼らを信頼し、果ては各様に真の追随者とまでなった者たちの間に、非常に重要な問題を立ててみることができます。

われわれの問題は信仰の総体的心理の水準に置かれねばなりません。なぜなら実際、綜合的な宗教真理の水準においてのみ、知的な宗教性と民衆の信仰心が出会う場所を見出すことができるからです。いずれにしても、こうしたあかしの数々や清貧の説教者たちに信憑性を与えるのは知的教養だけではなく、なにより特に彼らの清貧のあかしはその隠修的な生と衣服の直接的な明示に由来するのです。そしてまた、回心の事実やそれをとりまく状況に。アルブリッセルのロベールが、彼を見た者たちの感受性を撃ったのはそのぼろぼろの衣服でした。ワルドやフランチェスコは、彼らの財物を売り払い、その金を貧しい者たちに分かち与えたことあるいはその他類似した清貧《パウペリスティカ》への意志のあらわれによって同じ目標に到達します。こうした状況は十一世紀から十二世紀にかけての信徒たち民衆の信仰の継続的な位相を了解する援けとなります。千年紀以降、清貧問題が尖鋭な現実と化したことに疑いはないとしても、こうした時代それが特に都市の生活においては常に存在した問題であったことを確認しておかねばなりません。清貧への渇望という民衆の信仰心を孤立させることなしに、それが富裕な者たちをも貧困に喘ぐ者たちをも捕え、いかに魅了する信仰であったかを考えてみることにしましょう。たとえそれが追随されることなく、模倣されない場合にあってすらも。

　都市という環境にあって、こうした清貧のあかしの数々とそれをとり巻く社会の間に対抗現象——初期の聖フランチェスコに対する狂気という判断に特徴的なように——がみられる場合でも、同時にそこに尊重や称賛の動きがなかったというわけではありません。繰り返します。尊重や称賛、それは称賛され尊重される理想に対する模倣や追随への意欲を常に意味するものではありません。これは社会現象を研究する者たちがよく経験する事実です。[45] この点、十一世紀末から十二世紀初頭数十年の巡歴説教者たちと、十二世紀後半の巡歴説教者たちの間に、宗教的にみても画然たる差異を認めることができるように思われます。――説教者たちは修道院で修行した後、隠修者となり、つまり教会世界の側から出てきた者ですが、それが徐々に元は中産階級の在俗者であった者たちに代わります――つまりわれわれは十分区別される二つの現象を眼前にしているのです。しかしそれをまったく別のものと考えるならば、誤った展望をもつことになってしまいます。清貧のあかしの数々をみるだけで、彼らのはじめた運動に同意しまた参加した者たちについて見逃すことになってしまうからです。

民衆の信仰の水準においては実のところ、教会聖職者たちに対する信徒たちの必要と要請として、清貧ということに変わりはなかったように思われるのです。貧しい者たち――結局同様に貧しいままの――は、聖職者が貧者たちの貧しさをキリストの貧しさに等しいものゆえ、救済に到る清貧として称揚することばかりでなく、聖職者が貧しくあることをもまた望んだのです。

アルブリッセルのロベール以降（ミュレのステファノ、修道士アンリ、タンケルムス、ワルド、フランチェスコ）、責任感の強い魂において、教会の内と外とを問わず、完璧な清貧の成就のための要請がもちあがります。それはケルンの有名な異端者シュタインフェルトのエヴェルヴィヌ

〈清貧女との結婚〉
1320年頃、アッシジ、サン・フランチェスコ教会

スが明言したような、「貧困の内なる清貧」でなければならず、修道士たちが予想したものとは違っていました。

十二世紀を通じて形成されつつあった民衆の信仰の社会内における展開とその現実《リアリティー》を了解しようとするのであれば、強調しておかねばならないのはこの点なのです。つまりこの問題を明瞭にするためには、民衆の信仰が気づいたキリスト教徒の生の要請としての清貧ではなく、この数十年の間に変化をみせ、清貧をあかし、確認しようと欲するものたちの集団が拡大し複雑化した、という事実に目を向ける必要があるように思われます。この十二世紀、清貧は理想と、キリストのまねびと、神の師への共感の外面的あかしとみなされるに到ります。こうした事実と清貧自体がひきおこした同意承認に直面して、在俗、聖職者を問わず、各種各様の義務や必要が模範として探求され、新たな価値を獲得するに到ります。もちろん清貧の問題が、この当時の民衆の信仰における中心問題であったとみなすわけではありませんが、最も不安を掻きたて複雑であると同時に、キリストの模範を受け容れるものたちの意識に否応なく存在する問題であったことは確かです。繰り返し述べてきたことですが、清貧の理想がますます明確な意識を伴ってくることについて強調しておかねばなりません。もはや何世紀にもわたって修道院の清貧として実修された、先に述べたようなエルサレムの原始共同体を範とした財物の共有としての私有の放棄ではなく、この世で現実に生きられたキリストの人としての真正の清貧が。こうした清貧は十一世紀から十二世紀を経て十三世紀に到るに従って、ますます自覚的になっていきます。この清貧はもはや聖職者や教会の生にのみかかわるものとしてでなく、在俗者たち、それもしばしばキリストに真に従うことを欲する者たちの服従せねばならぬ責務と化すのです。それどころか、ある場合には救済を授けられるためには避けては通れないものとまでみなされるようになります(46)。

こうした清貧の理想の発展と変容に自覚的に対処するためには、あれこれの集団の個別単独の要請にではなく、世俗世界からついには教会世界にまで及んだ、広範な渇望を理解しなくてはなりません。しかしそうは言っても、それが清貧問題を論ずる理論的判断だけでなく、それにもまして民衆世界におけるキリストの存在《ありかた》の直観的洞察に支えられているものであることは明らかです。ここで重要なのは理論的判断ではなく、民衆の支持を受けた模範の数々です。つまりすでに何度も述べたように、民衆の信仰の事例です。

繰り返しになりますが、森から出た初期の隠修士たちが修道士たちの元に現われ、彼らと行動をともにするのを目にした民衆に強い印象を与えたキリスト教徒の生の到達した簡明さは、後には回心して自らの財産を売却し、貧しい者たち困窮した者たちに与える行為がひきおこしたのと同じ影響力をもっていたのです。民衆の信仰にあった者たちの眼と心を以てこの事実を考えてみるならば、そこには明らかに個人的心理的影響がみられます。前者も後者も、異なった手段によってではありますが、自らの貧しさをあかしとした心理的効果は同じものです。

フランチェスコ会の成功は、まさにこのアッシジの小さき貧者が民衆の信仰の期待と希望を、どのように実現したものであったかを生き生きと提起しています。この小さき兄弟会運動が、その起源を知的な宗教にもっていないことに注意しておきましょう。聖フランチェスコの最初の同伴者たちは、聖職者ではなく、悔悛した在俗者たちでした。小さき兄弟たちの会則は、聖職者の修道会の会則ではありません。ここにいろいろ熱烈に論じられてきたような、歴史上のフランチェスコ会運動がもった重要性が際立っているのですが、いずれ知的であってもそうでなくても、民衆の信仰とそこに生きているものたちに近づいたと論じる者たちと、司牧活動と教会のより広い生のうちにフランチェスコ会運動が〈解消〉したと論じる者たちの対照に終わっています。この対照については、それにふさわしい書物の中ですでに論じたところですが、それはまた純粋に典型的に民衆の信仰生活の相貌をみせるベギン派の運動にみられる民衆の信仰と関連づけることもできるものでした(47)。

ここで想起しておくべきは、十三世紀の後半以降、全ヨーロッパで民衆の信仰が著しい再興を見せ、いろいろな特徴を示しつつ、ふたたび反教権主義的あるいは新しい異端の形式をとって具体化するという事態です。

反教権主義に関しては、ファルセンビアンテや某ルーテベウフに対する『薔薇物語』の辛辣な頁、ペイユ・カルデナルやギルレム・フィグェラといったトロヴァトーレたちに対する痛烈な頁

初期ベギン派の唱道者のひとり、ランベール・リ・ベージュ（1177年没）
13世紀後半の写本挿画、大英図書館蔵

を指摘するに止めますが、民衆的な調子の『小噺《ファブロ》』に語られる聖職者の強欲やら悪癖に対する反教権的な皮肉もまた、ジョヴァンニ・ボッカチォやジェフリー・チョーサーの説話文学のうちにとりこまれてゆくことになります。(48) またフィレンツェの旗手であったアントニオ・プッチのものがたりの中にあらわれる慎ましい知性をもつ人々にも非常に民衆的な信仰心からする、清貧の修道士たち、ドメニコ会士たちに対する揶揄に欠けはしません。

5 信仰者と異端者

それよりも意味深いのは、新しい異端の形式でしょう。十四世紀になっても、それ以前の異端の形式が消え去ったというのではありません。カタリ派*[q]の存在については、この世紀の中頃にもそれ以降にも証言があり、ワルド派*[r]も中世の最後の二世紀の宗教生活に正確な影響を与えたとまでは言えぬにしても、いたるところに存在しつづけることになります。

しかし格別重要なのは、新しい異端の数々の意味です。自由心霊派《リーベロ・スピリト》*[s]──これは一見哲学的教義を装っていますが、それも本質的にかなり素朴な論議、人の魂のうちにおける神の存在の観念、善悪にかかわらず行為の責任から免れる人の魂に還元することができるものですが——は、現実には非常に大きな結果をもたらすことになります。神の充溢する魂は罪を犯しえないものと化し、もはや秘蹟の数々の必要もなく、つまり聖職者をすら要しなくなります。つまり罪を犯しえない者は、もはや罪の数々を赦される必要もなく、聖体拝領を受ける必要もなく、ついには聖職者を神と人の仲介者とすることを拒むことすらできるというのです[50]。

この自由心霊派は曖昧な異端ですが、何人かの教皇の手紙に懸念が表され、また特に黒死病の時期にはこの罪を犯しえない者という観念が、自らを鞭打つことによってまさに救済、贖罪としての神との一体化に到る道であると信じる者たちによって、民衆層にまでかなりの普及をみました[51]。

知的な宗教と民衆の信仰の関係において意味深いまた別の異端的エピソードは、フランスのそして特にイングランドの農民蜂起運動にみられるものです。こうした現象において、先に見たように宗教的事実は社会的要請の数々を表現する手段であったにしても、それが単独で絶対的な力を発揮したという訳ではありません。とはいえ、フランスそしてより以上にイングランドで暴力にまで発展した平等主義の要請には、福音的清貧の説教が、聖書的平等主義が利用され、本来知的な政治観念が人の祖の平等として民衆にまで普及したことに疑いはありません。そのためにも「アダムが耕しイヴが糸を紡いでいたとき、いったいどこに高貴と卑賤の別があったというのか」

という句節を想起しておきましょう。[52]

王、教皇、皇帝の至高性という観念に失墜をきたすこうした社会的平等と同時に特徴的なのは、救済に関しそれが神により信徒たちに予定されたものであり、聖職者たちの行為はこの定めに対し何もなすことができないというウィクリフ〔一三三〇頃～一三八四〕の理論です。そしてこれに類した力をもち、歴史的により深刻な反響をもたらしたのはボヘミアのヤン・フス〔一三七一頃～一四一五〕であり、またタボル派でした。

　これは一連の〈先駆者たち〉――そのうちでも最も際立ったものはヤノフのマチェイ〔一三五〇頃～一三九三〕です――に根をもつ現象で、その富裕で権力をもつ聖職者に対する論争は、福音にたちかえる断固とした態度と並存するものです。こうした基礎の上にウィクリフの選ばれた者に対する救霊予定説の理念が、教会ヒエラルキアの重圧を取り除き、より深く福音主義に進ませるのに与って力ありました。こうした要請がボヘミアのカトリック信徒に浸透し、多くはすくなくとも聖体拝領に関して「二様の形のもとに《スブ・ウトラクェ・スペキエ》」用いる習慣を保ちつつ教会の内側にとどまったにしても、一部の者たちは段階的観念を採りつつ、ついにはアダム派の過激さにまで到るのです。ボヘミアの信仰運動を民衆の信仰という視角から注意深く検討してみると、まさに最近の研究が明らかにしてみせたように、すべてが俗語で、民衆の魂と生活に深く根ざした民衆歌、小論、宣言文から、きわめて衝撃的な結果を引き出すに到ります。[53]

プラハで説教するヤン・フス（上）と
その焚刑（下）
1500年頃の写本挿画、
プラハ国立博物館蔵

では、千年紀の後、民衆の信仰は知的な宗教に対抗するものとして姿をあらわすと結論せねばならないのでしょうか。決してそうではありません。われわれが一瞥を加えた中世後期の異端現象が民衆の心性に結びついたものであることを明らかにしているとしても、一方でこうした異端現象が――これも忘れず観たように――中世後期の民衆信仰に生き生きと息づいた要請の極端な過激さから成っていることを忘れてはなりません。そうした要請の数々は、教会ヒエラルキアに向けてなされていた主張を深刻化し、教会ヒエラルキアに、また一般的個別的な歴史状況からの時と場所によってさまざまな答えを期待していたのです。それゆえ、同一の要請が時に異端現象としてあらわれることもあり、正統のうちに残りつづけることも、異端と化すこともあり得たのです。こうした様相にみられる民衆の信仰の持続的で多義的な活力について繰り返し強調しておくことにしましょう。不穏な流動性、それもしばしば非合理で、それゆえ生きまた苦しむ人間の具体的な経験に織り込まれたというよりも知性と文化の歴史展開とともに発展してきた複雑な教義をもつ知的な宗教とはまったく違った民衆の信仰。そして中世のこうした宗教の二つの様相の間の関係が切れることはなかったとしても、ここではっきりと、その対抗関係と差異について、方法論的に歴史的に光をあてておく必要がありそうです。

たとえ教会ヒエラルキアと清貧の主張の対抗のうちに、しばしば民衆の信仰が対決姿勢を深めつつ、知らず知らずのうちに異端に落ち込んだとしても、すでに述べたように民衆の信仰それ自体が異端的であると考える必要はありません。教会は批判すべきであり、また批判されたとしても、民衆の信仰は可能な限り教会への服従のうちにとどまろうと欲し、とどまることを切望する意志をもっています——一例を引くにとどめますが——ワルドは長く正統と異端のあいだで揺れつづけたのだったことを忘れないようにしましょう。それに十一世紀以降の民衆の信仰世界の歴史を検討してみるならば、民衆はそこに異端者たちが存在することを識るやいなや、ますます教会ヒエラルキアと同じ側に就くものであることが判る筈です。数年前わたしに論じる機会のあったところですが、リェージュの司教ヴァゾン〔九八〇頃～一〇四八〕の場合にみられるように、教会は最初、異端を回心させようと、説得しようと試みたのであって、対決しようとした訳ではありませんでした。[54] 一方、それとはずいぶん違ったのが群衆の態度で、火刑台へ引きずっていかれ十字架か火刑かの選択を迫られたモンフォルテの異端者たち*[P]から、ただ蒼白だから、青白いのは異端のしるしだといって火刑に処され、やっとハインリヒ三世〔神聖ローマ皇帝、在位一〇四六～一〇五六〕の介入によって焉んだゴスラーで異端の嫌疑にかけられた者たち、そして徐々に、唯一処刑を免れた女性に従った同信の者たちすべてが火刑台に放り込まれたというケルンの有名なエピソードに到ります。それにフランス王と群衆から断罪され火刑に処されたオルレアンの参事会派《カノニチ》*[P]、また王妃が自分の聴罪司祭であった参事会派のひとりの目を杖で抉ったという事件を加えることもできるかもしれません。それに、十字架と十字架刑像を燃やしたといって群衆の

「私刑《リンチ》」をうけたブリュイのペトルス*[n]〔一一三九没〕。こうしてついには異端迫害は民衆の信仰に教会が先陣を切ったというよりは、それに追随することになるのです。この概略は深刻な群衆感情の偶然のできごとの羅列ではなく、実際には異端者たちをめぐって誹謗中傷の声が集まり、当時、決して扇動されたり無知であったとばかりはいえぬ農民や町の住民が、そうした声に信をおいた結果でした。(55) 現代の歴史家がカタリ派の世界をほぼ完全に明らかにしたといっても——これはなにも矛盾ではありませんが——当時の人々がわれわれ同様十分それについて識らされていたと信じてはなりません。彼らをめぐって、カトリック教会の公然たる敵、マニ教徒たちであるとされた主張は、鬼神《デモニスモ》信仰と伝説の暗い風潮の中に漂いだしたものでした。何世紀も悪辣な夜の魔宴がつづく〈場所《トポス》〉が真実のものであると繰り返され、ハイステルバッハのカエサリウス*[j]〔一一八〇頃〜一二四〇頃〕のような著者までがそれを主張するに到ったのです。一方、反カタリ派の論陣を張ったヤコブス・デ・カッペリスは、カタリ派の聖なる生についてそれが異論の余地ないものであることを説き、彼らを擁護する必要を感じるほどになります。しかしそれも中世、民衆の声と呼ばれた大勢を動かすには到らず、しばしば過激な暴力を誘発することになったのです。(56)

南フランスやイタリアの都市部《コムーネ》では、十三世紀初頭、異端に対するある種の無関心がみられ、歴史的政治的な特別な状況でのみ、それに照準が合わせられることになったのは確かですが、それが上述の事態を無効にするものである訳ではありません。

この風潮は清貧運動とともに変化をきたします。この運動は教会の迫害下にあるときでも、いつもどこか民衆の厚意をひいたということについては繰り返すまでもありません。詠唱派《ロラード》*[t]やタボル派の者たちが多くの民衆に囲まれていたことについては、すでに触れましたが、群衆がこうした運動に自らの深刻な不安の表現を見出していたということについても繰り返し言っておきましょう。

6 キリスト教徒、ユダヤ教徒、イスラム教徒

一方、人々のユダヤ人に対する敵意は中世の最後の数世紀以来、不変で一貫したものでありつづけます。ここにまったく新しい心的態度を浮かびあがらせる興味深い現象があります。それ以降、反ユダヤ主義は基本的に知的作業となり、歴史上重きをなさなくなります。第一次十字軍において、巡歴説教者たちの影響は先に見たほどの重要性を発揮したとも思えませんが、反ユダヤ主義は拡がりをみせます。人々は群れをなしてユダヤ人を襲い、追放し虐殺し、一方でユダヤ人が儀礼殺人を犯しているという中傷的な伝説があらわれます。これに対しては、人間の尊厳をめ

ぐるホーエンシュタウフェン家のフレデリクス二世〔在位一二二〇〜一二五〇〕の賢明な法的措置がありましたが、それも無益でした。こうして民衆の信仰も知的な宗教も、住民の権威も君主たちも手を貸すことになる、悲惨なユダヤ人迫害の長い頁がはじまります。(57)

しかしここで注意しておくべきなのは、こうした広範な反ユダヤ主義の潮流が、知的階層において理論的支柱を見出したとはいっても、民衆においてはそれがイエス・キリストの死を望んだ者たちの後裔であることに対する憎悪、あるいはもっと平凡にユダヤ人たちが貨幣を所有し、それを高利で貸し、まことに取立てが厳しく正確であることに対する反感にあったということです。それより一層恐ろしかったのは、イスラム教徒たちの信仰態度でした。(58)中世初期には、彼らはキリスト教世界に差し迫った危険として、アンチキリストを予告する脅威とみなされ、後には十字軍とともにますますよく知られた敵として、トルコの権力、それも特にオスマン朝の権力が増大するに従って、イスラム教徒は、時に金銭や交渉によって懐柔したり、また時に戦闘状態に入ったりしつつ、ついにはトルコ人自体の恐ろしさを決定的に見せつけることになるコンスタンティノープル陥落にいたるのです。民衆の心の中では、彼らは恐ろしい敵であるばかりか、格別キリスト教信仰の敵でした。民衆の信仰において、今日もナポリに残るサンタ・カテリーナ・アル・フォルメッロ教会のオトラントの殉教者たちに捧げられた礼拝堂は、ナポリの民衆の信仰を集めたばかりでなく、オトラントにおいてはこれら一四八〇年の春にトルコ軍に占領された時処刑さ

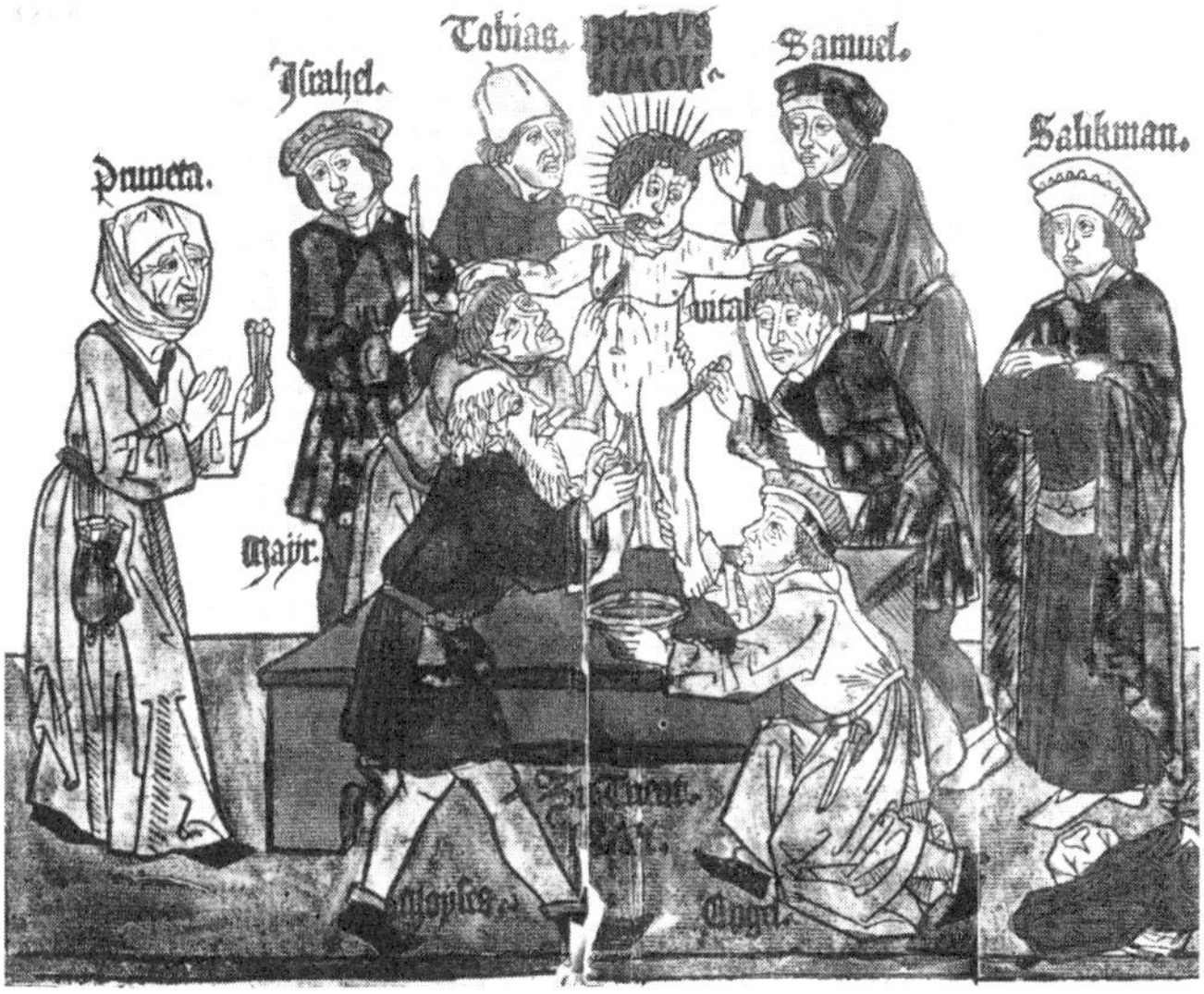

キリスト教徒の幼児の血を抜いて殺すユダヤ人たち
ユダヤ人を中傷する木版画、トリエント、1475年頃

れた者たちはまさに殉教者とみなされたのです。

こうしたところにも、繰り返し述べてきたような、自らと異なり敵対するものに対する民衆の信仰の悲壮感、自発性、衝動性を確認することができます。これが民衆の信仰の特徴として、これまで述べてきたことがらを補完する心性の相貌なのです。

第Ⅳ章 教会と民衆の信仰

LA CHIESA E LA RELIGIONE POPOLARE

【扉図版】
ペドロ・ベルゲーテ
《聖ドミンゴ・デ・グスマン》
1496年頃、プラド美術館蔵

1　教会と信徒たち、指示と沈黙、罪と悔悛

基礎的なことがらに過ぎないとはいえ、正統と異端のあいだでの動揺、敵対する者たち――異端者、ユダヤ教徒、イスラム教徒――の不服従に関連して、民衆の信仰の教会ヒエラルキアに対する態度を論じてきた訳ですが、ここで中世教会の全歴史にとって決定的な重要さをもつ問題が残されていることに気づかされます。民衆の信仰にたいする教会ヒエラルキアと知的な宗教の態度はいかなるものであったのか、それをいかに判断していたのだろうか、と。それはいったいどこまで民衆の信仰からする要請を受け容れ、どこまでその要請に応えたのだろうか、と。

それに対する返答は困難なばかりか複雑です。中世の教会全体にかかわる判断ですから、過剰な称賛も性急な断罪も避けねばなりません。

ここまで述べてきたところから、問題がまた別の要素によって複雑なものとなっていることを言っておきましょう。民衆の信仰は、信徒の大部分にかかわるものです。それゆえわれわれの問いは、信徒たちに面して教義的にも倫理的にも導きにして模範でなければならなかったヒエラル

キアの現実《リアリティー》としての教会の態度という問題に変容します。公正さにかけて言っておかねばなりませんが、課題は遼遠です。西欧の異教世界を前に、そしてゲルマン＝スラブの異教主義に直面して、教会は一々検証が不可能なほど数知れぬ要請の多様性に出会います。それゆえ、より普遍的に了解可能で包括的な態度を掬いとってみなければなりません。

　多くの場合、それも特に所謂グレゴリウス改革に先立つ司教区や地方管区においては、外面的形式的な成果をあげることが急務でした。それゆえ、規範や規定を尊重させることに偏り、民衆の心つまり民衆の信仰のあり方を深く変容させることはありませんでした。つまり多くの場合、中世において聖職者と信徒を分ける無理解は存在しつづけます。この無理解は相互の動的な影響関係を排除するものではありませんが、一つの要請に向かって異なった理解を採る可能性として働くこともあり得ます。譬えて言うなら、同じ悲しみがラシーヌの繊細微妙な表現と当時の農夫の自然で直截で粗野な表現とでは、異なったものとなるように。両者とも同じ悲しみを味わっていても、それを伝えあうように、お互いに相手を十分把握することはないでしょう。

　こうした意味から、著名なアウエルバッハの著書[1]に沿って、教会が信徒たちに了解できる言葉で語るように努めたものの、その努力をすればするほど必ず民衆とその信仰世界に面して了解不能なものに出会ったということをみるのには、興味深いものがあります。その一例に過ぎませんが、高名なアルルのカエサリウス*[b]〔四七〇～五四三〕は自らの説教を民衆に了解できるようにと努めつつも、(2)従うべき生活規範を教示するにあたって迷信の数々を咎めだてするに急で、なぜそうした迷信が生きながらえているのかを理解しようとはしません。グラウスが明らかにしたように、メロヴィング朝時代、民衆の称賛をひきおこす数多くの模範的な姿があったにもかかわらず、それが生きいきと深い信仰を呼び覚ましたり服従を得たりするには到りませんでした。(3)

教会ヒエラルキアと政治権力の協力関係を代表するカロリング朝の法令集は、宗教を可能な限り民衆に近づけるべく態度を示しています。それについて、説教は民衆の言葉つまりテオティスカもしくはローマ俗語《ルスティカ・ロマーナ》でなされねばならないという有名な規定があったことを想起しておきましょう。(4)しかしそれは明らかに当時まで、民衆と聖職者の密接な関係が欠けていたか、いまだ十分ではなかったことを示すものに他なりません。それに加え、九世紀から十世紀に特徴的な文化的倫理的退廃は、しばしば民衆を放棄するものであったゆえ、そこに改革派の司教たちや模範的な大修道院長たちの働きかけがあったとしても、民衆と聖職者の関係についてあまり主張することはできません。(5)

深く過去の世界に結びついた異教の民衆を改宗させ、キリスト教化するための努力と課題において、それが直面した抵抗や対照を特定し、彼らを導いた規範をみるために最も貴重な資料のひとつは、『悔悛の書《リーブリ・ペニテンツィアーリ》』として有名な司法-教会法的と呼ぶことのできる文書群です。時と場所を特定することが困難であるような雑然としたこうした文書の多義多様性のうちに、おおまかに民衆の信仰とキリスト教的な民衆の倫理観、そして教会キリスト教の倫理規定の間の接近過程が垣間見えます(6)。

その検討は明らかにこれからの課題に属することですが、わたし自身また他の研究者たちが成したところからだけでも、実際、困難と抵抗に遭いつつも緩慢にキリスト教の生が拡がっていったことが判ります。

特にこの対照は婚姻生活に対する夥しい問題を提起しています。そこにはローマ、ケルト、ゲルマンの異教的伝承とその影響下にあった日常生活の生々しい現実《リアリティー》が、ある時期、福音の倫理観（たとえば婚姻がパオロの言葉によって表現される）や各種のタブーに関する旧約聖書の規定や婚姻倫理規定によって再編されていくのを認めることができます(7)。また少なからず重要なのが、これも旧約聖書に由来するものですが、高利貸しの禁止で、それに聖職者が関与している時には格別に深刻なものとみなされるようになります(8)。こうした悔悛の書の諸規定のうちにはまた、日曜日にはミサと聖体拝領を受けることを義務づける規定も存在します(9)。また別に、墓、樹木、石、泉への生贄供犠といった、すでに何世紀にもわたって司教や改宗時の宣教団から指摘され譴責されていた異教的な儀礼を厳重に禁じてもいます(10)。

それればかりか、この雑然たる文書群からは、古代の魔術信仰の儀式がいろいろな形を纏って残存している様子が浮かびあがってきます。これらすべてが、教会の示唆がどのくらい実効的に民

イタリアの高利貸し
〈七つの大罪〉を戒める挿画、大英図書館蔵

衆に受け容れられたか、あるいは先に見たように驚異を信じ神の全能を確信する民衆の心性のキリスト教化の限界がどこにあったかを報せてくれるのです。ある期待、また欲望に対する満足の欠如ということは（後に自然秩序と神の神秘的介入の区別によって奇蹟の教義が成立することになりますが）、純粋に理詰めで納得することができるものではありません。そのせいで、古代の儀礼や古代の神々への帰還すら生じます。また別に、アングロサクソン起源の魔術形式のいくつかは、人々の飢渇のうちに驚くべく異教世界をキリスト教世界と邂逅させる役割を果たしました[11]。場合によっては、教会が異教的慣習や儀礼をキリスト教化して採りいれることすらあったのです。民衆の意識と信仰のうちにあって、ある目的が手に入るか入らぬかはこの神とあの神の権能の差によるとみるような多神教的宗教世界から、一神教の宗教的現実《リアリティー》への移行にあたり、そこではなぜ神によって彼が信仰の純粋と感情の緊張において願望することが叶わないのかを了解することは、信徒にとってなかなか困難なことです。キリストは福音書で言ったのではなかったか。叩けよさらば開かれん、と。信仰は山をも動かす、と。だとしたらどうして信仰によって息子は治らなかったのか、なぜ嵐を避けることができなかったのか、どうして夫の愛は続かなかったのか、と[12]。

すでに述べたように緩慢なこの変容の過程は、千年紀を過ぎると一進一退のうちにも成果を挙げはじめました[13]。

先に触れたように、民衆の信仰という観点からすると、西欧キリスト教の生の歴史は決して勝利を謳歌するような事件ではなく、信徒たちの魂と意識のなかでの緩慢で困難な前進だったのです。

当然ながら、この新しいキリスト教倫理は実効的な価値秩序をもたらすもので、富者と貧者の関係をも変容させるものでした。富者はたしかにより多く財物を所有していますが、彼は神を前にして貧者に最大の責任を負うものなのです。貧者が罪を犯したとしたら、彼は富者でないことにおいてたしかにより許され得るのです。自由は責任であると同時に、自由でない者たちに対し過剰に彼の自由を行使してはなりません。罪とはすなわち、それ自体いつも同等で同一の事実ではなく、人の責任性において形を成すのです。(14)

つまり『悔悛の書』の数々からは、先在する伝統をキリスト教化していくという傾向をも含め、こうしたキリスト教化の努力が窺えます。換言すれば、民衆の信仰は教会を配慮すると同時に、時により興味深い振幅を示す態度の変化を伴って、その導きを受け容れようと努めるのです。すべて所謂神の審きを前にした模範的態度へと向かって。(15)

2　異端者たち、「説得」から「弾圧」まで

事態は逆説的ですが、まさに千年紀の後、民衆がより宗教的な生の内的要請に熱烈に応えはじめると――すでに何度も触れたように――この無理解は公然たる対立と化すまでに深刻化します。ヒエラルキアの世界と民衆の世界が語る言葉はまさに二つの違った言葉であるかのごとくに感じられるのです。それを示す事例のうちでも、いくつか大きな興味を引くものだけを拾ってみましょう。

最初の例として、アラスの公会議では司教や聖職者たちによってイタリアから来たと記録されているこの町のふたりの異端者が尋問され審かれます。さて、この異端者たちは、彼らの議論が新約聖書の句節の文字通りの解釈に基礎を置くものだと言います。司教は彼らを一日中学識豊かに論駁すると、ついに奇妙な状況が出来します。二人は文字を書くことができず、彼らに向けられた言葉をやっとのことで理解できたに過ぎなかったのです。ここで注意すべきは、司教の議論は聖職者とそこに参集した彼を理解できるだけの知識のある信徒に向けられたものであったこと

です。しかしまさにここに、民衆の信仰と知的な宗教を性格づける文化教養の背景の違いがあります。実際司教は、これらの異端者たちの無知を明らかにして、異端である理由を極め、この二人が異端と化した原因を探る論駁に彼らが応えられないことを強調するばかりで、彼らがなぜどうしてアラスの司教区の信徒たちの中に追随者といわぬまでも聴衆を獲得したのかについては、一切気にもとめていないのです[16]。

そしてふたたび、レンヌのマルボドとアルブリッセルのロベールの衝突や、ル・マンでの修道士アンリとラヴァルダンのヒルデベルトゥスの対決のエピソードを想起しましょう〔第Ⅲ章、一三七ページ以下参照〕。そこにも、何が反教権主義へ、異端へと衝き動かしているのかを了解するというよりも、敵対者の愚かさを、無知を明かそうという欲求が明らかです[17]。

聖ベルナルドゥスですら、シュタインフェルトのエヴェルヴィヌスからの異端論駁の説教を書いてほしいという要望に応えた[18]『雅歌註解《セルモネス・スーペル・カンティカ・カンティコルム》』で異端の心理や機微を追及するよりも、中傷するほうが容易であるといいます〔第Ⅲ章、一三七ページ以下参照〕。もちろんそこには修道院を抜け出すように仕向けたある修道士の誘惑に対するすばらしく繊細な分析がない訳ではないのですが[19]。

さてここに、わたしには本質的で決定的と思われる事実が見出されます。教会は十一世紀以降、こうした運動を理解できていないのです。ノジャンのギベルトゥス〔一〇五三〜一一二四〕もまた[20]

それを無知な人々の現象として、異端とは単に神学的知見と教義的修養に欠けた無知の結果であると感じています。

こうした事態はひきつづく世紀、ますます広まりをみせます。十三世紀初頭に聖ドメニコ〔一一七〇以降〜一二二一〕は、南フランスでのカタリ派の勝利を聖職者による司牧の乏しさのせいであるとしました。[21] 十三世紀末、ペトルス・ヨアニス・オリヴィ〔一二四八頃〜一二九八〕まで、異端現象は「在俗者たちに瀰漫していくための卑劣さ[22]」と語っています。こうして事態は徐々に深刻さを増していくのです。

いまだ十二世紀後半、教皇アレクサンデル三世[23]〔在位一一五九〜一一八一〕はフレデリクス（フリードリヒ）・バルバロッサとの闘いにあたり、イタリアの市民の現実《リアリティー》を目の当たりに体験していたおかげで、民衆それも特に都市の住民の重要さを理解していました。第三ラテラノ公会議〔一一七九〕でワルドの使者を好意的に迎えたのもまさに彼でした。[24] しかしそこで彼は異端と闘わねばならぬという苦い体験をするのです。イタリアの自治都市群《コムーネ》との同盟を破り、皇帝の権力を要請してバルバロッサと和平を結びます。皇帝とはヴェローナで会見し、この対話‐和平から、宗教的政治的に最初の異端断罪が宣告されたのです。

こうした政治権力と宗教権威の緊密な関係は、まさに異端との闘争としてはじまり、それはまずフレデリクス二世〔在位一二二〇〜一二五〇〕の所謂戴冠法、そしてこれもフレデリクス二世の異

異端者たちを前に説教する聖ドメニコ
アンドレア・ダ・フィレンツェ《聖トマスの勝利》
1365-69年、フィレンツェ、サンタ・マリア・ノヴェッラ教会、
スペイン礼拝堂のフレスコ壁画

端者は火刑による死罪に処すという執拗な皇帝令によって頂点に達するのです[25]。

政治権力は異端を特定し、その棲処をつきとめる手段を持っていなかったので、その初期には特に非常に特殊なものと映った組織、有名な異端審問所が設立されることになります。これは当初、異端者たちを狩るために組織され、それがついには厳密な手続きに従う法廷の体裁をとるに到るのです。その結果、罪人を強情な異端者として裁き、世俗権力に引渡し、民法をもとに火刑に処すという悲惨な裁決をすることができるようになりました[26]。異端審問は概して、キリストとその限りない慈愛《ミゼリコルディア》から極端に離れるものですが、民衆と教会のあいだに癒しがたい溝を設けるものでもあったのです。この点は注意深く慎重に検討されねばならぬところですが、民衆が異端審問所と異端審問官たちを抑圧者、恐ろしい権力の発現として、時に――すくなくとも異端審問調書を読んだ印象としては――不条理なものとして反感をもって見ていたことに間違いはありません。そしてたとえば、はじめから異端者たちに与することのなかった者たちまで、異端審問官たちに厚意を寄せることにはならなかったというのは興味深いところです[27]。

歴史的な観点からする場合、異端審問の誕生と発展を理解することができるにしてもそれは悪化のしるしであり、特に教皇庁の側からすると、不安な恐れの表明であって、その根底には何か弱点をしるしてもいるのです。ホノリウス三世〔在位一二一六～一二一七〕とグレゴリウス九世〔在位一二二七～一二四一〕とともに、特にイタリアで異端者たちがはかりしれない恐れのすべてを負わされることになるのも偶然のことではありません。

3　教皇庁と新修道会の数々、自発的運動から聖職組織への囲い込み

異端審問とともに、ふたたび教皇庁は民衆運動の現実《リアリティー》が何であるかに対する無理解を示します。民衆運動の重要性に気づいていたのは、実のところインノケンティウス三世〔在位一一九八〜一二一六〕だけでした。

西欧の政治及び宗教の現実《リアリティー》に関する彼の深い知見は、彼にこうした運動の重要性を十分了解させたばかりか、その差異と指向性をもはっきり識別させるものでした。まだなんとかとり返しがつくと考えたアルビジョワ派[*9]に対しては十字軍を差し向けることも躊躇せず、万策を尽してドメニコ（ドミンゴ・デ・グスマン）とその兄弟修道士たちを支援し、ベルナルド・プリムとフエスカのドゥランドゥス〔在位一二一七没〕を教会に戻すことに成功し、一連の正統民衆運動の容易に成果を生むことの難しそうな基本動機にも理解をみせ、また支持しました[28]。

彼は謙遜派《ウミリアーティ》を認める厚意を示すとともに、特にアッシジのフランチェスコの意図の純粋と生の

修道院に特恵答書を授けるインノケンティウス三世
13世紀、スビアコ、サクロ・スペコ修道院、
サン・グレゴリオ礼拝堂壁画

提言の深い有効性を理解したのです[29]。

　十三世紀初頭の教会は、司教や聖職者たちの覚醒もあって、まさに説教修道会と小さき兄弟会のうちに民衆の新しい力と衝動を認めました。民衆の信仰からする信徒たちを取り込むためのすべての組織や信仰のことがらはここに集中することになりました。

　たとえ聖ドメニコが本来の性格からして民衆のための修道会を設立した訳ではなかったとしても、彼らは民衆に向けて努力しました。ドメニコ会士たちはいろいろな組織と配置をもつ同信会《コンフラテルニタ》の濃密な網目をつくりあげましたが、それはすべて信徒たちを迎えいれ、「組織化する」ためでした[30]。

　一方、聖フランチェスコと小さき兄弟たちは、民衆による自生的運動として生まれましたが、教会活動の不在にもかかわらず、教権に反する悪罵を慎みました。しかしフランチェスコの遺言状の平静で明瞭な言葉を忘れることはできません。「そしてわたしに主が兄弟たちを与えたまうた後、わたしが何をなすべきかを示したまうた」[31]。この句は悲しげですが、そこには教会を前にして民衆の信仰に参与するにあたり、キリスト教共同体の知的な部分を担うことを自覚したものが模範を示すものであらねばならぬという明快で正確な態度を観て取ることができます。一方――ここに対照があるのですが――カリスマをもち、キリスト教世界の生気溢れた一翼を担おうとしつつも、聖フランチェスコの句がみせるような慎ましい信徒たちのこころを放り出し、また路頭に迷う信徒たちは自らの宗教心情を表現するにいたり、それが正統な信仰であり、彼らの実存的要請、不安、苦悩が聖なるものであったとしても、期待と抗議のうちに教皇やヒエラルキアが彼らの飢渇に応えないばかりに異端に陥ることもあり得ました。こうした事態は異端審問調書のような夥しい資料によって確認されるところです。すべての過程のはじまりは、まことに単調な異端のエピソードに還元されてしまいます。異端者がカトリック信者に近づき、魂の救いを得たいかと問います。それに対する肯定の返事とともに、彼は異端の説教者のもとへと連れて行かれるのです。カタリ派の場合でもワルド派の場合でもその語り口は平明で、生き生きと具体的に彼の心に届くのです(32)。

こうした情宣に抗することができたのは、ただドメニコ会士たちとフランチェスコ会士たちだけで、最初はゆっくりと、そしてインノケンティウス四世〔在位一二四三〜一二五四〕の時に頂点に達したものの、その後はふたたび民衆運動からの乖離に終わるのです。

フランチェスコ会士たちそれに謙遜派《ウミリアーティ》その他十三世紀前半に自生的に起こった修道会のいくつかは、たえまなく教権組織への編成に従属させられ、一方教会はその後もあちこちで起こりつづける自生的運動を、たとえばパルマのゲラルド・セガレッリ〔一三〇〇没〕による使徒派《アポストリチ》や南フランスの襤褸派《サッカーティ》の場合のように周縁へ押しやり抑圧することになります(33)。

この過程の終焉、ある意味では民衆の信仰とそこに由来する運動に向けられた試み――先のイ

異端の寓意
ジョヴァンニ・ダ・パオロによる『神曲』のための挿画
1438-44年頃、大英図書館蔵

ンノケンティウス三世のような――が、第二リヨン公会議〔一二七四〕でした。ここで新修道会の創設は禁じられ、フランチェスコ会とドメニコ会を除外して、いまだ教皇庁から公認されていない諸々の托鉢修道会の廃絶、活動および新入会者の制限が裁定され、カルメル会とアウグスティヌス会への編入が提起されるのです。[34]

すでに第四ラテラノ公会議〔一二一五〕で類似した提起がなされていたことは事実ですが、[35]インノケンティウス三世やグレゴリウス九世がいろいろ手段を尽くして寛容に対処したり受け容れたりしてきた自生的運動が、第二リヨン公会議以降、決定的に弾圧されることになります。

4 〈霊的教会〉と〈肉身教会〉

十三世紀末、ヒエラルキアと民衆世界の格差が確定的なものと化しますが、それを画然とするのがケレスティヌス五世〔在位一二九四年七～九月〕の短い教皇在位でした。西欧の霊性の歴史において、この教皇の数か月の在位の価値と意味にははかりしれないものがあります。長い教皇選任枢機卿会議の後、[36]枢機卿会は民衆の信仰の動きに耳を貸すかのように、一二九四年七月五日新教皇にピエトロ・ダ・モローネ、つまりケレスティヌス五世選任を裁決します。当時漂っていた預言は慎ましい民衆層にまで浸透し、天使的教皇がまさに待望されていました。歴史のなかへの神秘－超自然の侵入として、聖なる教会への導きとして。つまり、民衆は奇蹟を待望していたのです。それはほとんど挑戦、ヤコポーネ・ダ・トーディ〔一二三〇頃～一三〇六〕の問うたところでした(37)。しかし奇蹟は起こりません。ケレスティヌス五世は教皇を退位し、後任にボニファティウス八世〔在位一二九四～一三〇三〕が就きます。知的な法律家で、自らの家柄を誇りとする彼は、たしかに民衆の運動を理解するに適任とはいえませんでした。ですから一三〇〇年の全贖宥、所謂聖年《ユビレウム》の驚異的な現象についても、当初ボニファティウス八世が冷ややかに皮肉をこめて「この愚か者たちはどうして世の終わりなぞ期待しておるのか」(38)という有名な句を吐いたというのも驚くにはたりません。しかし本来自生的な事態の重大さに気づき、「至聖なる聖体拝領《コンムニオ・サンクトールム》の観念」と「賜を分配執行する権能《テザウルス・メリトールム》」の神学的観念を整えてみせます。

この乖離はますます教会運営の組織、財政、政治交渉の諸問題に結びついたアヴィニョンの教皇庁によって、より深刻なものとなります。それは確固とした明白な指導理念とともに運営されていたともいえますが、そこを訪れる民衆の信仰に発する運動の数々に対する無防備にはしばしば驚かされることにもなります。南フランスのベギン派や聖霊派にしても、正統異端の神秘主義に発する諸問題にしても、黒死病による宗教心理を反映した霊的危機に直面しても、アヴィニョ

天使的教皇
偽ヨアキム預言書写本挿画
モデナ・エステ家図書館蔵

ンの教皇庁は常に法的、形式的に服従と修養を説くばかりで、直截的自発的な生き生きした要請について問うことは稀でした[39]。

こうした信仰の発酵が宗教集団を形成するまでになると、いずれ司教つまりは教皇が聖職者の監督を置き、時には好意的に時には敵意を感じつつ傍観していたというような訳です。こうした状況において、民衆の信仰の核心に神学的素養のある人物の示唆と刺激によってであったり、ヒエラルキアに迫害され、議論し、闘いながらゆっくりと拡がり形をなしたにせよ、現実に選ばれた者たちとしてある教会、〈霊的教会《エクレシア・スピリトゥアリス》〉が、もうひとつの権力と財産ある〈肉身教会《エクレシア・カルナリス》〉に対抗して生まれた事態を理解しなくてはなりません[40]。

この区別――それに十分留意しましょう――は、まさに民衆の信仰の位相で深く育まれたものです。ヨハンネス・ルペシッサ〔一三六五以降没〕が『試練梗概《ヴァデ・メクム・イン・トリブラチオーネ》』で予見したフィレンツェのチョンピ（梳毛職人たち）の乱、あるいはイタリアの民衆信仰文学の白眉とも謂うべき『小さき兄弟ミケーレの物語』にものがたられた清貧フラティチェッリ、修道士ミケーレ・ベルティ・ダ・カルチは火刑に処されます。彼の事件にフィレンツェの民衆は時に好意的に、時に中傷を以て対処しましたが、決して無関心ではありませんでした[42]。

ここで詠唱派《ロラード》やフス派に戻る訳にはいきませんが、十四世紀末から十五世紀にかけての偉大な説教者たちは、ヴァンサン・フェレール（ウィンケンティウス・フェレリウス）〔一三五〇～一四一九〕から聖ジャコモ・デッラ・マルカ〔一三九四〜一四七六〕まで、民衆のための説教者たらんとしたものであったことだけ、思い出しておきましょう。[43] 彼らの誰もヒエラルキアに入ろうとしたものはなく、そこから距離を保ちつづけました。シエナのベルナルディーノ〔一三八〇〜一四四四〕は三度も司教叙階を拒んだのです。[44]

こうした点からするならば、まさに十四世紀から十五世紀に教会ヒエラルキアがいくつか特殊な信仰要請、民衆の敬信《ピエタ》に発する典礼や信仰を認めたのも了解できます。実際、地方管区がある場所に特別に許したものを、教会の指導規範の大枠と区別してみる必要があります。たしかにこの年月、聖所《サントゥアリオ》、奇蹟の像《イマジニ》、特徴的な信心がいずれにしてもかなり拡がりをみせ、しばしば理解に苦しむものもあります（聖ベルナルディーノによるイエスの名の信心とベルナルディーノの組み文字《モノグラム》を考えてみればいいでしょう）が、中央でも地方でもいずれ、教会の現実《リアリティー》に対する具体的なヴィジョンに欠けています。[45]

コンスタンツ〔一四一四〜一八〕とバーゼル〔一四三一〜三九〕の公会議とともに、教皇庁は地方権威の現実に負け、地方と新しい関係を設けます。同時に十五世紀にわたり切望され要請されつつも有効な手だてとてなく中央と支部《イン・カピテ・エト・メムブリス》の改革という要請を実現することなく、人文主義の波とルネサンスの栄華に飲み込まれるに任せたのでした。[46]

ここで注意しておかなくてはならないのは、民衆の信仰がまさにヒエラルキアとの乖離によっ

聖ベルナルディーノのモノグラム
ドメニコ・ディ・ミケリーノ
《聖フランチェスコと聖アントニオの間の聖ベルナルディーノ》
15世紀、コルトーナ教区美術館蔵

て、清貧の理想とその称揚から徐々に離れ、人々の心性はますます前資本主義的利殖に走り、また特に印象的なのは、魔術や妖術への傾斜が起こることです。(47)

十二世紀中葉以降、こうした現象が再燃したのは偶然ではなく、だんだん拡がりをみせつつ、異端審問官、教皇、その他教会人たちをも驚かせることになります。

利殖への欲求といった民衆心性の当初の世俗性は、信徒たち、民衆の信仰世界の要請に残りつづけたものが表面化したものともいえます。民衆は新たな信仰形態を纏いつつ再組織化し、共住修道士や各種同信会のように宣教団や説教者たちに耳傾けつつ、ついにはジャンヌ・ダルク〔一四一二頃〜一四三一〕の場合のように、中世の民衆の信仰における最も意味深い運動のひとつをなすに到ります。(48)

そしてついに、形式的には異論の余地がないとはいえ、法的内容も空疎で悲惨な尋問(49)は、確実に信徒たちを教会から分離させるに終わります。判事コウションと尋問官たちは、自分たちの生きる装飾的表現のうちに、郷土に鮮やかに息づいているものとの関係を見失ってしまいました。彼らはイングランドが欲した倫理暴力の道具となったばかりか、権力を受け容れることで、このオルレアンの少女《ピュセル》が体現した聖処女の霊感を遥かに超えた深い信仰を感じることもできなくなっていたのです。実際彼らは、この娘が君公や権力者たち武人たちのもとで博した成功が、なにも個人的な影響力などではなかったことを理解できなかったのです。ジャンヌは自らを行動に駆りたてる信仰によって、混乱の中から自ら意識的に作動因となって他の者たちをも明確に行動に誘っていったのです。

王よりも権力者たちよりも、民衆は彼女を理解し、彼女の復権を望みました。ここでも繊細な詩人ヴィヨンは、「そのかみの美姫の歌」で、過去の女性たちの最後に「はた、ロオレエヌ方貞《てい》婉《あん》の乙女《をとめ》ジャンヌは英吉利びとこれをルゥアンに焚殺《ふんさつ》せりき」(50)(日夏耿之介訳)と詠んでいます。民衆の信仰は、ここに知的な宗教が把握できなかった要素の数々を汲んでいます。ヒエラルキアは彼女の復権によって政治的な姿勢をみせただけで、宗教的了解には踏み込みませんでした。

ここでわたしたちは十五世紀の民衆の信仰と知的な宗教の大問題を前にしているのです。それは極端に錯雑した世界で、歴史家の注意はやっとそこに向けられはじめたばかりですが、もちろん多くの例外があることは認めつつ、いずれにしても教皇庁はヒエラルキアとして大部分でその義務を忘れ、自らの位置を配慮するばかりでその周囲で起こっていたことをいつも了解していた訳ではない、ということができるように思われます。

ピウス二世〔在位一四五八〜一四六四〕の十字軍実現のための努力はたしかに感動的で高貴ですが、彼の時代の宗教的現実《リアリティー》に対する深刻な無理解を示してもいます。いまや民衆は他の宗教問題の数々に直面しており、もはやウルバヌス二世〔在位一〇八八〜一〇九九〕の時代のように反応することはない一方、西欧の権力者たちは勢力地図とそこから導かれる得失にのみかかずらっていたということが判らなかったのです[51]。

一四六六年、中央イタリアにフラティチェッリの一集団が見つかった時、ローマと教皇はこれらの者たちがボヘミアのフス派と同盟関係にあるのではないかと疑心暗鬼に陥ったというのも意味深長な話です[52]。

十五世紀の民衆の信仰生活についてみるならば、それがひどく複雑なものとなり、普遍性一般性といった次元を失ったことが判ります。そこにはもちろん説教者や予言者たちの姿もありますが、彼らの活動範囲はシエナのブランダーノの場合のように比較的狭くなっています。人々を魅了し崇敬をひきおこす聖人たちもいますが、民衆が彼らを愛し尊敬するにしても、ヒエラルキアはそれに疑惑と不信を示します。パオラのフランチェスコ〔一四一六～一五〇七〕の場合のように、その〔ミニモ会の〕会則が認可されたのはやっと教皇たち、アラゴン家のフェランテやフランスのルイ十一世〔在位一四六一～一四八三〕のような君主たちによる二回の査問の後のことでした。彼は厳格で禁欲的な聖性の模範というよりも、どこかタウマトゥルゴスとして、神の手を借りて奇蹟をなすことができる一種の魔術師と感受されたのでした[53]。

5 教会と民衆の信仰：総括

最後に、だとすると教会の民衆信仰に対する働きかけは決定的に失敗に終わったといわねばならないのでしょうか。この点については、民衆世界に対する教会の不信と当惑から、キリスト教徒の信仰の複雑な教義をそれに関係なくまた異なったものから守るという正しい要請が生まれたことを強調しておかねばなりません。先に触れたように、状況によって特殊でつかの間の要求を突きつけてくる民衆の信仰は、そこから教会が教義同様構築せねばならぬ改革のための持続的な緊張です。ここで浮き彫りにしようとしたこの緊張こそ、中世教会の基本的特徴なのです。

しかしまさにこの緊張において、教会は歴史的に巨大な成果を実らせたのだったことを忘れては不公平でしょう。

最後の偉大な宣教、つまりカロリング朝帝国の終焉まで続いた宣教は、全ヨーロッパの言語の差異や国の対抗関係のうちに、統一的な文化的霊的組織を創出しました。この責務は一時、コロンバヌス〔五四三頃〜六一五〕をアイルランドからボッビオへと、またパウルス・ディアコヌス

〔七二〇頃〜七九九頃〕を郷里ロンバルディアからシャルル・マーニュの宮廷へと運びましたが、こうした理念や感性の交換がもった意味を過小評価してはなりません。こうした統一の作業によって、教会は自らの組織と文化的現実《リアリティー》としての倫理‐霊的危機の時を乗り越えました。カロリング朝廃絶の危機の後、教会の中央集権化とともに中央と地方の新しい関係を築きつつ、所謂グレゴリウス改革により、より複雑で動的で微細にわたる、つまり約《つづ》めていえばより困難な、しかしまさにそれゆえ歴史的にみて目を見張るような新たな統一を実現します。この位相において、教皇庁の新しい統合力はひとえに二つの偉大な托鉢修道会にありました。彼らこそが信徒たちの中で教会ヒエラルキアの意志を新たに実現しようと努めたのです。

　最初に民衆の信仰と知的な宗教を完全に分割することはできないし、また分割されるべきではないと言いました。ここまでの章またこの章で、対立、相違の数々を指摘してきたのも、こうした対立や相違が唯一の歴史的現実《リアリティー》のうちで、内的に関連し弁証法的に連接的に継続的に働いていることを想起するためでした。歴史家にとって最も劇的な事態は、識別し、区分し、分別することですが、最も美しい瞬間は、差異と区別が組み合わさって解消する時です。

　この講義でわたしが民衆の信仰の意味と歴史的重要性について強調した時、明言しなかった場合にも、知的な宗教の存在を想定しておいたつもりです。この弁証法的な関係から、その持続的な関係から、中世のキリスト教世界の総体が生まれるのです。その総体がキリスト教の社会として実現されるべき至高の努力として。

既飾り、十字架上で苦しむキリスト、贖宥、巡礼、列聖といった民衆の信仰の各々の外観は、知的な宗教によって迎えいれられた時、その民衆起源を裏切るものですが、まさにこうした出会いによって、民衆の信仰と知的な宗教は唯一の深い現実《リアリティー》の異なった現われであることを確認しあうのです。

つまり民衆の信仰は、中世の宗教生活とは切ってもきれない働きですが、まさにこの点で、今まで見過ごし忘れたままに話を進めてきた偉大な教皇たち、禁欲修行者たち、また神学者たちの姿にすべての注意を向ける必要があります。しかし民衆の信仰は素朴な人々の宗教であり、数限りない人々のものであり、それより他ではありえない、ということはすでにそれだけで歴史家にとっては注意に値することです。しかしそれにもまして、最初にお話したことと結びつけつつ言うならば、民衆の信仰は、特別な生を生きたり表現したりするものではなく、日々苦痛と喜悦と期待のうちに自らの地上での歩みをすすめる者のものであることこそが重要なのです。

補遺

SUPPLEMENTO

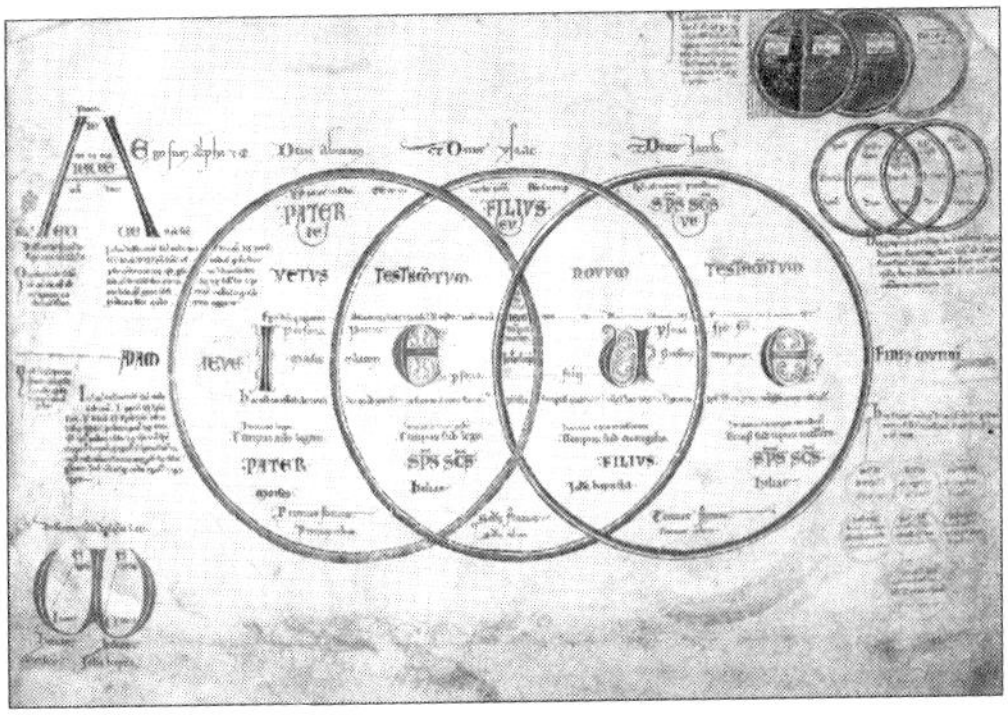

【扉図版】
三位一体の三つの円であらわされた歴史
フィオレのヨアキム『形象の書』（13世紀）

講義録からの補遺

ラウール・マンセッリは一九六六年から一九八四年までローマ大学の中世史講座を担当したが、そのうち

「シチリア王フレデリクス二世」*Federico II Re di sicilia*, Torino, G. Giappicchelli Ed.,1970

「後期中世のキリスト教」*Il Cristianesimo del Tardo Medioevo*, G. Castellani 監修『諸宗教の歴史 *Storia delle Religioni*』vol. IV, VIed.,Torino, Einaudi, 1971, pp.243-325

「中世の逸脱諸現象」*I fenomeni di devianza nel Medioevo*, Torino, G. Giappicchelli Ed., 1972

「中世の民衆信仰」*La religione popolare nel Medio Evo (secc. VI-XII)*, Torino, 1974

「中世の魔術と妖術」*Magia e stregoneria nel Medioevo*, Torino, 1976

「中世の生活、祝祭」*Vita medievale: la festa*, Torino, 1978

「聖フランチェスコ」*San Francesco*, III ed., Roma, Bulzoni, 1982

「第一十字軍におけるイタリアとイタリア人」*Italia e italiani alla prima Crociata*, Roma, Jouvence, 1983

が公刊されている。

以下、一般書籍のかたちをとらずタイプ原稿のまま印刷に付された講義録1970, 1972, 1974, 1976, 1978のうちでも特に本書と密接な関連のある部分を補遺として抄出した。補遺各項目に付した年記は右記各書を指示するものとみなされたい。

もちろん講義のコンテクストは本書の内容とは微妙に違うので、直接本文の註となっている訳ではないことを予め註記しておきたい。

【項目一覧】

［a］『ピルミーニウス言行録』

（→本文三〇ページ）

由来のはっきりしない一宣教者の著作だが、七世紀末から八世紀初頭コンスタンツ周辺地域で活動した人物の手になるもので、まさにピルミーニウスの『言行録《ディクタ》』もしくは『スカラプスス』と称される。これは宣教者たちのために著されたもので、そこには当時のキリスト教のうちに残留する迷信に関する議論も挿入されている。『悔悛の書』（Ⅳ章1節参照）から得られる諸事例と対照してみるならば、そこにはほとんど同じ主張が見られる。……注目すべきは異教的慣習をピルミーニウスが禁じるにあたって用いられる聖書の句節がすべて旧約聖書に由来する点である。

［1976, pp.73-76］

［b］アルルのカエサリウス

（→本文三四／四九／一七四ページ）

フランスに限らず六世紀の教会史において最も重要な人物の一人。四七〇年頃生まれ、五四二年の死まで南仏でも最も重要な教区のひとつの大司教として、信徒たちの司牧に務めた。学識豊かな人物で、早々に神学的教養によっては民衆と直に触れ合うことができないことを了解し、自らの知を民衆の信仰水準に適合させる。実際彼は、説教者をより良いものとするのは雄弁ではないと考えた。なぜなら雄弁は「僅かの言葉で知性を奫す」ものではあるが、説教は単純素朴に理解できるように魂を貫き教える務めであるから。

注意深い司教カエサリウスは説教のうちで、しばしば熱をこめて信徒たちの信仰心のうちに残存する異教的諸要素――つまり悪魔的なものとのかかわり――について、また彼らが抱く基本的にいまだ異教に結びついた心情について強調する。この過去の信仰の著しい事例は、樹木や泉への供物――もはやそこに男神や女神がいると信じられてはいないにしても、そこに通いつづける――、魔法や占術に訴えたり、教会前での歌舞、窃盗や姦通を犯す前に十字のしるしを切ること、妖術を信じたりするところにあらわれる。

彼の説教のひとつ（n.XIII）には六世紀のアルルの信徒たちの信心のうちに、初期印欧文明にすでに認められる魔術的世界に関連した月に結びつく信仰があることが証されている。カエサリウスは、多くの者たちが月蝕を見て、それに帰される邪悪な意図を避けるために雄叫びをあげることを嘆いている。しかしこうした反応は、実際には神の欲したまうた自然の事実に変更を加えようとすることであり、それをなす者は冒瀆を犯すことになる。

異教のまた別の残滓は、ユピテルに奉《ささ》げられた日（木曜日）に関するもので、「悪魔に籠絡された」男や女はその厳粛さを乱すことのないようにこの日に働くことをすら辞めるのだった。この司教はここでも、こうしたふるまいが深刻な冒瀆であり、ユピテルの祝日（木曜日）ではなく、主の日つまり日曜日をこそ尊重せねばならないと警告する。

[1976, pp.50-52]

[c] プリュムのレギーノ （↓本文四〇ページ）

八九二年から九一五年までプリュム大修道院長を務めたレギーノは、教区の主としての完徳の司教とはいかなるものでなければならぬか、という問いに関する貴重な梗概《マニュアル》を遺した。『教区会議の範例と教会人の務めについて』と題されたその著は、司教たちが教区訪問にあたり聖職者や信徒たちに成すべき質問テクストをも含んでいる。こうした問いのうちには、所謂〈司教規範《カノン・エピスコピ》〉と称されるものもあるが、今日でもその由来は完全には明らかにされていない。当時レギーノが司教たちの用に供するに有効と判断したこの〈規範〉からは、魔術的な力に対する信心の拡がりが垣間見える。妖術はいまだ民衆の間に瀰漫していた。われわれの問題にたいへん興味深い長短二つの異文《ヴァリアント》がある。短い方を引いてみよう。

「たとえば誰か妖術あるいはまじないによって男たちの心を変えることができるという女はいるかどうか問いたまえ。憎しみを愛にもしくは愛を憎しみに変え、あるいは所有するものに損害を与えることができるという女は居らぬかと。また夜に女神ディアーナに従い獣に乗って女に姿を変えた悪魔たちの一団を伴い、自らその仲間であるという者は居らぬかと。もしあらば、そうした女を教区から遠ざけよ」。

これは著しく興味ある二つの問いを含んでいる。第一は、所謂魔法使いの存在を暗示するもので、この場合にはすでに長きにわたり媚薬や秘薬をつくる者として名高い一種の魔女の残存にかかわっている。ここでわたしたちは古来の魔術を眼前にしている。ここで強調しておくべきは、それがもはや自らを隠すものではなく、あれこれ具体的な魔術をなすことができることを告白する者としてあらわれるところである。第二は、もはや迷信としてかたつけることのできない別の実修へとわれわれを導くもので、それは女と悪魔の夜宴という、まさに悪魔的な儀式である。これは夜、女が騎乗するということを述べたはじめての資料であり、その正確な意味を特定することは容易ではない。これは疑いもなく、神々の夜の狩猟あるいはある神性（ディアーナかヘロディアデか）に随う女たちの夜の飛行という異教の残滓に還元することのできるものに違いない。実のところ、夜の狩猟はオーデンによって実修されたものだった――これは幽鬼の狩人《ヴィルダー・イェーガー》をはじめとするドイツの民間伝承に残存した。また、ヤコポ・パッサヴァンティやボッカチォもそれについて記している。しかしここに引いたテクストでは、男たちではなく女たちが暗示されている。女神ディアーナはゲルマンの神ではないが、ギリシャ・ローマおよびゲルマンに移植された名としてはよくあらわれるものである。

〈司教規範〉の長い方の異文《ヴァリアント》は、魔術の残存に関して詳細を究めている。なによりまずそれは「卜占や邪悪なる業を案出した悪魔」のすべてを根こそぎにし、これらの力の行使者から「すべての男女を」遠ざけるために司教たちが務めねばならないところを確認する。ここで議論は女に限定されてはいない。またこれらの者たちは神を放棄し、悪魔の助けを求める者と規定されてもいる。「これ（つまりこうした悪魔的な関係）、このような悪疫は、聖なる教会によって清められねばならない」。テクストは以下のように続く。

「悪しき女のうちには悪魔《サタン》のあとを追って（Iテモテ、五：一五）悪魔的な妄想や迷妄に誘惑され、異教の女神ディアーナとともに夜陰を長距離、ある種の獣に騎乗し、この女神にかしづく者もある。これによって女どもがその邪悪のうちに身を滅ぼし、他の者たちをその不実に引きずり込まぬものならば。ところが現実には夥しい群衆が、こうした偽の信心に欺かれてそれに信を置き、正道を踏み外して異教徒の過ちに陥り、唯一の神より他の神々こそが存在すると主張する」。

ここには明白に女神ディアーナが名指されており、また短い異文より他にも貴重な細部の付加がみられる。

なによりここでは悪魔の仲間については何も語られず、それは妄想、迷妄とされ、またそれは広く普及した信心であると言われている。最後の行に示唆されたこの拡がりに対し、それが邪悪なものに由来することを説き、こうした信心を論駁するようにと聖職者に警告している。「悪魔《サタン》自身光の天使に変装して女たち《ムリエルクラエ》の心を虜にするのだ」と語りつつ。

こうした信心と闘うために示唆された方策とは、一方でそれが悪魔の業であることを示しつつ、他方でそれが現実《リアリティー》ではなく単に妄想だと言いきかせることである。

「悪魔は外面的にいろいろな人間の姿を纏う変装を能くし、人の心を捉える。夢によく知った人あるいは見知らぬ人の姿であらわれ、喜びや悲しみを齎して欺き、人を正道から逸らせる。しかしそれも単なる妄想であり、迷妄のうちに出来するのであって現実ではない。夢にこうしたことをみないものにとって現実にそれが出来しないとしたら、心のうちに起ることに拘泥するほど愚かな者にとってそれが現実と化すなどということがあり得ようか」。

つまり短い方の異文では単純に悪魔的な働きについて語られていることが、ここでは同じ悪魔との共生が卑賤に滑稽に妄想、夢、あまりにも迷妄に執心する心の戯れの水準にまで降格されている。要するにこのテクストに示唆された司牧行為は、二つの水準の間を往還している。一方で唯一の神に代えて各種の神々を信じ、正道から逸脱するようなこうした信心の危険を明かすとともに、もう一方でそれを単純に妄想、迷妄と規定することによってそこからすべての可能性をとり除くよう勧告している訳である。こうした信心そのものについて観るに、それは異教的要素（女神ディアーナ）と悪魔的な主題を混ぜ合わせつつ、近代の夜宴《サバト》を先取りしている。それはいまだかなり曖昧な雰囲気のうちを動いており——夜の騎乗はここではその目的を明らかにしてはおらず——異教の女神のうちに「女主人」を認める以上のことをしていないにもかかわらず。ひょっとして、異教的な神々の礼拝と悪魔的夜宴《サバト》の中間形態と言うことができるかもしれない。ただしここで、多かれすくなかれこの信心がゲルマン圏に広く普及したものであったことを強調しておこう。［1976, pp.96-100］

［d］オーヴェルニュのギョーム

（→本文四二ページ）

悪魔に対する信心の拡がりは、教会側からする悪魔学《デモノロギア》の推敲彫琢にまさに符合している。

この問題に関心を寄せたスコラ学的神学者たちのひとりにオーヴェルニュのギョーム（グリエルムス）がいる。彼は一一八〇年より後にオーリヤックに生まれ、パリで学び、その地で神学教授となり、ペトルス・ロンバルドゥスの場合同様、司教に叙階され、一二四九年パリで没した。彼の主要著作『予占術《マギステリウム・ディヴィナーレ》』は一二二三年から一二四〇年の間に編まれたものだが、その七部のうちの二部（「派遣について《デ・レギブス》」、「宇宙について《デ・ウニヴェルソ》」）は悪魔学に奉げられている。

オーヴェルニュのギョームは迷信と妖術とを完全に区別する。信仰に反することなしに、信仰に一致しない身振りをもってなされる行為はすべて、彼にとっては迷信とみなされる（各種の魔除けやまじないはこれに属す）。一方、彼が悪魔的な力と結びつける妖術はまったくそれとは違った様相を呈する。魔術、妖術そして偶像崇拝は、「派遣について」のXV章に纏められている。偶像崇拝のうちには、日曜日以外になされる主の祝いも列挙されるが、たとえばここで土曜日《サバト》はヘブライズム（ユダヤ教）を、金曜日はサラセン（イスラム教）の迷信の残留を暗示したものかもしれない。実のところ、偶像崇拝は本来古代の神々をさして用いられるが、後代、神の位置にその被造物のいずれかを置くことに替えられ、あるいは悪霊、星辰、象徴的な神像を配することとなったものである。一時期、偶像崇拝は窃盗にして神聖冒瀆とみなされた。なぜならそれは、ただ神にのみ帰される働きを剽窃し、派遣されたに過ぎない者を自ら力能をもつ者と化すものであるゆえに。オーヴェルニュのギョームにとって、魔術とは悪魔に憎むべき取引によって売り渡される魂それ自体と引きかえに得られる知識のことである。この点について著者はまったく疑いを寄せてはいない。魔術の行使は悪魔的な力の援けをもってしてのみ可能である、と。

　この著者は悪魔学に関連する諸問題に実に二十四の章を奉げており、そのほぼ全体に渡り、魔術についても語っている。ある章では、降霊術と人々を欺く邪悪な霊について論じている。宇宙に関する部分で、ギョームはこの世のイメージを提供しているが、これは天使たち悪霊たちに囲まれた神という当時のプラトン-アリストテレス主義的教会文化のうちで彫琢されたものである。そこで悪霊たちのヒエラルキアは、偽ディオニシウス・アレオパギタの『天上位階論《デ・ケレスティ・ヒエラルキア》』に則り、天使たちのそれと明確な対照をなしている。ギョームによれば、悪霊たちを統合する感情は神に対する憎しみであり、彼らはただ魔王にのみ服従する。悪霊にはインクブスとスクブスがあり、その邪《よこしま》な介入は悪戯から夜陰にまみれての出現、人との交接まで多様である。またギョームはかなり無理強いな語源学をも開陳してみせる（牧神ファウヌスは軽率《ファトゥイ》、半獣神サテュロスは跳ね踊り、妖精ジョコリエールは戯《ジョカーレ》れる、夢魔インクブスは女と性交し、夢魔スクブスは女の中に入り込んで男と交わる、水精ニンフは泉の精、魔女ストレーガは子供たちを苛む云々）。それはまた、神話や民譚の寄せ集めでもある。彼はまた、馬に憑いた邪悪な霊や夜間の騎乗その他の魔術についても語っている。ある者は手先の器用さによって――現代の奇術にあたる――他の者は純然たる見せかけによって――たとえば蜜蠟や彩色した皮革でつくった燭台を灯すと蛇がのたくるようにみえたり、硫黄の灯火を点けたり消したりすると色が変化したり云々。また人々を欺く類の魔術についても録している。自然魔術は自然の力を利用するものゆえ禁じられてはいない。中世の『動物誌』を参照して、魚、草、蛇などの効能についても触れている。つまりギョームにとって、魔術の広範な段階はおおむねこの世を超えたものあるいは自然の各種の力を用いる実践として類別される。しかし自然力を用いるものに関しても悪魔の力能を導きいれることができる、と警告する。通常は人に善いものとして働く草も、有害なものと化し得るように。ギョームによって、魔術師は邪悪な霊と結びつけられた。黄金にも銀にも変成能力はない。もし変成するとしたら、そこには邪悪な霊の働きがある。

この著作を基にしてみると、オーヴェルニュのギョームは魔術の諸現象を前に二重の立場をとっているようにみえる。彼は基本的には超常-超自然現象の可能性を信じている。たとえそれらの中に幻覚妄想や欺瞞的幻視と認められるものを排除できないとしても（彼はそれを確証をもって明言してはいないが）。それらのうちのいくつかは自然の事由に還元できるにしても、他のものはそうはいかない、と。

［1976, pp.148-151］

［e］トマス・アクィナス

（→本文四二ページ）

オーヴェルニュのギョームが新プラトン主義的世界に繋がるもの――その「宇宙について」はたしかな証言である――であるとするならば、聖トマス・アクィナスとともにわれわれはアリストテレスの世界に入ることとなる。一二六五年から一二七三年にかけて編まれた『神学大全《スンマ・テオロギアエ》』を検討するにあたって、まず確認しておかねばならないのは以下の点である。それは広範に悪魔学《デモノロギア》を含むものであるにしても、オーヴェルニュのギョームのように完全にそれに奉げられた章というものはない。またそこでは魔術師《マギ》についていては一切語られない。唯一の例外は東方の三博士《マギ》に関する言及である。悪魔学の領域にわたるものではあっても、魔術を十分論じる考察は見当たらない。魔術の行使については、『神学大全』では迷信的行為もしくは異端との関係で語られる。トマス・アクィナスにとって、魔術師とは迷信深い無知蒙昧の謂いであって、つまり彼の関心領野から除外される。その一方で、悪魔的な行為が犯された場合――これは強調しておくべき事実であるが――それは異端という範疇に再編されることとなる。つまり魔術＝無知と魔術＝異端の間には画然とした移行があり、これは十四世紀に典型的な、審問を介して迫害すべき現象となる。

もうひとつ念頭におくべき事実として、宗教的な罪としての異端はいまや違法犯罪行為と化していること、を挙げておかねばならない。つまり魔術と異端の関連が描出されるや、魔術師は異端者と化し、他の異端者同様火刑に処されることとなる。この転換を了解するために、まさに貴重な聖トマス自身の証言がある。

ともあれ、迷信について『大全』ではどのように語られているかを観ることにしよう。

迷信は信仰に反する悪徳である。これが『大全』Ⅱ-Ⅱ部の問九二の出発点である。それは多様にあらわれる。

問九三　真の神の不当な崇拝による迷信について

問九四　偶像崇拝について
問九五　予言にかかわる迷信について
問九六　崇敬にかかわる数々の迷信について

つまり迷信とは神に向けられた崇拝そのもののうちにも、異教の神々に対するものの内にも、予言に訴えたり、無益なことがらへのまさに迷信的な信心とともにあらわれ得るものである。これらの四例について聖トマスは数々の節でいろいろな観点から検討を加えている。特に興味深いのは、悪魔的な要素も含まれる予言占術に充てられた部分である。悪霊の召喚によってなされる占術は、聖トマスによれば、公然と悪魔と〈契約《パクトゥム》〉することによってなされる魔術、魔法である。聖トマスがこの言明に添えた理由づけは興味深い。悪魔は常に人々の破滅を目論んでいる。それゆえなにごとか実際に来たるべきことについて語る時もそれは危険である。なぜならかくすることによって、ますます悪魔を恃む者の信頼を増そうと欲するゆえに。

悪魔学《デモノロギア》に関しては、『大全』I部で天使論《アンゲオロギア》と並行して論じられている。われわれにとっては伝統的とも称し得るこうした枠組みにおいても、各種の新たな問題要素を見出すことができる。注目すべきはトマスの引く権威がキリスト教史における偉人ばかりであって、同時代人に関してはたとえそのテクストが引かれることがあるにしても、その名が挙げられていない点である。

トマス・アクィナスは悪を悪魔たち自体の自然本性としてではなく、悪魔は自らの意思的な行為によって悪と化した存在であると考える。それらの働きが善いものである場合も、それは悪しき意思からなされる。トマス以前あるいはその同時代でもあるが、注意を促しておきたいのは、カタリ派の急進過激な者たちが〈本性《ナトゥラリテール》〉善なる神に、〈本性〉悪なる魔王を対置して語っていたことである。悪は常に存在する。善なる神と悪なる神の間に永遠の二元論が存在する。これがカタリ派の過激な者たちの主張である。聖トマスは悪魔たちがその〈本性〉からして邪悪であるのかそうでないのか（問六三項四）と問題を立て、それに否定的に答えている。

もしも悪魔が邪悪であるとするなら、その本性からではなく、その自由な意思からである。この点については、ダンテが『神曲』天国篇二十九歌の聖トマスに寄り添うような天使論のうちで、悪魔とは善天使が悪天使と化したものであるとしていることを想起しておこう。宇宙の広大なヴィジョンにおいては天使たちは皆善であったが、ひきつづきその傲慢な行為によってそれらは邪悪なものと化した。こうしてカタリ派異端から、それを特徴づける基本テーゼのひとつが排除される。それどころか、悪魔はもはやある者たちが主張するように、誘惑者であることすらできず、天使として被造されながら神を意図的に拒否したものである。

すでに明らかなように、われわれはいまや古代異教世界からは遥かに遠い地点にいる。というよりもこれは不可抗的な類別の成熟である。これはまた、魔術を古代の神々にどこか結びついたものとしてある種の憐憫とともに考察する可能性をも除去するものである。もはや魔術は悪魔的な力能を使ったものではなく、神を拒んだ者としての悪魔に繋がるものではない。つまり魔術は深刻な罪であり、厳しく処罰されるべきものと化した。いずれにしても魔術と悪魔の緊密な関係は、神学者たちのまた民衆の信仰の世界に完全な同意を得たものであった。神学において、悪魔が神に対して重要さを獲得すればするほど、民衆の信仰のうちでその力と意味を増した。サタンが反‐神という意味を担えば担うほど、民衆の信心のうちでその効力を獲得したといってもよいかもしれない。

　聖トマスは彼の悪魔学において、悪魔たちには感情の機微がなく、それは専ら神を憎むものであるゆえにすべての悪の由来するところであり、自らの都合で罪を犯し、その罪は人よりも上位なる存在によって犯されるものゆえより深刻であり、彼らの二つの主要な罪は傲慢と嫉妬である、といった別の諸観点にも触れている。因みにトマス・アクィナスは悪という問題を、『悪について《デ・マロ》』という論考で考察しており、これは聖アウグスティヌス以降この主題に関して最も重要なものである。ここでも魔術や妖術のいくつかの要素は迷信としてのみ論じられているが、それの悪魔的世界との基本的な関係は再確認されている。悪霊たちは人の普遍的現実《リアリティー》のうちに算入され、歴史のうちで全力を尽くしてキリストに反逆示威する。歴史の終わりにあたっては、まさにサタンの受肉たるアンチキリストとしてキリストと闘うために到来するであろう。悪魔は悪の具現として存在するより他にあり得ない。なぜならその一々の力の行使は邪悪であり、それはひきつづき悪意を現実のものとするものであるゆえに。またそれはただその意思によって邪悪な存在であることに満足せず、人々を悪に、罪に、そして特にそれによって自ら神に叛いたところの二つの罪たる嫉妬と傲慢に導くことを意図する。それは神のごとくでありたいと欲して、神を嫉んだ。「われは至高者にも等しかった」とルシファーは言ったのだった。

　人がルシファーの最初の誘惑を受け容れた後、つまり地上の楽園から追放されサタンの餌食に墜ちた後、罪とは肉の罪業、色欲の罪だった。聖トマスによれば、これは避けることの困難な罪である。なぜなら悪魔は人のうちでその五感を刺激し、その妄想に介入することができるから。人々は誘惑と闘うことはできるが、たとえひとたび人が克己しようとも、悪魔は執拗に戻り来る。悪魔たちには人々を罪に落とすためのいろいろな力能がある。その力能は自らの罪が原因となりいまや動かすことのできぬ自然と化したその性質に結びついている。その自然性質から導かれる悪魔の力能は、悪に向けられている。それは死者たちの魂という形をとることもある。一々の悪魔的な関係は——つまりいかなる魔術実修も——禁じられる。なぜなら悪との関係に引き込まれることによって、偶像崇拝に陥る危険があるゆえに。『神学大全』に戻るなら、I節の問一一四はその全体が悪魔の誘惑に奉げられているのが判る。その構成を観てみよう。

悪霊の攻略について

人は悪霊の攻略を受けるか
試嘗とは悪魔に固有のことであるか
すべての罪は悪霊の試嘗に出るものであるか
悪霊たちはいずれかの真の奇蹟によって人を誘惑することができるか
誰かによって打ち負かされた悪霊はまさにそれによって攻略を阻まれるか

各々の議論は、神が人々の守護のために天使たちを遣わしたにもかかわらず、人々は悪魔たちの試みに遭うが、人は弱く経験に乏しい一方で悪魔たちは強く賢いゆえに、それはいかにも対等ならざる闘いであることを示そうとするものである。しかしこうした数々の誘惑も、神が人々に試みようとするそれに較べればなにほどのものでもない。注目すべきはここで、聖トマスが喚起する権威が使徒つまり聖パオロの「わたしたちの戦いは血肉に対するものではなく……闇の世の主権者、また天上にいる悪の霊に対する戦いである」（エペソ、六：一二）であることだろう。人々は自らの悪のために悪霊に試みられる。〈攻略機序《オルド・インプニャツィオーネス》〉つまり摂理は誘惑をも含むものであるが、この誘惑は常に神の摂理のうちに編入されてある。神は悪をも善用することを知っている。

誘惑に関しては、常に誘惑そのものおよび誘惑の機序《オルド》という二つの側面を考える必要がある。誘惑は人々の悪意に起因し、人々が善へと進むのを阻むことを狙いとしている。悪魔はかくなる成果を手にするために、神に反して働くが、神を模倣して誘惑者としてのすべての働きを組織する。悪魔は神および天使たちとの平行対応をもとめ（実のところ、天使たちはわれわれを善へと導く務めを負っている）、常に自らの傲慢に駆りたてられて誘惑しつつ、神が天使たちを介して人々に授ける援けを模すものであると確信している。

各項のうち特にわれわれに関心あるのは、悪魔的な誘惑と奇蹟との関係である。聖トマスはこうした関係の可能性を否定しつつ議論をはじめる。いずれ悪魔たちには人を誘惑する力能はない。その力能はアンチキリストの時になってやっと実現されることになるだろう。奇蹟は物質的《コルポラル》な変換であり――たとえばある男が獣と化したり、獣が人となったり――悪魔にはこれをなす力能はない。また悪魔たちが奇蹟の数々を成し得るとすれば、奇蹟的なできごとの背後にもはや神をではなく、神によって被造されたものを見出すこととなり、驚くべき奇蹟という観念自体に違反することになるだろう。しかし聖アウグスティヌスは『神の国』において、魔術の業によって〈最大類同なる《プレルムクエ・シミリア》〉奇瑞をなすことができると言明している。つまりまさに奇蹟というのではなく、奇蹟に限りなく類似した奇瑞を。すなわち魔術の業によって奇瑞、奇蹟に似たなにごとかを生むことができるとはいえ、実際にはそれは奇蹟ではなく、単に人を欺く奸策にすぎない。奇蹟とは被造の自然の秩序を越えた彼方から到来するできごとである。しばしば人の能力と知解を越えることがらのすべてが奇蹟と呼ばれるが、これには十分注意を払う必要がある。人の能力と知解は必ずしも奇蹟によるものではないのだから。

　いずれにしても、こうした真の奇蹟ならざる奇瑞の数々が、聖トマスによれば、妄想や幻覚によるのではなく真の能作とみなされている点を強調しておかねばならない。それらは悪魔的な業ではあるが、非現実的な空想ではない、ということ。

　聖トマスによれば、ある存在を変換するとは、この存在の形相および本質を変換することを意味する。さもなければそれを真の変換ということはできない。しかしある種子が奇瑞によってたちまち大樹と化すことがあるとしても、こうした変換は〈意図して《アド・ヌートゥム》〉果たされることはできない。悪魔がなし得ることとは変換ではありえないゆえ、成長の促進にすぎない。獣を樹木に変換することはできないし、死者を甦らせることもできない。要するに物質的《コルポラル》な事物の変換は、悪魔たちによって成就されることはできない。悪魔たちの力能のうちにある超自然の諸現象が、彼らによって実現されることがあり得るにしても。

　その一方で、人そのものも他の人の能力や諸感覚を変移させることができ、他の人の諸感覚に働きかけることによって認識行為の内部に働くことができる。たとえば、誰かを死者のごとくにみせた後、〈彼を甦らせる〉こともできる。現実にはこの男は死んではおらず、ただ死んだ者のように見えたに過ぎない。聖トマスにとっては、これもまた魔術実修のひとつである。

こうした聖トマスの議論からいかなる帰結をひき出すことができるだろうか。魔術の業は悪魔の支援によって出来する。しかしそれは被造物の展開経過が予め整えられている自然の秩序の領野の内への超自然の介入（たとえば成長の超自然的促進）であるか、奇瑞とみえる妄想を与えることに過ぎない。いずれにしても魔術は悪魔的な世界と結びつけられる。かくして聖トマスによって、魔術世界は悪魔学《デモノロギア》を媒介することによって回帰することとなった。

［1976, pp.151-160］

［f］大グレゴリウス

（↓本文四四／六二／八一／九〇ページ）

尊者《ヴェネラヴィレ》ベーダはその著『アングル民族誌《ヒストリア・ゲンティス・アングロールム》』（I巻三〇章）に、大グレゴリウスの書簡を写している。これはアングル族を改宗させるため教皇からイングランドへ派遣され、いまやカンタベリー司教となった修道士アウグスティヌスの一連の問いに答えたもの。この書簡はアウグスティヌスがこの島嶼に存続する異教に直面していかにふるまうべきかを叙述するものであるというばかりでなく、異教の現実を前にローマ教会が採った態度を反映してもいる。他郷の伝統のうちにある善なるところのすべて、有効なるところのすべてを（聖なるものと）評価しつつ、人々をキリスト教化するに好ましいと推測される共通項を探る試みとして。

この書簡はアウグスティヌスに伝えるようにと、大修道院長メリトゥスに宛てられている。

「いずれにせよ、異教の神殿は破壊されてはならない。ただそこにある偶像神像をのみ破壊するように。そして神殿は聖別される。そのためには神殿を祝別された水で濡らし、祭壇を設け、聖遺物を安置する必要がある。神殿が悪魔崇拝から神への恭順へと十分確かに移されねばならないゆえに。人々はすでに親しみのある場所に赴き、そこに真の神が祀られているのを観るとき、異教的慣習を棄て、新たな信心に帰依することになろう。悪魔に獣を生贄として奉げる慣習も、それを変更することにおいてのみ保存せよ。教会祝日あるいはそこに祀られた聖遺物の殉教者の祭日には、教会の周囲に樹木の枝でつくった卓を整えて祝宴を催すように。異教の神への獣の生贄は成さずとも、こうすることによって神を讃えて共食せよ。かくして生贄の場はキリスト教の祝宴と化すばかりでなく、物質的な悦びも霊的な悦びに変容される。固陋なる性格の人々からすべてをとり去るのは困難ゆえ、徐々に進めねばならない。頑迷な心には一歩一歩進めることが肝要であって、決して飛躍してはならない」。

六〇一年七月のこの書簡で、大グレゴリウスは信仰の変化にかかわらず、確として保たれる人の性格をよく理解していたことを証している。

こうした立場は、この教皇――彼の在位は五九〇年から六〇四年にわたる――の行為を触発した精神と完全に符合している。それは深刻な危機に苦しめられる格別困難な時期でもあった。イタリアではランゴバルト族がローマを攻囲し、恐ろしい沈黙のうちに沈んだこの町を放棄して人々は住みつかなくなった。信徒たちの霊的指導者たらんとする教皇は、異教の波に揉まれつつも信仰を護り、神の神秘を確固たるものとする務めにあった。大グレゴリウスのこうした深甚なる配慮は、いたるところ迷信的な行為に溢れた慣習に対しても、またその数々の書簡に明らかである。

カリアリの大司教への書簡（IX巻二〇四）でも、偶像神の崇拝や卜占に訴えることのないよう細心の注意を呼びかけている（五九九年七月）。これらの罪ある者たちは厳正に罰せられねばならない。それが奴隷の身分である場合には、鞭打ちも辞さない。公証人アドリアヌスに向けて（XI巻三三）、教皇はまじないや占術をなす者はキリストの敵であると言明する（六〇一年六月）。

しかしここで注目に値するのは、大グレゴリウスがフランク王妃に高価な贈り物をしようとして、聖ペテロの鎖の削り屑、つまり聖遺物を贈ったことである。

聖遺物は民衆の信仰においてははかりしれないほど重要な役割を果たした。それにはキリストや諸聖人が地上で揮った権能が残存しており、たしかな力を宿していると信じられていた。いずれにしてもそこから一連の迷信が生まれることとなる。なぜなら、聖遺物によって庇護と援助を保証する神性とのたしかな接触が求められることとなるゆえに。

その著作『対話篇』の中で、大グレゴリウスは異教の残存を証す二つのエピソードを伝えている。ウンブリア人と思われる四十人ほどの農夫がランゴバルト人たちに捕えられ、他郷の神々に生贄として供された肉を食べることを拒んだために無残にも殺害された。また、ランゴバルト人たちに捕えられた別のキリスト教徒の一団にも似た定めが降りかかる。彼らはトール神を祭る行列に加わることを拒んだことにより殺害された。

異教と魔術という二つの現実《リアリティー》はますます融合し、両者とも悪魔的な要素を纏わされることとなる。古の神々は、先述したように悪魔に頽落し、魔術の行使においては悪魔的な力が確認される。それゆえ西欧の魔術的世界は公然と悪魔的な様相をとることとなった。同時に、ビザンツ教会もまた悪魔《サタン》を考察しているが、それは強迫的あるいは作動的な存在としてではなく、西欧におけるそのあらわれに較べると限りなく小さなものである。東邦では西欧中世にかたちをなす魔女狩りがおこなわれることなく、西欧では逆に魔術はますます邪悪で悪魔的な力をあらわすものとみなされることになってゆく。

民衆信仰の世界において魔術的要素が残存しつづけるのは、悪魔が信徒たちにとって深甚な懸念をもたらすものであるからでもある。それに対しては、魔術的な力に訴えてでも闘わねばならない。民衆の信仰環境にある信徒は、状況に応じて典礼的もしくは魔術的な意味価をもつすべての儀礼を動員した。

［1976, pp.59-63］

［g］グレゴリウス七世

（→本文五六ページ）

北ヨーロッパのキリスト教化が進むうち、教皇庁と教会はふたたび民衆の異教的慣習と心性という宗教問題に逢着する。この点著しく興味深い資料が残されている。それは一〇八〇年四月一九日、グレゴリウス七世がデンマーク王に送った書簡。そこからはすでに改宗したデンマーク人たちにいまだ、嵐を起こす力能に関する信心あるいは聖職者を民衆と神秘の力を仲介する者とみなす信心がひきつづき残っていたことが知られる一方で、これも見逃せない事実として、教皇がこうした心性の理解に苦しむ様子が浮かびあがる。これはゲルマン起源の人々に異教的要素を保存しつづける傾向がある一方、教会側は初期中世の何世紀にもわたり嵐を起こす力能への信心に対して議論を尽くして反駁に努めたといった霊的－宗教的心性の大転換を閲したにもかかわらず、十一世紀後半に到るとグレゴリウス七世のような教皇にとってもはやそれは理解不能な事由と化していたということを見せつけるものである。教皇はデンマーク王ハッコンへの手紙に記している。

「貴下の民は過酷なる天候を、天候不順を、災害を聖職者の罪とみなす。それに限らず、女たちを同じ理由から望みが叶えられない時には、野蛮なる儀礼の残虐をもって虐待する。民は神罰による誡めを義《ただ》しき悔悛によって避けるべきことを学ばねばならぬ。なぜといって罪なき者たちを罰することは、ますます主の怒りをまねくことに他ならぬゆえに」。

つまりこれは女たち聖職者たちの期待を裏切るものに他ならない。デンマークの長い異教伝統は、女たちに嵐を避ける魔術的な力能を帰すものである一方、聖職者に対してもこれまた長いゲルマン的伝統においては、まさに他郷の神々よりも強く権能ある神を代理する者として社会――もちろん農耕社会――に耕作にふさわしい天候を保証することのできるような特別な力が恃まれていた。教皇は聖職者や女たちの虐待に抗議するが、そこに残存する異教的信心の残滓を見落としている。この点こそまさにこの書簡を貴重な資料となしているところである。

その一方で、グレゴリウス七世は皇帝ハインリヒ四世の同調者たちから、魔術を修する者と非難されているが、これは他ならず、魔術的な力の行使に対する信心が残存しつづけていたことを証している。

〔1976, pp.113-115〕

〔h〕リヨンのアゴバルドゥス

（→本文五八ページ）

七六九年から七七九年の間にスペインに生まれ、八一六年リヨン大司教に叙階された。彼はシャルル・マーニュや敬虔王ルトヴィヒの宮廷に仕え、一時期の過激な反ユダヤ主義と洗練された教養主義を代表する興味深い人物である。彼の著書『霰《あられ》や嵐に関する愚かなる信心を論駁す』は、ゲルマン起源でヨーロッパ中に流布した、悪天候を齎したり掃ったりすることのできる人物の存在に関する信心を俎上にあげたもの。通常、嵐をひき起こす能力は男に関連して説かれるが、北ヨーロッパ、特にデンマークやスカンジナビアでは女の力能として語られる。アゴバルドゥスは嵐を起こす者に関する信心を論理的な議論によって侮蔑し、それを異教的要素の愚かなる残滓とみなす。彼にとって、自然に働きかけることのできる権能をもつ唯一なる者は神であり、宇宙のできごとへの一々の介入はすべて神に帰される。アゴバルドゥスが魔術の現実《リアリティー》およびその観念そのものの存在を拒否しようとする立場は非常に興味深い。言うならば中世から十七世紀にはいるまで、概して魔術の現実《リアリティー》は否定されるに到らず、悪魔的な力に帰されるものであるゆえに。ところがアゴバルドゥスは、人には自然力に介入する能力はないといって、嵐を起こす者の行為の有効性を一々否定してみせる。

それどころか、彼にとっては悪魔の介入を考えることは、それ以上に不可能である。悪魔たちは悪を働くことはできるが、彼らの力能は常に神の権能によって限界づけられており、悪魔は神の下僕たることができるのみ、決して主導権を執ることはできない。アゴバルドゥスは、それは神の全能の充溢にとってみれば、愚かな俗人の信心に過ぎないという。

アゴバルドゥスによるこうした考察は、彼の同時代人たちの誰からも影響を受けてはいないもののようにみえる神の被造の統一性《ウニタ》という解釈と稀有な一貫性をみせるものとなっている。しかしそれは一方で、誰にも影響を与え得なかったものでもあった。この時代の人々——異教徒、新改宗者あるいはキリスト教徒たち——は、自然を神の能作する圏域とみなしていた。自然はそれ自体の法則をもっているという観念は、自然は恒久持続する神の業であるという観念に替えられた。しかし「神が望みたまわずば、葉も落ちぬ」という諺は、彼らにとっては神が人間たちの現実《リアリティー》を教導するということを意味するものではなく、すべてこの世に出来するできごとは神の恒久的な行為に由来するという観念を表現するものだった。今日のわたしたちにとって、奇蹟は特殊例外的な事実であるが、中世人にとってそれは自然なできごとであり、まさに神は何にでも介入することが可能であり、予め定められた法則など存在しなかった。

中世初期の数世紀、自然は神の示現したまう劇場のごときものであった。神は摂理という絶対的な規範のもとに進むこの世を創造されたが、自然は実に神の奇蹟に満ち溢れていた。

[1976, pp.89-92]

[i] トゥールのグレゴリウス

（→本文六〇ページ）

六世紀のフランスで中世最初の歴史大冊『フランク史《ヒストリア・フランコールム》』を著したことにより高名な人物。この書は魔術的世界の残存をも証している。グレゴリウスは五七三年から五九四年までトゥールの司教を務め、八巻からなる著作『奇蹟について《デ・ミラクリス》』において繰り返し異教の神々への崇拝や自然界に及ぼされる神的権能に対する信心について論じている。トゥールのグレゴリウスによる諸聖人の生涯における奇蹟的要素への固執は、それ自体非常に重要である。なぜならそれは教会の側からする神の権能の強調という傾向にあり、聖なる生を送る人々の執り成しが魔術師や妖術師たちが悪魔の助けによってやっと実現する治癒をも齎すこととなるゆえに。つまり、これは魔術師や妖術師たちがなすことのできる働きの否定ではなく、邪悪で悪魔的な存在の介入を縮小しつつ復興することでもある。

トゥールのグレゴリウスは『奇蹟について』の使徒アンドレに関する諸章で、再び異教的信仰にたちどまる。ディアーナの援けを求める産婦のエピソードで、この女神は悪魔のような姿であらわれる。

「カリオペの女が人殺しの男と結ばれ婚外子を孕んだ。出産にあたり酷い苦痛に襲われたが赤子を産むには到らなかった。女はその姉妹に言った。『お願い。きっとわたしのことを哀れに思ってくださる女神ディアーナのご加護を祈って頂戴。出産を援けに来てくださるように』。姉妹が言われたとおりにすると、夜、彼女に悪魔の姿をとった女神が顕れて言った。『なぜわたしの援けを求めるのです。わたしはあなたになにもできないのに。神の使徒、アカイアのアンドレのもとに行きなさい。彼はきっとあなたの姉妹に慈悲を注いでくれるでしょうから』。女は目覚めると使徒の元に赴き、すべてを告げた。アンドレは時を移さずコリントの苦しむ女の元へ駆けつけた。彼には地方総督《プロコンスル》リスビオスが付き添った。浄福なる使徒は苦痛に身を捩る女を見ると彼女に言った。『まさしく苦しむがよい。なぜなら汝は罪深く交わりよからぬ流儀で孕んだのだから。耐えがたい苦痛を耐えねばならぬのだ。それどころか汝は汝を助けることもできぬ悪魔どもに援けを恃んだ。神の子イエス・キリストを信じ、そして産め。だが汝の子は死して産まれるであろう。なぜなら汝はその子を恥知らずな流儀で孕んだのだから』。女はその言を信じ、息子を死産し、苦痛から解放された」。

これは「昔々ある女が……」という寓話的ものがたりの常套的な形式を踏襲したものである。この短い文言のうちには啓蒙的な内容——悪魔的な神々である女神たちを棄てよ、罪深い愛を避けよ——と、使徒の執り成しによって産婦の苦痛がやむという神の働きの顕示が盛られている。また使徒は罪に生きる女に神の子キリストを信じるように誘う。

トゥールのグレゴリウスが語る聖アンドレの生涯のうち、地方総督《プロコンスル》ヴィリスヌスに関する別のエピソードもまた興味深い。

「こうしたことどもの起こるうち使徒の言葉に敵する幾人かの者たちは、彼を神々の神殿を破壊し、異教崇拝を拒み、古来の法を変えんとして唯一の神を礼拝せよ、自分はその下僕であると公言し説教する邪悪な者として、地方総督ヴィリヌスに告発した。この告訴を受けて、地方総督は自らの面前にこの使徒を連行させた。アンドレは兵士たちを目にすると、彼らの来たりし理由を問い、自分のことを彼らが魔法使いと言い切るのを聴いて、自分はそうではなくキリストの教えを説く使徒のひとりであると説明した」。

地方総督の前でアンドレはまず神に祈り、死んだひとりの兵士の屍に触れて蘇生させるという奇蹟をおこす。

「するとその兵士は起きあがり甦った。その時人々は神の栄光を讃え、一方地方総督はそれが魔法使いの業に過ぎないと説得しようと試みた。しかし人々は魔術を目にしているのではなく、まったく真なる教えに由来するはたらきにたちあっているのだと得心していた」（一八章）。

このエピソードには、教会が聖人たちを介して神への信仰から生じた奇蹟を魔術的な業のうえに架乗しようと努めているところを明白に認めることができる。悪魔的な現実《リアリティー》に対する神の勝利として。またトゥールのグレゴリウスの『大説教集《リーベル・イン・グローリア・コンフェッソールム》』と題された書冊に載る（I巻二章）別のエピソードでは、神々に向けられる崇拝を変容させるための教会側の努力がものがたられる。

そのエピソードの前段で格別興味深いのは、湖における異教儀礼の記述で、それは湖の女神から得んと欲する成果を跡づけ象徴すると彼らがみなすもの、衣類、チーズ、蠟、パンを湖中に投じる〈農民たち《ルスティコールム》〉の姿である。そして獣を生贄にささげ、三日間にわたって祝宴が続く。四日目に激しい嵐がおこり、やっとほんの数人がそれから逃れ得た。

「その後すぐに司教に指名された町の司祭はその地に赴き、天の怒りを避けるためこうした慣習を棄てるよう群衆に勧告した。しかしその言も農民たちには聞き届けられなかった。その時、司教は神の霊感を受けて、そこにポワチエの聖ヒラリウスを祀る聖堂《バジリカ》を建てさせ、そこにこの聖人の聖遺物を安置し、民衆に異教儀礼を続けぬよう、真の神を崇めまた神への執り成しをなしたまうことになろう聖ヒラリウスに祈るように説いた。

農民たちは回心して湖を去り、聖堂にそれまで湖に投げ込んでいたもののすべてを持ちきたり、かくして自らが冒した罪から解放された」。

このエピソードからはいろいろな帰結を引き出すことができる。生贄を奉げる場所の教会への置換。聖遺物の尊重。異教的慣習を咎める司教の努力も、農民たちに祈りのための場所を確保し、神助を恃んで確かな事実が齎された後にやっと成果を得ることとなったこと。この章の結末は格別に雄弁で、トゥールのグレゴリウスは、その地はいまや神に奉げられ聖遺物を安置したゆえ、もはや嵐はおこらないと言明している。おそらく無意識のうちにではあろうが、この結末部で聖遺物は嵐をおこさないという〈魔術〉的な働きをしている。

[1976, pp.52-59]

[j] ハイステルバッハのカエサリウス

（→本文八〇／一六六ページ）

われわれの問題とするところにとって格別貴重な十三世紀初頭の資料が残されている。それはもはや神学的水準においてではなく、民衆的な水準にある悪魔の観念を知らせてくれるシトー会修道士ハイステルバッハのカエサリウスの『奇蹟についての対話』。彼は一一八〇年頃ケルンに生まれ、教会から福者《ベアト》として崇敬されている。カエサリウスはライン川沿いのボン近郊ハイステルバッハのシトー会大修道院の修道士で、長い間修練士の教育にあたり、晩年その修道院の院長となった。聖人伝作者として際立った彼の夥しい著作の中で、『奇蹟についての対話』はまさに修練士と師匠の間の驚くべき純真と深甚な敬信《ピエタ》をみせる対話として著されている。

この著作は十二の条(ディスティンクティオーネス)に分けられ、それぞれ「回心」、「悔悟」、「告白」、「誘惑」、「悪魔」、「純朴」、「聖母マリア」、「幻視様々《ヴィジョン》」、「聖体の秘蹟とキリストの血」、「奇蹟」、「臨終」、「死の報償」と題されている。つまりこれは、人の内的変容から倫理的現実へと向かう悔悟、告白から、誘惑という問題つまり悪魔の本質へ、魂の純朴へ、聖母へ、各種のヴィジョンへ、聖体へ、奇蹟へ、死に臨む者たち、死の報償——救済——から断罪にいたるまで、宗教的現実《リアリティー》における一連の基本問題を取り扱う。決して高度に神学的な主題群という訳ではないし、その順序も論理的に構築されたものではないが、この著作の真価は日常的な宗教生活における諸問題に、広範な倫理神学的実例を提供するところにある。

そこには魔術や妖術が満ちみちており、そうした悪魔的な世界との関係が特に強調されている第五条、つまりまさに悪魔たちに奉げられた章で取り扱われた主題群についてみてみることにしよう。悪魔の存在——これは数知れず、邪悪で人に害を及ぼす——について、降霊術師《ネグロマンテ》について、悪魔と契約を交わす者たちについて、悪魔に地獄へ導かれた聖職者たちについて、悪霊を視た者について、婦女と悪魔の邪《よこしま》なるまじわりについて、悪魔に蝕まれた子供たちについて、悪魔的な強迫について、異端の諸事例について、病について、悪魔が人々にもたらし得る死について、ある者の手先となって人々の間に罪と敵意

を引き込み、また修道女を惑わし、また変装して修道士や司祭のもとにあらわれる

〈人の姿をとった《イン・スペチエ・ホミニス》〉悪魔について。

こうして魔術的な業と悪魔の関係が格別強調される。カエサリウスは、ある騎士がその姉妹の一修道女を尋ねて最近亡くなった妻のために祈ってくれるように頼んだことをものがたる。修道女がそれに従うと、夢に兄嫁があらわれ、生存中に夫の愛情を繋ぐため魔術の業を試みたために苦しみを受けていると言って嘆き悲しんだ。つまり魔術実修は色欲を満たすためになされたのではない場合にも、結果として煉獄行きの罰を課される。

また別の〈女占術師〉のエピソード。これはラインラント地方に特殊な慣習で、女たちが自らの守護を恃むため、聖人のひとりをではなくまさに十二使徒のひとりを選ぶというもの。「十二本の蠟燭を灯す燭台のその一々の蠟燭に使徒の名が付けられ、女信者たちはそのいずれかを選ぶ。ある婦女が聖アンドレに触れるが、それは辞めにして別の蠟燭を選んだ。しかし彼女はそれを聖アンドレとみたてた。死の時にあたり、彼女が最後に選んだ使徒ではなく、聖アンドレが顕れた。彼女に拒まれた者であったにもかかわらず」。ここにはキリスト教と異教の要素の混交共在が認められ、興味深いエピソードである。カエサリウスは続いて女魔術師について語る。このエピソードには典型的な異教魔術の要素があらわれる。ここで婦女は神の権能に浴する地歩と悪魔に属する地歩の間に境界を画するが、これは異教的な魔方陣である。彼女は神の権能から悪魔の力能へと越境することにより、空にもちあげられ、樹木の上を飛翔し、ふたたび帰らない。

カエサリウスの『対話』の第五条は「悪魔」にかかわる問題に奉げられる。誘惑を扱った後、誘惑者

たちについて語られる。誘惑者たちとは直接あるいは間接に悪魔である。天国で人祖アダムを誘惑したのからして悪魔だった。キリストを砂漠で誘惑したのもまた悪魔だった。人間性を試み誘うのはいつも悪魔である。

「どの人にも二人の天使が授けられている。一方は彼を守護するための善なる天使、他方は彼を試嘗する悪しき天使」。これはどうやらビザンツ神学理論を反映したもので、それによれば各々の人にはあるいはすくなくとも各人の近くには善天使と悪天使がいるとされていた。「修練士は悪魔について問う。天使たちに関しては疑問の余地はない。というのも預言書の著者たちはそれについてしばしば語っているゆえに。ところが、悪しき天使たちのその本質について、その数について、その悪意について、彼らの地獄墜ちの事情についてては、福音書のどの句節にあるのか知りたいところ」。

修道士は悪魔について述べた旧約新約聖書の句節を枚挙する。それは彼らの天上からの失墜、そして大気中への充満をもって最高潮に達する。ここで大気中には神的な力が満ちみちており、これに対して人を護るには鐘を鳴らす以外の方策はないというのは、ゲルマン的信心に基づくものであることが強調される。つまりこのテクストは学識と教養をあらわす神学的諸要素とともにあるのではなく、生活者の信心体験から引きだされたものとなっている。そこで修練士は師に、悪魔たちはなにを成すのかと実例を問う。師は返答として、魔方陣から引きずり出されて死ぬことになったある司祭のエピソードをものがたる。

また別のエピソードでは降霊術《ネグロマンツィア》が語られる。

「二人の若者がトレドで降霊術つまり死者を召喚する術を学んだ。そのうちのひとりが酷い病に罹る。

その臨終にあたりもうひとりの朋輩は、彼に死後二十日してふたたび戻ってくるようにと約束させる。死の床にある者はそれが可能であればそうすると約束する。若者は死に、二十日が過ぎ、朋輩は教会内の聖母像の前で亡き者の魂の救済のために詩篇を朗誦していた。そこへ苦しみ懊悩する死者が顕れる。朋輩の問いに、彼は習得した悪魔の業（降霊術）のせいで永遠に断罪されたのだと答える。それはつまり、魂の死にほかならない。死者は旧友にこうした業を放棄し、いずれかの修道会に入り、神に向かって罪の悔悛をすることにより新たな生をはじめるようにと忠告する。旧友の問いに対して、死者は救済のための最もたしかな道はシトー会修道士となることだと説く。地獄に墜ちた者たちすべてのなかでシトー会士は最も数が少ないからと」。

また別のエピソードはまさに降霊術に耽る聖職者について語っている。

「ハインリヒという名の騎士は悪霊の存在を疑い、それらについて耳にすることをすべてくだらぬこととみなしていた。そしてフィリップという名の聖職者に執拗に問い迫った。彼は有名な降霊術師で、騎士に悪霊たちについて説き聞かす。悪霊たちはおそろしい幻視をもたらすというより以上に、それを視ることは危険で、誰にでも許されることではないと警告する。しかし騎士が固執するので、たしかな条件のもとに悪魔を見せることに同意した。まずなにより、騎士はこの悪魔との邂逅によってなにか損害を蒙ったとしても、自らまた親族の者は聖職者の責任を問わないと保証せよ、と。そして彼を正午近く、ある岐路へと連れ行き、自分が戻る前にこの境を越えたならば死ぬことになるだろうと警告して、剣の切先で画した場所に待たせた。また、通行人の言うことに耳を貸してはならぬ、なにか言われたとしても決してなにも誓ったり署名したりしてはならぬ、と重ねて注意した」。

このエピソード自体、マルメスベリーのグリエルムスが若い頃ヴェヌスの指輪を手に入れようとするものがたりのことを想起させる。明らかに悪魔的な邂逅のものがたりには共通した基本構造がある。

さて聖職者が約した騎士には実際に悪魔があらわれ、魔法陣に近づくと語りはじめる。このエピソードからは、民衆の想像力において悪魔がどのように表象されるに到ったかを知らせるいくつかの特徴が浮き彫りになる。それは真っ黒で醜怪である。また、挑発や煽動によるのでなければ決して人に損害を与えたことはない、と悪魔が言うところも面白い。注目すべきは、悪魔が聖職者フィリップを好意的な友であると言明するところで、これはすでにマルメスベリーのグリエルムスのものがたりにもあったところだが、悪魔と繋がる司祭の姿がここにもみられる。

悪魔は騎士にいろいろな要求をするが、聖職者の言葉を忘れず、彼は何も誓約しない。ついには騎士を誘拐しようと試みるが、騎士の叫び声にフィリップが戻り来ると、悪魔は消え去る。「この邂逅の後、騎士は蒼白となり、自らの生を矯すとともに悪魔の存在を信じた。しかしまもなく死が彼を襲う」。

わたしたちは各種の妙薬が悪魔的な魔術の位相に移行する時にたちあっている。迷信は諸悪霊との出会いにたち到る。十二世紀に向かって徐々に悪魔学《デモノロギア》は自らの地歩を確かなものとする。カエサリウスのものがたりが貴重なのは、その悪魔学が諸悪霊の存在や働きという問題に関連しつつも、神学的理論の世界のみならず民衆の世界をも渉猟しているところにある。そこでは悪魔――黒く醜く、奸策に長け表向きの厚意を装う――は、ますます日常生活の現実《リアリティー》と化していく。

また、降霊術の研究実践が聖職者たちの間に拡がる様を観ることができるのも興味深い。

カエサリウスのものがたりのうちには、悪魔の使いとしての婦女も姿をみせる。「マゴンツァの教会前で教区司祭が信徒たちに聖水を振りかけている時、豪奢な衣装を纏った婦人が姿をみせた。その長い引き裾のうえには悪魔の一群が座っていた。賢い婦人であったので、悪魔たちが彼女を虚栄へと誘惑しているのだということを理解し、家に帰ると衣服を着替えた」。このエピソードは彼女にばかりでなく、婦女一般に、教会へ行くにあたりあまり華美な装いをすることを禁じるのに用いられた。

またカエサリウスは、テオドリクスという名の助修士が悪魔に誘拐され、ある湖岸に病んで血まみれで放置されていたことをものがたる。この助修士はある司祭の祈りによって癒された。また別のエピソードでは、洗礼者聖ヨハネの祝日の夜に女に姿を変えた悪魔の前でなされた〈呪法〉が、悪魔と交わって数日後に死んだ女が、修道尼の装いをした悪魔に愛撫され接吻されて死んだ助修士が、女中に変装し主人が治るまで雌獅子の乳を奥方に請合った悪魔が、死ぬ前に財産のすべてを修道院に寄進した高利貸しの魂を天使と争う悪魔たちがものがたられる。

これらすべてから透けて見えるのは、悪魔たちの存在に対する信心と魔術や妖術を吸収した悪魔的な世界の拡がりである。また、聖職者の世界にますますこうした魔術的-悪魔的世界が侵入する様子が窺われる。それは主として降霊術に関する知識であったにしても、ここにふたたび、聖職者が神秘な力と緊密な関係にあると観ずる民衆の信仰が反映している。

［1976, pp.136-148］

［k］ヴィルヌーヴのアルノオ

（→本文一〇六ページ）

十三世紀末の教会における数々のできごとに格別の位置を占めた人物がいる。医師、錬金術師、自然学者であったヴィルヌーヴのアルノオ。彼は黒魔術を、害悪をなすもの、〈悪〉として排除し、自らそれにかかわることはなかった。神学が魔術に悪魔的要素を帰した一方、自然学者や自然研究に由来する新たな諸問題に関心を寄せる者たちにとってはまさにこうした魔術の悪魔学としての体系化は嫌忌すべきものであった。

　アルノオは十三世紀後半カタロニアに生まれ、まず郷里のドメニコ会で修学し、ひきつづきサレルノとモンペリエでアラビアおよびヘブライの偉大な医学知識を吸収しつつ医術を学んだ。彼は病状診断ばかりかその治療でも勇名を馳せた医師として当時の要人たち、アラゴン家のペドロ三世とその息子たち、アンジュー家のシャルル二世、ボニファティウス八世の病床に招かれた。ボニファティウス八世の病の治療は有名で、病状を腎臓結石と診断し、教皇のためにアラビア語の銘記のある黄金の板を取りつけた〈コルセット《プラカーレ》〉をつくって着用させた。これは魔術的効果を保証するために用いられたというよりは、〈プラシーボ効果〉を得るために使われた方便である。ボニファティウス八世はアルノオを側近として離さず、彼の不愉快な神学的論議をも耐えた。しかしアルノオが教皇に影響力を行使しようとするのをみて、医師として勤め、神学者の真似をするなと窘《たしな》めた。

　ヴィルヌーヴのアルノオは『魔法譴責《デ・インプロバティオーネ・マレフィチオールム》』と題する小論考をも著し、そこで魔術の可能性を否定している。これはヴァレンシアの司教の需めに応じて著された見解で、アルノオは悪霊たちを支配することはできない、と主張している。

　「たしかな答えを求めたり、誰かを損なわせるために邪悪なる霊を使役することができると言う者には、次のように論駁することができよう。邪悪なる霊を使役することのできる者は、まさに自らの力能《ヴィルトゥ》によって行為するか、他のものの力能によって行為する訳である。ところで自らの力能そのものによってというのは不可能である。なぜなら力能は、肉体あるいは魂あるいはその両者にあるのであるが、物質的本体からなる力能は非物質的な本体に働きかけることはできないから。これら両者の間には行為者と受動者の間に存在せずにはおかぬような関係はない。……こうした行為は、部分的にまさに魂でありまた知性的本体であるとともに、部分的に物質的本体に結びついた魂の力能によっては決してなされ得ない。つまり人は誰も霊に働きかけることを得ない」。

アルノオのこうした演繹は、すでにソールスベリーのジョンによってなされた論議を反映したものである。悪霊たちを使役することはできない。なぜなら人にはそれをなす力がないから。天上の諸個体《コルプス》は物質的な諸個体《コルプス》に影響を及ぼすことはない。天上の諸個体を介して諸霊を使役することが可能であるとするならば、この種の使役拘束は太陽を介してでも可能ということになる。そうすると邪悪なる諸霊との接触は、太陽が光を溢れさせる白昼に起こらねばならないことになる。

「ところが、邪悪なる諸霊と接触できると言う妄執者たちはそれとは逆のことを語る。つまりこうした妄想は繰り返し、黄昏、昧爽、あるいは暗闇につつまれた場所でやってきて、そこで返答をも受けとる、と。太陽の光の下、その使役拘束の妄執による欺きが起こることは稀である」。

悪魔たちはいろいろな場所からやってくる、あるものたちはまさに魔王とともに東からやってきて曙のある時刻に服従し、他のものたちは西からそれぞれ異なった力能をもって昼間の時刻を限ってあらわれると称する著作家たちの提案にもヴィルヌーヴのアルノオは首肯しない。また生贄その他各種の魔術実修は効力がないゆえに、悪魔のうちでもより力能あるものが人々を服従させるように強制することができるという説をも認めない。たとえ悪魔的本体の行為に従って超自然的な諸現象が起こるにしても、それは超自然的なすべての力に命ずることのできる唯一の神の介入にのみ依存するものである。だとすると、魔術とは一体何の謂いであるのか。それは他の人々を欺こうとする人の業、あるいは無邪気な信心である、というのがアルノオの結論である。

ここに観たような考察から、ふたたび新たな環境、より正確を期すなら、魔術的世界と悪魔学を繋ぐ立場と自然学的な魔術論議へと移行する立場の中間地帯にある議論を認めることができる。ヴィルヌーヴのアルノオは、邪悪な霊を使役することができるという観念を否定するが、その同じ流儀によって魔術の業が悪霊を介してもたらされるものであることを暗黙のうちに認めている。また一方で、悪魔たちに力を及ぼすことの可能性を排除するために、彼は占星術から演繹される論議や自然の力に関する知識に基づく論議を役立ててもいる。

［1976, pp.199-203］

［1］ピエトロ・イグネオ

（→本文一三一ページ）

神の審き、神盟裁判については、十一世紀のヴァロンブローザ会修道士ピエトロ・イグネオが明快な範例をなしている。

この事例は真率な宗教体験であることからして、格別興味深い。これは厳密な実修のもとになされる定式に則った典礼行為である。

一〇六八年のフィレンツェ。元反対教皇カダロスと関係のあった司教ピエトロ・メッツァバルバはヴァロンブローザ会の修道士たちまた多くの聖職者たちの反目を買い、聖職売買《シモニア》の罪で告発された。司教の——僅かばかりの——支持者たちと修道士たちの間の長い諍いの後、妥協案が採られ、司教の有罪を証すため教会法にかなった試みとして神の審きを問うこととなった。この試練はセッティモのサン・サルヴァトーレ修道院で二月一三日水曜日に行われることに決まった。この試練のための準備は祈りともにはじまった。試練そのものは聖職者たち在俗信徒たちの大群衆の前で行なわれた。典礼行為は群衆も盛んに参加する一連の質疑応答とともにはじまる。

質疑は、参集者たちが集まり来たった理由を明らかにし——記録資料であるフィレンツェ人たちからアレクサンデル二世に送られた書簡には、このできごとを教皇にものがたりつつ、実に三千人が集まったと記されている——および、この試みが彼らにとってたいへん重要な意味をもつものであることを宣言する方向へむかう。つまり過ちから離れることができるように真実を知ること。こうした啓示にいたる方策が、参集者たちに火の試練として示される。それによってまさに、パヴィアの一族の末裔ゆえパヴィアのピエトロと呼ばれたピエトロ・メッツァバルバに対する告訴の真実あるいは虚偽が証されねばならない。最後の問いは意味深長である。「この試練の帰結からいかなる成果を得、またその後いかなる誉を神に還したてまつらんとするのであるか」。返答は、聖職売買《シモニア》の異端を憎み、神に感謝を奉げつつ義しい信仰を守る厳正な誓いとなっている。これはつまり、異教に淵源する手段——神の審き——を信仰の擁護と対異端の闘いの具に供することである。

参集者たち自ら試練の舞台を整える。詩篇斉唱と祈りの間、後に火を放たれることになる薪を積みあげる。その間に試練を受ける代表者が選ばれる——彼こそ、この時以降〈火《イグネオ》〉と名指されることになる修道士ピエトロ、彼は火を耐える前にまずミサを挙げる。ミサの間、四人の修道士たちが蠟燭、聖水、香炉をもって進み出、二つの薪の山に近づいて火をつける。

ミサが終わると、修道士ピエトロは式服を脱ぎ、十字架を手にして火に近づく。そして群衆に向かって口を噤むように頼む。試練の取り決めが読みあげられ、群衆に告知される。

まずこの試練が単に問題の司教の件にかかわるばかりでなく、より広範な重要性をもつものであることが繰り返し宣言される。「兄弟たち姉妹たちよ、神がわれわれの証となり、ここに敢行される告発の態度表明は汝らの魂の救済のためのものであり、いまやあさましくもこの世を汚しきった聖職売買という悪疫から今以降汝らは護られることとなろう。この悪疫の蔓延に較べれば、他の数々の罪もなにほどのものでもない」。いまや二つの薪積みは炎にまかれ、灼熱の炭と化し、その間をわたる小道も燃え盛っている。いまここに、司祭にして修道士――つまりピエトロ――は、耳を傾け涙を流す信徒たちを前に大修道院長の命に従い、神に祈りを奉げる。

ここでピエトロが神の介入を喚起する祈りの一部は特に興味深い。

「汝、永遠なる父の御子、わが救いよ、この恐ろしい審きにあたり急ぎわれを援けに来たり、その昔三人の子を赤熱する炉の中から無傷で救い出したまうたごとく、われをも一切火傷なくみごと無傷のままに保ちたまえ」。

ここで念頭におかれている聖書の一節はダニエル書で、ネブカデネサル王の命によって炉に投げ込まれることとなったものの、主によって奇蹟的に救われたダニエルの三人の仲間たちである〈ダニエル、三：一九～三〇〉。

修道士ピエトロは灼熱の炭火に足を沈め、衣を炎に焼かれつつ火を潜るが、それにもかかわらずまったく無傷で火から出る。奇蹟はあらわれた。火の試練は成し遂げられた。群集は報謝の祈りに殺到し、その時以降ピエトロ・イグネオと呼ばれることとなるピエトロは典礼を挙げて真実を復興宣揚した。

［1976, pp.109-112］

［m］修道士アンリ

（↓本文一二〇／一四〇ページ）

修道士アンリは長い間孤独と沈黙のうちに森の中に生きていたが、放浪説教者として森を出た。当初彼の説教は厳密に正統信仰に則ったものであったが、ひとたび、司祭は清貧のうちに生きねばならない、と語りはじめると正統信仰の限界を超えた。ル・マンでは司教や聖職者たちから好意的に迎えられ、説教を許されたが、まさに聖職者たる者の清貧を説いた。彼の説教の影響を受けて、民衆は聖堂参事会員たちの富に反発して抗議行動を起こし、その結果修道士アンリは町から追放された（一一一六年）。ローザンヌでも同じような騒動を起こす。ピサ公会議（一一三五年）でのふるまいにより、悔悛のためシトー会修道院に送られる。しかし修道士アンリはボルドーへと向かい、一一四五年にはトゥールーズに到着した。聖ベルナルドゥスは彼を探してトゥールーズへ赴いたが、アンリは逃亡し、その後の消息は杳として知られない。こうした僅かな伝記的記事から、興味深い事実を再現することができる。修道士アンリは少なくとも三十年にわたり放浪説教者をなし、教会組織および正統教義から離れるに従いますます深刻な逸脱をなすと同時にますます際だった存在となっていったのだった。

［1972, pp.54-55］

［n］ブリュイのペトルス

（→本文一六六ページ）

十二世紀、南仏の司祭ブリュイのペトルスは完璧な霊性のうちに生きることを決意する。そこで彼は信仰のための器物装飾――十字架刑像をも含め――を破壊する必要を説いた。彼が十字架像を焼いている時、それを怒った民衆によって殺害された。

［1972, p.54］

［o］異端

（→本文一三四ページ）

異端《エレジア》は宗教的現実に深く結びついた現象だが、宗教的事実のうちに解消しきれるものではない。人間存在の深みと複雑さに結びついた異端は、歴史や時代の具体的現実《リアリティー》にも結びついたものである。わたしたちの場合のようにこれを中世の最も特徴的な逸脱の形として捉えようとするときには、この点に十分留意しなくてはならない。

異端《エレジア》という言葉はギリシャ語の動詞アイレオー（取る、連れ去る）に由来している。異端とはつまり、取り得る別のものへの好尚からそれを選択すること、摑まるもの、取り去るものを意味する。特殊な選択ゆえに異なっており、順応しない反俗ゆえに逸脱、端である。

初期キリスト教において、異端は不可抗的なものとみなされていた。聖パオロは「たしかにあなたがたの中でほんとうの者があきらかにされるためには分派もなければならない«oportet et haereses esse...»」（Iコリント、一一：一九）と、異端《エレジア》によって意見を異にする者たちを意図して謂う。古代教会においては早々に異端の見解が正統見解の傍らで、それに対立した形で主張される。その対立において異端は断罪されることとなり、異端者は破門され、つまり教会の共同体の外へとキリスト教徒の集まりから排除される。かくして逸脱はたちまち処罰されることとなる。中世に入ると教義と正統信仰とともにある教会とは別に、教会共同体の外に異端がある。異端として断罪された見解はここでわれわれの関心の外にある。見解の差異ではなく、異端となされるところに固執すること、われわれの関心はこの点にある。ここに逸脱の態度も組み込まれている。共同体が決したところに服従することを拒み、誤った見解を支持すること。信仰の規範に照らし、異端者は執拗に服従を拒み、まさにそれによって逸脱の身振りを表明する。

ニカイア公会議（三二五年）で、神の御子としてのキリストについて論じられた時、司祭アリウスは神学的には異論の余地ある誤った見解を立てつつ、キリストが御父の本体（スブスタンティア＝ヒュポスタシス）と同一ではなかったと主張した。公会議における彼の主張《テーゼ》への断罪を受け容れるのを拒み、断罪された見解を執拗に言い募った時、彼は異端者と化した。

この例から、異端的な立場がいかに逸脱の事態と化すかが明瞭となる。そしてわれわれは、ここで諸々の個別の逸脱を超えて、逸脱諸現象の間にそれらを包括するような関連を認めることが可能かどうかを見極めたい。

異端はそれ自体、社会的、心理的、人間的な性格といった一連の要素を担うものであり、宗教的事実を超えて彼方へ、あるいはその傍らへと出るものである。しかしこれは宗教的事実の不在を意味するものではないし、信仰外の諸要素のみが決定的な役割を果たすという意味でもない。逸脱の瞬間は、異端においても状況の錯合から生じる。

蛮族大移動の時期のローマ帝国。蛮族の所領において最も際立って重要なのはアリウス派の現象である。これは先述したように、単なる宗教的感情の表白というよりも、ゲルマン民族とその政治的支配圏の社会状況の宗教的宣言であった。カロリング朝帝国とともに、組織的統一とある種の平準化がもたらされる。経済-社会的には、帝国は農耕と農産経済によってひとつの社会となる。社会的に階層づけられた知識階層は少数の者たちに限定されていた。文化を担う人物はほとんど修道院という世界に結びついた聖職者たちだった。在俗者たちの間には教養文化はほとんど存在しない。教会文化において、逸脱は教義、心的態度、教会の現実(たとえばユダヤ人に対する宗教的論争)といった領野に限定される。論争は司祭、修道士、教会人たちのものである。異端的逸脱もまた、個人的な現象、神学的な問題に向けられた限定的集団内での現象にとどまる傾向がある。アリウス派あるいはマニ教現象のような民衆的なものの後、広範に拡大した異端現象はみられなくなる。それはもはや歴史的、社会的、宗教的に深刻な現象ではなくなり、神学者の間にみられる見解の逸脱であって、ある人物を中心とする限られた小集団の域を出ることは稀である。こうした典型例、といっても神学論議が文化や宗教生活に大きな影響を与えたかなり特殊なものだが、トリノの司教クラウディウスの事例がある。彼はその霊的要請と宗教的純潔から、典礼の諸様相を最大限に単純化しようと欲し、また諸聖人崇拝に反対して論争的な態度で臨んだ。彼は自らの教区でその実現を図ったが、こうした指導は支持されることもなく、彼の諸観念は実修における効果を得ることもなかった。

[1972, pp.57-60]

[o] 十一世紀、都市生活の発生と異端

(→本文一一七/一六五ページ)

われわれの主題は、いかにして諸々の逸脱が具体的な社会的現実に跡を遺すのかを見ることにあるの

で、ここで神学的謬見そのものを検討することはせず、それが異端と化すことによってある社会の周縁部に働きかける力となるような場合をのみとりあげることとしよう。そのためには千年紀に続く時期をまたねばならない。つまり、聖職者や巡歴修道士たちにとっても、宗教諸現象が選良《エリート》のものであることをやめ、社会全体に拡大した時期を。状況は十世紀末から十一世紀の民衆の増加――その理由がいまだ明らかにされていない人口増加――に拍車をかけられるようにして変化した。

実際、市民の発生は中世における真の変容、ほぼ完全な農耕経済から、画期的な都市経済への転換点をなしている。千年紀以前には、先述したように、権力の鍵は耕地にあった。千年紀以降、権力は都市に、都市生活に結びついた者たちの掌中に移る。フランス王は千年紀以前には田野の城から城へと移動したが、千年紀以降はパリに居すこととなる。これは非常に重要であるとともに興味深い一連の社会的事実をもたらす。

都市は単にかなりの数の人々が集合したり一緒に居住したりする場所というにとどまらない。都市では仕事が調整され、衆合的諸現象の源泉となり、なされるべき仕事をお互いに分配する人々の相互関係が生まれる。都市は市場や見本市の中心となるばかりか、都市生活に起因する具体的日常の諸問題にかかわる考えが交換される場となる。教会を建立せねばならぬ時には、職人たちと話し合わねばならぬばかりか、支払いが確保されるべく、どの聖人もしくは聖母のいずれの祭日に献堂されるべきかといった問題も論じられる。つまり、ある教会の建堂は必然的に多様な議論をもたらした。当時最も強い信仰表現はまさに礼拝のための建物の造営にあった。

要するに、市民生活において論争とは途切れなくつづく現実である。市民は信仰生活から個人的、個別的、社会的問題をまで、なんでも論じ合う。宗教的問題のうちには、たとえば富者に宗教的、社会的、経済的諸要件を課すこととなる高利貸しの禁止も含まれることとなった。

つまり宗教問題は、千年紀以降の現実《リアリティー》のうちにあって、もはや無関心のままには済まされない中心問題である。宗教共同体の生が耕地で営まれている間、それはさほど活気のない、好奇心を惹かない孤立したものであり、まさにそれゆえ、諸都市の成立とともに異端現象もあらわれる。異端のいくつかは、疑いもなく農耕社会の形や様態に結びつくもの――たとえば妻から離れ、禁欲生活を送り、聖職者への十分の一税を拒んだ農夫リウタール――であるが、大部分は都市に生まれそこで発展を遂げる。オルレアンの参事会派《カノニチ》は都市の現象である。彼らはどうやら、世界の永遠性つまり物質の永遠性を承認し、どこか神の創造という権能に対立することとなったもののように見える。この物質と神の反立という主張からは、質料的現実性からの完全な離反といった過激な霊性の必要性が引きだされることとなる。十一世紀のまた別の市民現象として、アラスの異端者たち――実はイタリアに起源するものであるが――があり、彼らは宗教生活に対する一連の神学的観念に抗議し、皆が手仕事に携わることの必要を説いた。またこれも十一世紀のピエモンテ、モンフォルテ・ダルバの城の周辺に別の異端者たちがいた。そこには伯爵夫人やその領民農夫たちも参加した。彼らは三位一体の教義を援用するとともに、聖書や教会制度の寓意的-神秘的解釈をもって過激な霊性を主張した。この城の中では、集団外にある者たちの手による死を求めること、もしくは集団内の者たちの手による殺害-自殺の儀礼として果たされる二様の殉教死への要請が激しく叫ばれた。フランスの偉大な社会学者デュルケームがその『自殺論』で規律の拒否としての自殺を語るように、逸脱という観点からすると、後者の要請は非常に重要である。これは生命の拒否でもあるという点、極限的な逸脱の瞬間である。

モンフォルテの異端者たちは、ミラノ大司教アルベルトゥス・インティマヌスに遣わされた兵士たちによって捕えられ、尋問された。彼らの宗教観念のプロパガンダを懸念した隊長たちは火刑台と十字架を設《しつら》え、異端者たちに死か改宗かの選択を迫った。大部分は「迫害のないところに生はない」と、まさに自分たちの観念に従った。これは非常に重要な事実である。なぜならこの時、宗教的不安が逸脱の一形態、後代何度も再現されることになる社会性の完全なる拒絶という逸脱の立場を取りはじめるゆえに。これら初期異端の数々には、最も極端な立場――制度や社会秩序の完全な拒否――から、いずれ現実のある観点に対する抗議があるとはいえ、より穏健な諸現象――宗教的、経済的、社会的な――までの広範多様な段階が認められる。異端とは疑いもなく中世における現象であり、その逸脱は自覚の様相においても多様なあらわれをみせる。

こうした異端のいろいろな形から、ある指向性としてその本質のうちに共通した指標を取り出さねばならぬとするならば、以下の二点を指摘できるだろう。社会的共生（集団）の体験（仕事や貧しさへの固執）および福音的生と聖職者の具体的な生の間の矛盾に対する感受性。社会性の拒否は、社会のうちに生じ、特に社会‐福音という性格に起因する。キリストは貧しくありたいと欲したにもかかわらず、司教たち教区司祭たちは富裕である。キリスト教原始共同体はすべての財物を共有としたにもかかわらず、いまや聖職者たちは共住生活をせぬばかりか、おたがいに諍いあってすらいる。こうした主張をする異端者たちは、福音派的《エヴァンゲリコ》異端と呼ぶことができる。その傍らにもうひとつ、より深みに降りる傾向をもつ者たちがある。彼らはもはや福音派のように富裕と貧窮について問題とすることなく、より深刻な問題を立てる。われわれが生きる現実は悪の支配のもとにある。それは生きるに値するものだろうか。受け容れることのできるものだろうか。天上世界の生とそれをとり替えるべく、自殺によってでもそれを拒絶したほうがよいのではないか。この異端のかたちにおいて、社会への反抗は社会における生の拒否へと移行する。

［1972, pp.60-64］

［q］カタリ派

（→本文一六〇／一八五ページ）

十二世紀になると、異端諸現象はヨーロッパ中に拡散するとともに数的にも著しく増加する。十二世紀における最大の異端現象――その重大さは教会をも震撼させた――は、カタリ派あるいは清浄主義《カタリスム》の異端である。

ここで正確を期しておかねばならないのは、カタリスムはどれもまったく同一であった訳ではなく、どちらかといえば歴史家たちによって類似した観念をもつ異端諸集団を纏めあげた呼称であって、おたがい異なる部分をも内包していたという点である。

十二世紀後半から十三世紀にわたり、カタリ派諸集団は数々の教会として編成される。そのうちでも重要なものに、南フランスのアルビの者たち、イタリアはミラノ近郊のコンコレッツォの者たちがあるが、イタリアのガルダ湖畔デセンツァーノにもカタリ派教会があった。

カタリ派といっても、著しい差異のある二つの立場に区分される。穏健派（たとえばコンコレッツォの教会に属する者たち）にとっては、霊的にも物質的にも神によって被造された唯一の世界が存在するだけであったが、過激派（アルビ派）にとっては、神によって被造された世界――霊的現実《リアリティー》――と悪魔によって造られた世界――物質的現実《リアリティー》――という二つの現実が存在するのだった。前者にとって、悪とは意図的で自由な行為、天使たちに教唆された暴動から生まれ、後者にとっては二つの原理の間には区別があり、善は霊であり悪は物質である。誘惑者が物質世界から霊的世界へ入り込み、誘惑された天使たちは物質の中に、生ある人間や動物の肉体の中に幽閉される。アルビのカタリ派とデセンツァーノのカタリ派はどちらも現世を天使たちが堕ちた地獄と観じ、そこで誘惑者の誘惑を受け容れた罪に対する罰を耐え忍ばねばならぬと思いなしたのだった。

両派とも現世の悪を物質の中への幽閉と感じ、両派ともそこからいかに解放されるかという問を立てた。それに対し、両者とも類似した答を出している。完璧なる貞潔。生殖出産の排除は人類の滅亡をもたらすこととなる。つまりわれわれは、現世と生の完全なる拒絶を掲げる異端を眼前にしている訳である。またいくつかの集団には、生の原理からの、物質への隷属からの解放としての餓死もしくは放血による自殺という観念も再現する。

それゆえカタリ派は、教義においても教会の倫理からも逸脱することとなる。とはいえ、皆が皆、厳格な清浄という倫理に従って生きることを受け容れられる訳ではない。なぜといってそうした生の基調は過酷で、皆がそれを守ることはできなかったゆえに。それを厳修する者たちは彼らを「完徳者」とする按手《コンソラメントゥム》を受けた。一方、信者の大部分は合意もしくは盟約（便法《コンヴェニエンティア》）によって臨終の床で按《コンソラ》手《メントゥム》を受けることとなった。それまでは「完徳者」たちを援け、彼らを物質から解放された神のごとくに崇めるのだった。しかしこの盟約をなすとともにカトリック信仰から、その典礼やその他教会儀礼から離れた。現存する資料から村中が「盟約」をなし、もはや誰も通わなくなった教会がいくつもあったことが知られる。教義的水準においても倫理的水準においても、宗教的逸脱は教会共同体の放棄と機を一にしている。

カタリ派による最も深刻な逸脱は、なによりもカトリック教会の厳修する倫理規範にかかわっている。たとえばカタリ派は、高利貸しを認め、また婚姻や親族の絆に関する著しい弛みがあった。これはまた教会における縁戚関係についても言えることであり、当時は民権に関心が薄かったので、いまだ親族関係の市民法による規律は存在していなかった。

要するにカタリ派の社会は、中世社会の司法形式や宗教による基本原理が崩壊した共同体だった。社会組織という観点からすると、カタリ派異端は社会からの過激な逸脱、社会関係の解消を意味した。カタリ派のうちには、心的な観念-文化の水準と実践生活の水準の間に著しい矛盾対立があった。カタリ派の人々は神学的教義に関してはあまり見識もないままに、信仰を拒み、社会や親族の生を規定する一連の規範を拒んだ。とはいえ、カタリ派の人々が多くのキリスト教徒たち聖職者たちの悪しき生を拒否しつつ、キリストの生の範例に倣う異端者たちであるということを証す一連の資料に十分留意しておく必要がある。

つまり先述したように、清浄主義《カタリスム》には二つの潮流——穏健な者たちと過激な者たち——があり、おたがいに異なった神話的-教義的内容を保持していた。この両潮流のそれぞれが他方を逸脱とみなしていたことは意味深い。おたがいの論争を証す夥しい記録が残されている。またこれら両潮流のうちにも、更なる逸脱諸現象が欠けてはいないことについても付言しておこう。

それを証すに、一例を挙げるにとどめよう。

イタリアにおいて、過激な二元論を信奉するカタリ派の間に、十三世紀前半、おそらくベルガモ出身の哲学-神学者ジョヴァンニ・ディ・ルギオがその姿をみせる。彼は清浄主義《カタリスム》の神話的意匠を取り払い、それを哲学的構想を以って置き換えようとした。つまり二元論そのものを解説する諸神話を排除し、それを思弁的推論に置換しようとしたのだった。彼あるいは彼の学派の手になる唯一現存するカタリ派真正著作、『二つの原理の書』《リーベル・デ・ドゥオブス・プリンキピイス》はまさに清浄主義《カタリスム》内部におけるこうした逸脱を示している。

宗教性という水準における具体的な逸脱は多様であり、カタリスムの二つのかたちが一連の重要な帰結をもたらすことになる。唯一の神を立て、悪を天使たちの首魁の傲慢によって生まれたとするイタリアのカタリ派の立場は、自由な選択によって営まれる生の原理を立てるものである。ここで自由とは、善と悪を選択することのできる宗教的具体的な姿を纏ってあらわれる。一方、過激なカタリスムの宗教的帰結はこれとはまったく異なっている。そこでは、もしも善なる神の介入がないならばすべての魂は物質的世界のうちで永遠に断罪されている。物質内の魂のありようは幽閉であり、解放されてはいない状態である。つまり、過激なカタリ派の置かれた立場は先述したように、善なる神のみがその無限の慈愛《ミゼリコルディア》によって解放することのできる物質への隷従である。

しかし逸脱という現象は、神話的-教義的水準において生まれるだけではなく、修練-制度的水準においても生じる。実際、カタリ派は司教を首とする階層構造をとった教会と称する共同体として自らを組織する。南フランスのアルビ派の現象は拡大するとともに数々の司教をもち、またそのそれぞれが助祭とともに地域的に民衆を分割することにより、地域ごとの逸脱がはじまることになる。こうしてみることにより、一々の逸脱がある一貫性をもったものとして特化され、新たな組織を以って新たな逸脱の温床となっていく事態を認めることができる。

いずれにしてもカタリ派には神話的-寓話的なヴェール――天使たちの蜂起、失寵、生ある者たちの肉体の中への幽閉――を超えて、実に深刻な問題がある。人間の実存条件、地上における悪という劇。現世のこの悪からいかにして解放されることができるか。まさにこの問題によって、またこれに対する答――自殺、生そのものの現実《リアリティー》に対する完全な反立――をめぐって、カタリ派は実に教会に憂慮をひきおこした。対アルビ派十字軍は、彼らが代示した深刻な危険を明らかにしている。中世の異端審問がまさにカタリ派異端という現象に関連してあらわれるというのも偶然のことではない。教会は宗教生活の実践を調停することができないことに気づき、異端は武力を以て闘い、死を以って処罰するよりほかないほどに、ますます力を増した。

カタリ派に対し、また特に現世の生に対する彼らの憎悪に抗するまた別の表現として、異端審問官たちの態度とはまったく違った姿勢を認めることができる。それは聖フランチェスコの『被造物のうた《カンティコ・デッレ・クレアトゥーレ》』。

これは通常、詩的-文学的な観点から検討される文書《テクスト》である。しかしこれを歴史-宗教的環境に置いてみると、興味深い響きを聴きとることができる。これは自然――太陽、月、星辰、宇宙――を神の被造物として謳い、つまり善にして美なるものとして歌うものである。聖フランチェスコは誰とも論争することなく、こうした称揚をなすことによって疑いもなく、自然が現世の現実《リアリティー》が憎悪を呼ぶような悪であるという理論を拒絶することとなる。反カタリ派的主題を暗示するこのうた《カンティコ》は、聖フランチェスコが異端に立ちむかう方法を特徴的に示している。

まさにこうした中世のカトリック教会と諸異端の関係は、より深い論議に値する。実際、中世の教会はその正統性を、真実の保有者であることを確信していた。かくして、教会は諸異端と闘うこととなるが、特に自らの懐から生まれた者たちと、つまり異教徒やイスラム教徒たちに対してよりも、より異端の徒たちに対して厳しく対処することとなる。特にカタリ派を鎮圧することはできず、殲滅する方策が採られた。そしてその意図は果たされたと謂えるだろう。清浄主義《カタリスム》は十四世紀には消滅した。たとえそれが事実として継続し、残存したとしても、それは自閉し、もはや内実のないものとなり果てた。ある運動が自らを社会に向かって啓《ひら》いていくことができない時、それは消尽する定めにある。清浄主義《カタリスム》の最後もまさにそのようなものであった。なぜといって、いかなる現象もそれが具体的な現実《リアリティー》と生を表現するものである限りにおいて生をもち、重要なものとなるゆえに。

残存したカタリ派は実のところ防衛手段を採り、沈黙のうちに田野に、都市から遠く離れて隠れ棲んだ。表面的に消滅したばかりでなく、ゆっくりとその命脈も絶たれていった。イタリアにおけるカタリ派の存在に関する最後の証言は一三六八年ピエモンテのものである。ワルド派を追及していたある異端審問官が、カタリ派を見出す。しかし彼自身やっとのことでそれを特定したのだった。なぜといって、彼らはもはや激しい論争も信仰をも失っていたゆえに。しかし——付言するならば——教会組織もまた改善されていたからでもあった。

異端とは、実のところ逸脱現象であるゆえ、その存立そのものが正統共同体に反発をもたらし、その一致団結の価値を再評価せしめるものである。これが逸脱現象のもつ最大の価値である。後代に歴史的事実として大きく跡づけられることができさえすれば。通常、逸脱は否定的な審判を下されがちであるが、逸脱の拒絶は歴史的にみて受け容れることができない。実にいかなる正統に対してもその異端が存在する。異なった立場の間の対話を有罪宣告と拒絶という水準に移行させることは深甚な過誤である。逸脱という現実《リアリティー》を識ることが必要である。ここから人間の豊かさと力がもたらされる。いろいろな逸脱の立場によって、一致もまた更新される。人間性とは霊的発酵による生の進展であり、自らを更新する能力である。他者の見解を受け容れないことは深刻な過誤である。

［1972, pp.64-71］

［r］ワルド派

（→本文一一八／一二〇／一三二／一四四／一六〇ページ）

カタリ派の傍らにまた別の異端の数々がある。彼らの教会的一致からの逸脱はまた別の動機に発している。福音とキリストの生涯に関する知識の拡大こそがその淵源となった。これは先述したように、聖職者たちの生とキリストの模範との差異を際立たせることとなる。聖職者たちは説教もせず、真の宗教生活に対する配慮にも欠けていた。これこそ異端的逸脱の絡み合わさる結節点となる。聖職者たちが言うことと成すこととの間にある不一致に関わる批判。

こうした感情を育てる異端諸現象は著しい数にのぼるが、具体的で厳密な結束力を発揮できなかった。そこには大変興味あるとともに重要な事実が隠見している。こうした現象は非常な広がりをみせたとはいえ、組織としての一貫性がほとんどなかった。すべてが同じ根に発しているにもかかわらず、地域ごとに個別の様相や主張をなした。たとえば、十一世紀から十二世紀初頭のミラノにはパタリア派が出た。同じ時期のフィレンツェにはパタリア派も存在したが、それもフィレンツェ圏に特徴的な様相を呈していた。これは非常に興味深い現象——先に巡歴説教師たちについて述べたところからみても——であったが、それは地域性を出るものではなかった。

十二世紀の異端現象として二つ目に重要なもの、あるいは際立ったものはワルド派異端である。これはリヨンの商人ワルドに発するものであった。彼は福音に清貧と福音的生こそが救済をもたらすものであると説かれてあるのを耳にし、自らの財産のすべてを売却し、説教と悔悛に献身することを決意した。この悔悛は清貧と一切の所有の放棄を通じて実現された。

しかしワルドの説教はフランスの教会ヒエラルキアと衝突し、ワルドは破門され、その運動は異端と化した。とはいえその運動は迫害にも耐え、今日でもイタリアにはワルド派教会が存在する。

ワルド派運動は宗教生活における微妙で重大な二つの要素に関して、非常に戦闘的なものと化した。誰でも信者は説教できるという点および清貧について。清貧と労働は、ワルド派にとっては救済のために避けることのできない要請である。実際、清貧と労働を介してのみわれわれは救われる、と彼らは言う。ワルド派はカトリック信条に忠実であったが、すべての人が説教する権利を要求した。これは教会規律からの逸脱にあたる。誠実な生を送る司祭たちに対してはワルド派は敬意をもって接したが、不適切な者たちに対しては自らの告解聴聞や秘蹟の主宰権を主張した。

ワルド主義は一度たりとしてカタリ派のような組織と化すことはなかった。カタリ派は教会をなしたが、ワルド派は教会内の逸脱集団にとどまった。ロレーヌのある司祭が信徒たちを求めて南フランスに赴き、ワルド派となった事例も証されている。彼もまたワルド派となり、その共同体に入る。復讐の念から彼を異端審問官に罪人として告発する者があらわれるまで彼は隠れ棲んだ。その時になってやっと、それがワルド派集団であったことが公になった。

こうした事例から、ワルド派は歴史的にうまく評価されてこなかったものであることが判る。今や彼らは至るところに存在していたが、その活動形態は変則的なものだった。それは具体的に測りがたい刺激と化したが、十五世紀のボヘミアでの試みを観るならば興味は尽きない。いつごろワルド派がボヘミアに到達したのかは判らないし（おそらくウィーンを経由して到達したものと思われる）、長い間地下生活を続けることとなった。十五世紀初頭、その地にはフス派がいた。というよりも彼らこそ教会ヒエラルキアに抗する最大勢力であった。そしてワルド派がフス派的逸脱に拍車をかけることとなる。

ワルド派のうちに胎動していたものとはいったい何だったのか。異端とはある共同体の不安焦燥を示すある兆候、あるかたちであるとするならば、ワルド派の核心には二つの対立する要請が表明されているということができるかもしれない。キリスト教徒としての平等という意味における一貫性に対する要請およびキリスト教的清貧と貞潔への意志。ワルド主義は都市貧民たちのうちに惹起された社会不安に起因する一現象である。

カタリ派にとってカトリック教会は和解の余地なく決定的に拒絶された。ワルド派にとってカトリック教会は信仰の真実に関する問題ではなく、宗教的実修に関わる問題であった。実際彼らはキリスト教的生に関わる福音的規範と、特にヒエラルキアの側からするその実践の間に、一連の矛盾対立を観ていた。中世のある都市において、富裕な教会ヒエラルキアの富に清貧を対置することは、そのままヒエラルキアに敵対することであった。ワルド派は、司祭たちが聖なる人々であり、キリスト教教義が福音的なものであることを望んだ。もちろん集団によって福音的なものという評価に振幅が認められるにしても。

ある者たちは共住生活と手仕事を説き、他の者たちは司祭あるいは在俗信徒たちのなす聖別と告解に差異はないと説いた。これは基本的にはエルサレムの教会におけるキリスト教徒の生への回帰であり、それ以降に附加されたことがらからの解放であった。しかしそこには広範な段階、つまり一々特徴的な逸脱の系列が生じる。それどころかワルド派の逸脱のかたちとは、まさに外面的統一を拒みつつ多様な現実《リアリティー》を認めることにある。

[1972, pp.71-75]

[s] 自由心霊派《リーベロ・スピリト》

（→本文一二二／一六〇ページ）

ワルド派が教会生活の諸問題に注意を払ったものであるとすると、十三世紀以降の由来のはっきりしない自由心霊派という現象はより複雑なものである。

彼らの異端としての前提は本質的に哲学的‐神学的性格の省察にある。神のうちに自らを放棄し神の意志を具現するものは、自らを神の意志が自己実現する手段とみなし、それゆえに神に直接導かれるその意志は無辜となり、罪を免れている。こうした確信の根底は聖書に淵源する。「主の御霊のある所には自由あり」（Ⅱコリント、三：一七）。聖パオロはまた「最早われ生くるにあらず、キリスト我が内に在りて生くるなり」（ガラテア、二：二〇）という。この異端者たちは新約聖書に由来する一連の神秘的指標を実現するものたちだった。

要するに彼らの哲学的推論の基礎は、十二世紀末にヨーロッパを席巻したプラトン主義的哲学のうちにその母胎を見出した。実際、十二世紀には各種の新プラトン主義がパリ大学にいたるまで数々の異説を再燃させていた。ベーネのアマルリクスとディナンのダヴィテの二人は自由心霊派異端の歴史において最重要な人物である。彼らはこの運動の創始者ではないが、その活力と普及の様子を示すものである。一方、この運動の最初期の追随者たちは、アルベルトゥス・マグヌスによってケルンにも跡づけられている。彼はその哲学的神学的学識によって、その異端の性格を詳述してもいる。

自由心霊派追随者たちの逸脱は神学的性格のものではない。彼らは教会教義のいずれをも否定しないどころか、自らを完全に正統であると主張する。ワルド派以上にカトリック正統信仰を受け容れる。彼らの立場は完全なカトリック信仰の受容にあるが、それは彼らの観点からより完璧に昇華されたものである。彼らによれば、自らを神と一体化できぬ者たちは、教会の教義や修養に従わねばならない。長い禁欲生活によって神の内に自己放棄した者だけが罪を免れ、自らのうちに神を保ち、彼を介して神が働く。つまりそこには一神論（人格神）から汎神論への移行がある、実際ある人格者がもはや存在せず、そのうちに存在する神があると断言する時、そこにはもはや有限者と無限者の区別はなく、それは古典的な汎神論的立場である。自由心霊派の追随者たちは、自らをこの水準に到達した者たちと観じたのだった。

カトリック神秘主義は魂の神への上昇の必要性を主張するが、神との融合《フジオーネ》もしくは混同《コンフジオーネ》としての神との全一を唱えることは決してない。人性《ペルソナ》は神によって滅ぼされるが、神のうちに融合することはない。

ここまで述べたような解説は「天国篇」の最後のうたの聖ベルナルドゥスの説教でダンテが神の観照に到り、浄福なるヴィジョンを感得するところから得られるものである。ダンテは神を視るも、物理的身体であるうちは魂が神に浸されることはできず、意識を失ったことをものがたる。つまり彼は神を視るという行為のうちで、神が彼とは別のものであることを示している（何ごとかを視つつ理解するとは、それ自体から区別されてあるということ）。これが正統神秘主義の観念である。一方、自由心霊派によれば、神は人格《ペルソナ》のうちに入りこみ、その人格的主体性を失わせ、彼のうちに働く。この瞬間からいかなる行為も神の働きとなり、つまり、罪をなすことはできない。このように正統神秘主義と異端神秘主義の立場はまさに隣接しており、正統神秘主義はしばしば異端的神秘主義と往還する。

いずれにしても、正統神秘主義神学にとって、個人の魂と神の合一は本質《スブスタンティア》の融合ではなく、個人はその個別具体性のうちにとどまるものであるという点に留意しておこう。一方、異端各派にとって、魂が神と合一する瞬間、個人は表面的にその肉体性のうちに残存するだけで、現実にはそれは神のあらわれと化している。それゆえ、これは躓《つまず》きの石となる。つまり、罪そのものが神の摂理の働きと化す。これは激しい論争をひきおこした。この異端的性格はその形成期においては無教養な者たちを相手としたのではなく、敬信《ピエタ》の実修に関心を寄せる人々あるいは宗教者たちに宛てられている。実際この異端はベガルド派やベギン派といった宗教共同体や諸修道会の中に広がった。ここでベガルド派というのは疑問の余地なく固有の意味を持つものだが、ベギン派というのはベガルド派をもフランチェスコ会第三会に属する者をも意味し、まったく異端とは関係ないことを付言しておきたい。

とはいえ、まさにフランチェスコ会の中心には、すでに長きにわたり、ある逸脱が成熟していたことについて次に観ることにしたい。

［1972, pp.75-78］

［t］聖霊派とフラティチェッリ

（→本文一二二／一六七ページ）

二つの修道会――フランチェスコ会とドメニコ会――は、教会の対異端の闘いのうちに誕生した。特にフランチェスコ会は、たとえばワルド派異端のような運動に触発された清貧要請を促進する触媒のような働きをした。初期フランチェスコ派の歴史はまさに清貧問題に関連して、逸脱的潮流を代表することとなる。

フランチェスコに近いフランチェスコ会士たちは、清貧を禁欲的な放棄とはみなさず、他者たちの貧しさ、キリスト自身の貧しさへの喜ばしい参与と受けとめた。誰にも依存せず貧しい者こそが、真にこの世の主である。しかしフランチェスコ会の歴史においては、時の経過とともに早くも厳密な規定が加わることとなる。実際フランチェスコと同時代もしくは直接後続する世代の人々の多くは、修道会においてフランチェスコの理想が裏切られたと感じていた。フランチェスコはフランチェスコ会運動を兄弟愛に基づく共同体として語った。兄弟修道士たちに会則を与えたが、それもやっと彼の生涯の最後の時、いまや非常に大きな共同体となった時のことだった。その当時にあっても、フランチェスコにとって会則とは単なる軌道に過ぎないものだった。その基本は清貧の自由な選択であった。しかし修道会はひとたび制度化され組織だてられると、教会内の一部と化さねばならず、それによってフランチェスコ会という唯一の集合体《コルプス》は、二つの傾向に分化する。ある者たちはフランチェスコの立場にとどまろうと欲した（ベルナルド・ダ・クィンタヴァッレはその雄弁な代表者で、修道士エリアの傍らに座して一緒に食事をした。なぜなら、彼らは慈愛《カリタス》に満たされた兄弟愛によって共生しなくてはならないゆえに）。一方、他の者たちはフランチェスコ会をひとつの共同体、会士たちに清貧の厳修を課すとはいえ、真の修道会と成そうと欲した。

フランチェスコの理想により忠実なフランチェスコ会士たちは、他の者たちから区別して聖霊《スピリトゥアーリ》派とも呼ばれ、十三世紀末になっても彼らの清貧の理想は生き生きと人々の心を摑みつづけた。彼らの周囲に出来あがった共同体は、仕立て屋、刺繡屋、硝子職人それに少々の聖職者たちといった貧しく慎ましい階層の人々から成っていた。そこには貴族や上流階層の人々と関係あるものはいなかった。それはすべての社会階層に広がりをみせたカタリ派の環境とは正反対だった。フランチェスコ会の厳格主義および慎ましくも敬虔なる信徒たちの周囲に形成された共同体の数々は、ある時断罪されることとなる。聖霊派フランチェスコ会士たちはフランチェスコ会運動の統一を逸脱する者という烙印を押されることとなる。彼らの周囲にとどまりつづけた信徒たちは、イタリアにあっても南フランスにあっても公教会と深刻な対立をなし、ついに教皇ヨハネス二十二世によって断罪された。

その頃、フラティチェッリと称する〈清貧の兄弟たち〉に対する異端審問がはじまった。しかし彼らの存在は十四世紀いっぱい記録されている。彼らは献身的な多くの信者に静かに粘り強く取り囲まれていた。

すばらしい文学作品にも採られたエピソードに、フィレンツェで火刑に処されたフラティチェッロの修道士ミケーレ・ダ・カルチの断罪と火炙りがある。そのものがたりは群小イタリア文学の至宝のひとつである。それは短いものがたりだが、他の資料典拠にはみられない芸術的な潑剌とした美しさに溢れている。それは修道院から出て火刑台に向かう修道士ミケーレの忍苦への民衆の参加を詳述している。同じ見解を共有していたフィレンツェのサンタ・クローチェ教会フランチェスコ会士たちは、明日は我が身かと口も利けずにそれを眺めていた。

その後、ジョヴァンニ・ダッレ・チェッレ、ジョヴァンニ・コロンビーニそして聖ベルナルディーノは、フラティチェッリの理想について論議を尽くした。

しかしいったいなぜ多くの人々がフラティチェッリを支持したのだろうか。何が彼らを魅了したのだろうか。

フラティチェッリはすでに述べたようにヨハネス二十二世によって小さき兄弟たちの清貧を断罪され、清貧の理想から遠ざかり富裕となった教会に抗議した。信徒たちは富裕な教会から見捨てられたように感じた。聖職者はあまりに当時の政治問題に首を突っ込みすぎ、宗教的社会的な小さな問題の数々からは遠く隔たっていた。疑いもなくアヴィニョンの教皇庁は教皇たちを政治‐経済組織として——一種の営利主義——編み上げ、信徒たちが教会に期待したところからはかけ離れていた。信徒たちは教会を通して神との交渉を求めていたのだが、公教会は彼らにとってもはやこの務めを果たすことのできるものとは思われなかった。こうした期待と失望が、ヒエラルキアの宗教性とは違った宗教心を民衆に授けるフラティチェッリへの人々の親炙を証している。こうして緩慢にヒエラルキアは素朴な信徒たちと隔絶していき、ひきつづき信徒たちはヒエラルキアから解放されることをすら望むこととなる。民衆の側は、公的宗教に代わるものを求めはじめる。こうした宗教的空白、こうした危機は、自らの体験に補強されつつ慎ましい階層、民衆層にも感受されることとなる。

それればかりか、十四世紀には厳しい経済危機がおとずれた。一三四八年のペスト大流行——それは全ヨーロッパの人口の半数以上を奪った——は人心を恐怖、不安に陥れた。それは世界中の経済社会に危機的な不安定をもたらした。商業交易の危機、騒乱、階層間の対立、暴動、チョンピの乱のような革命。十四世紀になると社会運動と宗教的焦燥が合わさり、当時の社会の諸問題に緊密に結びついて発酵しつづける。特にイングランド（詠唱派《ロラード》）、そしてボヘミアのヤン・フスの追随者たち。

経済活動は労働者階層の搾取収奪を伴う一種前資本主義的な状態をむかえ、貧しく慎ましい労働者たちと、中上流教会ヒエラルキアとの間にますます断絶を深めた。貧しい人々はますます社会から見捨てられてあると感じ、新たな理想を求め探した。実に清貧主義《パウペリスム》の諸現象、自由心霊派や魔術、妖術といった現象は、危機的状況にある社会の生み出したものにほかならない。宗教的焦燥は、より包括的な不安をあらわしており、そこでは宗教的な運動と経済‐社会的諸現象との間の厳密な関係を把握することすら不可能である。十四、十五世紀の社会運動の背後に、経済的社会的政治的宗教的にいかなる決定的契機が潜んでいたのかについては、いまだ正確なことを言える段階にはない。それは不安と焦燥の紛糾であり、ここでは異端的逸脱もまた社会的なものであったと言いうるのみである。

十四世紀には、歴史的錯合は宗教現象を通し、この世の最後に帰り来ると約したキリストの待望を通して表明される。それは最後の審判にとどまらず、黙示録（二一：二）にみるような「新たな聖職者、新たな世界」として表出される。

すでに十二世紀、フィオレのヨアキムはこの世の終わりの前に新たな時代が到来せずにはおかないと主張した。十四世紀、数多くの者たちがこうした予見と期待を切迫した気分で待望していた。こうした者たちの中には平等主義を指向する者たちもいた。アダムが耕しエヴァが紡いでいた時、主人や農夫の区別はいったいどこにあったというのか、と詠唱派《ロラード》たちは問いかけ、領主たちと闘った。それはイングランドばかりでなく、ボヘミアで選ばれた者たちの共同体を標榜したフス派にも顕著であった。こうした事態にあって、異端的逸脱は重要な役割を担う。なぜなら宗教性を介して、社会感情ばかりか当時のすべての感情が表明されているゆえに。

特にフラティチェッリの逸脱――イタリアに特徴的な逸脱――は象徴的に十四世紀の社会現象、チョンピの乱にかかわるものであった。これはフィレンツェの職人たちの暴動で、日雇い労働者たち――不安定な一時雇い労働者たち――の間に生じた。チョンピとは社会の改革を求め暴動にまで発展した日雇い労働者たちだった。この騒乱者たちの一部は、自らの勢力を増強できると信じつつ、革新への待望という観念を表明した。その周縁で、権勢に溢れた教会に抗し、フラティチェッリたちがキリストの清貧を掲げて登場する。これはあるフランチェスコ会士――ヨハンネス・ルペシッサ――の諸観念に見出されるところと同型である。

十四世紀には大きな異端運動が消滅したように見えるにしても、実はそれは民衆の要請に結びついて拡大していったのだった。それはすでに観たように、一般的な犯罪として断罪され了った聖職者や巡歴修道士たちによる異端的逸脱とは完全に区別されるものである。十四世紀の異端は社会不安と災厄の中、変容する世界の声の一々を聞き届けることのできる柔軟なものと化していく。こうして異端は脈絡なく分散した諸々の逸脱にもまして、歴史的重要性を獲得していくことになる。プロテスタント改革における諸運動もまた、十四世紀の諸逸脱の跡に生まれたものである。

［1972, pp.78-84］

訳者あとがき

本書は歴史の対象的な研究である前に、カトリック世界のうちに生きる歴史家が自らの宗教的覚悟とその地歩を見極める決意の作業であるだろう。ただし本文中で、同じ〈レリジョーネ〉という語を民衆の〈信仰〉と知的な〈宗教〉と分けて用いたのは訳者の作為である。情動と観念を繋ぐ宗教行為の社会学。観念をある思想のかたちとして洗いだすことばかりでなく、情動の行為的なありかたについてもたち返ること。本書の著者ラウール・マンセッリが後年、数々の講演や国際会議を演出することになるのも、この語の本来のかたち〈ふたたび結ぶ絆《レ・リガーレ》〉へと還ることだったのかもしれない。

この公開講座の成りたちについてはボリオーニの序に詳しく、また挿図のない仏語版および伊語版の出版経緯についてはパストゥール女史の緒言にみる通りである。

早世した同僚アルセニオ・フルゴーニの歴史研究が〈逆光《コントロルーチェ》に透かしみる〉方法であったとして、ラウール・マンセッリのそれはなんと名づけられるべきだろうか。今までまったく気にも留めずにいたが、パストゥールが引くT・S・エリオットの詩の最後の二行。

Teach us to care and not to care
Teach us to sit still.

ああひょっとして、彼女はこの詩によってマンセッリの問題の所在に対する定位とその〈凝視と密着〉とを示唆しようとしたのではなかったか、と今ごろになって気づく。プロテスタント圏の歴史学者たちが中世の異端を評価するのは、ある意味ではたやすい。その逸脱を自らの脱離の先駆として位置づける、という正当化の方策において。カトリック・イタリアはいまだ未決の問題としてモデルニスムという二十世紀初頭の困難な問題を抱えたままでいる。本書でも鍵となるフィオレのヨアキムの真正著作の校訂にあたったエルネスト・ボナイウーティの忸怩たる思いは第二ヴァチカン公会議を経て新しい世紀を迎えた者にとっても重く、決して忘却されてはならないものである。

またそれとは別に方法論的な問題がある。たとえば、天圏を階層構造をもつ球体として人が思い描いてしまうとき、そのいちばん外側の球の外にはなにが在るのか。はたしてそれは歴史学でも哲学でもなく、神学の問題であるのだろうか。

Because these wings are not longer wings to fly.

鳥瞰、あるいは（超越論的ではない）超越的な視線の偽りについて。それは神のことば、であって人のそれではない。キリストがこの世に来たりたまうた後には預言は焉《や》んだのだ。これが著者マンセッリの決意である。とはいえ、もちろん数限りなく並ぶ原子のようにみえる個体のあいだに親和と反発をしめす発条《バネ》を描きこむ愚も避けねばならない。その〈はたらき〉はきっとかならず天使とか悪魔とかに具象化されて人を惑わす〈もの〉と化すから。それ以上分割できないものたちのあいだに滲み出すそれが誘惑者の相貌を得るとき、わたしたちの魂は騒擾を来たす。沙漠の砂粒の妄執、それとも都市群衆の困窮。

　ローマは特別な町だ、とあらためて思う。二千年には二つ目の千年紀を迎えたが、後々この大聖年《ジュビレオ》にポーランド出身のヨハネパオロ二世が在位したことこそが奇蹟とみなされることになるやもしれない。そして今年、その教皇によってピエトレルチーナのパードレ・ピオが列聖された。現在の民衆の信仰の位相。彼は聖人となってもやはりピウスとは呼ばれず、パードレ・ピオと呼ばれつづけることだろう。本書の邦訳で、民衆信仰の側にあった人々を俗名で通そうと無理な試みをしたのもそんなところに起因していたのかもしれない。

　もちろん、その出身地も詳らかでなくその巡歴の跡も定まらぬ人々を呼ぶべき俗名とはなにか、という困難な問題も起こり来る（底本としたイタリア語版の人名表記はすべてイタリア語読み下しである）。修道制の完徳を知的に成就しようとしたフィオレのヨアキムの称であるフィオレが地名とみなされ、フロス、フロラと記されることがなくなったのすら二十世紀も七十年代後半のこと。ただし彼の場合、修道院の中にいた人なのでラテン語表記を採ることには躊躇は要らない。一方、ダンテがフィレンツェで直接その説教を聴いたかもしれないピエトロ・ディ・ジョヴァンニ・オリヴィは、南仏での活躍を重んじればピエール・ジャン・オリュウとすべきかもしれない。しかしいったい誰のことだか判らなくなるのを恐れて、現行の『キリスト教人名辞典』（一九八六年日本基督教団出版局刊）のラテン語表記ペトルス・ヨアニス・オリーヴィに準じた（ただし音引を採らなかったのは音引とアクセントの相違に悩みつづける訳者の恣意である）。『ピエトロ・ディ・ジョヴァンニ・オリヴィの《黙示録講解》――中世終末論研究』[i]を主著とする本書の著者が、これを寛容に許したまうことを祈る。そして、ほとんどその一生を南仏の牢獄に過ごしたヨハンネス・ルペシッサ。中世錬金術研究においては〈第五精髄《クインタ・エッセンチア》〉をめぐる功績は旧来のルルスへの帰属から彼の元へと戻されつつあるが、いまだ彼の生涯を跡づけたモノグラフィーとして第一に言及されるのはビニャミ・オディールの『ジャン・ド・ロカタイユ』[ii]であり、英語文献を辿ろうと思うならばカットクリフという名を検索してみる必要すらある。

この夏少々日本に滞在する機会があり、『中世思想原典集成12　フランシスコ会学派』（上智大学中世思想研究所監修、二〇〇一年平凡社刊）を手にすることができた。そこでフランチェスコとフランシスコ会と訳し分ける慧眼に蒙を啓かれたが、すでに本邦訳は校了していた。本書の著者ラウール・マンセッリの高弟であられる坂口昂吉先生が厳密を期して用いられる「修族」という語彙にまで配慮が到らなかったのも訳者の不心得には違いない[iii]。一九八〇年代のある日、なにも知らないままに瀬田のアントニオ神学院の東京ボナヴェントゥラ研究所へ丹生谷貴志兄を誘って出かけたことを懐かしく思い出す。それに前後して、すでに『サマー・アポカリプス』でアルビのカタリ派をみごとにものがたってみせていた笠井潔兄に連れられて現象学《フッサール》の講読会に参加しつつも、いつもの逸脱の僻目からエディット・シュタインの方に夢中になったりもしていた。先年、彼女もヨハネパオロ二世によって列聖され、『第七の扉』とやらいう映画もつくられたが、現象学から神のことばへの、有限なる存在者から無限なる存在への彼女の遍歴のその契機というわたしにとっての難問については、ローマに来てより以降ずっと棚上げになったままだ。

ウンベルト・エーコの『薔薇の名前』の日本封切りにあたってつくられた映画パンフレットは、奇しくも丹生谷兄とその頃ハネギウス一世という異名を頂戴していた中井英夫というわたしにとってはかけがえのないふたりの文章で飾られた。当時〈流薔園《るそうえん》〉（これは北軽井沢の山小屋の称でもあった）のあった世田谷区羽根木《はねぎ》の在所名をもってその独善を揶揄しつつハネギウスと命名されたのは、いつも賢察おさおさ怠りのない相澤啓三氏。わたしが私淑するも不肖の弟子などを採らぬこの孤高の詩人の含蓄あるオマージュであった。〈月蝕領〉へと雪崩れる衰滅の予感漂うこの薔薇城の安逸のなかで、なかなか邦訳の出なかったこの小説（どうやら主人公のアドソという名はその『アンチキリスト論』で有名なモンティエラン-デルのアソ（伊語読みではアドソン）から採られたもののようである）の英訳版を中井に読み聴かせていたころには、その冒頭で聖母像に祈るウベルティーノ・ダ・カサレがアンジェロ・クラレーノとともに聖霊派の重鎮であったことすら知らずにいたのだが。教会法の下にみると、このクラレーノが率いた一派はフランチェスコの会則を厳修しつつもフランチェスコ会には属さずケレスティヌス五世の庇護の下、ベネディクト会則に従う彼の同信会《コングレガツィオーネ》の衣装を纏った変則的な集団だった。そして、聖霊派とはいったい誰のことだったのか、という問いにはいまだ論議が尽きていない。

現在、寓居にもっとも近い教会はサント・エウセビオだが、これはローマに二つあったケレスティヌス会派の教会のひとつだったという。もちろん現在の建物は十八世紀初頭に全面改修されている（もうひとつは、実は聖ペテロが殉教したのはここだったのではないかとも伝えられる場所に立つ教会。ブラマンテの設計になるというテンピエットとセバスティアーノ・デル・ピオンボの磔刑図で有名なサン・

ピエトロ・イン・モントーリオ。つまりこれも現在の建物は十五世紀後半に再建されたもの）。サント・エウセビオの堂宇がケレスティヌス会派に委ねられたのは、これが一二八九年六月リエティで教皇ニコラウス四世によってマイエッラのサント・スピリト修道院長に付託された時に遡る。(iv) 後にケレスティヌス五世として、一二九四年ペルージアでの教皇選任枢機卿会議《コンクラーヴェ》で教皇に挙げられることとなるピエトロ・アンジェレーリ・ダ・モローネが創設したこの同信会《コングレガツィオーネ》も、いまだ〈サン・ダミアノの隠修士会《エレミーティ》〉あるいは〈モローネの隠修士会〉と称されていた頃のことである。彼らが〈ケレスティヌス会《チェレスティーニ》〉と名告るのは一三一三年、ケレスティヌス五世が列聖された後のことになる（そしてこの教会堂は一八〇〇年にこの会派が廃絶されるまで彼らによって管理された後、イエズス会に委ねられて現在に到っている）。アルセニオ・フルゴーニの著した不思議な書物『ケレスティヌス同信会《チェレスティニアーナ》』(v)に示唆される隠者から枢機卿会議への〈手紙〉の由来を別に、これだけをみてもケレスティヌス五世伝説——つまり枢機卿会議には何の影響力ももたないアブルッツォのマイエッラの山奥に隠れ棲む清貧隠者が突然教皇に選任されるという奇蹟的なできごと——は天使的教皇待望が育んだ民衆的（マンセッリが謂うところの）想像力、と言えるだろう。

ケレスティヌス五世のものがたりは、仄聞するところ最近『パンと葡萄酒』の邦訳が出たという二十世紀の作家イグナツィオ・シローネの『貧しきキリスト者の賭け』(vi)のおかげをもってますます人々の想像力をかきたてるところとなった。その遺骸を祀るアクィラのコッレマッジョで毎年行なわれる贖宥祭《ペルドナンツァ》もケレスティヌス五世の教書に基づいている。それはそうと、わたしはフェレンティーノのキアラ会尼僧院でケレスティヌス五世の心臓が聖遺物とされているのを目にしたことがある。それはまるで黒トリュフのひとつぶのようだった。尼僧院独特の禁域を仕切る柵の向こう側からその銀製の大きな聖遺物容器をさしだす尼僧が「ファイ、ファイ」と言うのが何のことだか咄嗟には理解できずにいた。そう、それは「接吻してもいいのですよ」、という意味であった。はたして、当時修復中であったその町のサント・アントニオ教会にその聖遺物は戻されたのか、それとも今でもそこに蔵されてあるのかは詳らかにしないけれども。このサント・アントニオというのは、ケレスティヌス五世がその退位の後を襲ったボニファティウス八世のフモーネの居城に幽閉され、亡くなって最初に埋葬された場所だった。遺骸がアクィラに移されたのは一三二七年のことだという。

ローマ南郊、モンテカッシーノにいたるチョチャリーアと呼ばれる一帯は中世を解読しようと思う者にとってはまさに宝庫である（ソフィア・ローレンの演じた映画『チョチャーラ』の舞台ともなった。そういえば、先に訳出したフェデリコ・ゼーリの『イメージの裏側』にも面白い指摘があった）。ラツィオ州にはローマがあるので、他州のように周辺の小都市になかなか光があたらないのが残念だ。アクィノとロッカセッカはいまだお互いに〈天使的博士〉聖トマスの誕生地という栄誉を譲らない。モンテ・サン・ジョヴァンニ・カンパーノには、モンテカッシーノ大修道院の高僧になってくれればという父親アクィノ伯の想いを裏切って自ら托鉢修道士になろうと決意した少年トマスを翻意させるべく、彼を幽閉した城塞も現存する。そして彼の終焉の地となったフォッサノーヴァのシトー派大修道院に付属する僧房。その二階の僧房から雄牛《トーロ》と綽名されたほど大きな彼の遺骸をそのまま下ろすことができず、階上で湯を沸かし、遺骸を煮てから刻んで降ろした、と今もまことしやかに囁かれる。錬金術の奇書『立昇る曙光《アウロラ・コンスルジェンス》』(vii)こそ、『神学大全』の筆を折ったトマスが臨終の床でなした最後の『雅歌講読』の異《ヴァー》文《ジョン》である、とする説には実に感興をそそられる。またシトー派のもうひとつの大修道院カサマーリでは、トマスにおよそ一世紀先んじてフィオレのヨアキムが当時ヴェローリにあった教皇庁に差し出すべく、その最初の著作『逸名の預言への註解』[viii]を著している。

脱線が過ぎたかもしれない。それに本書の著者マンセッリが終生語りつづけた聖フランチェスコ[ix]のことを忘失している。しかし、フランチェスコについては重要な文書や研究を邦語で数々読めるのだから、ここでは屋上屋を重ねないがよかろう。

今年十月にはカラブリアのサン・ジョヴァンニ・イン・フィオレで国際ヨアキム研究所の四年に一度の集会が催される。ラウール・マンセッリの唱導によってはじまったこの会合も会を追うごとに盛大になる。今年はヨアキム没後八百年ということで特別な企画がなされているようだ。先回ご高齢で欠席されたマジョリー・レーヴス女史には今回もお会いできないだろうが、いつもとりまとめに奔走されるジョヴァンニ・アレッシオ事務局長をはじめ、フォンセカ、ルスコーニ、ポテスタ、そしてゼルゲ、マッギン[x]といった碩学、また本書の邦訳をことのほか喜んでくださったパストゥール女史にお会いできるのを楽しみにしている。傍観者のわたしがこれでひとつ学恩に報いることができたとするならば、望外の幸せである。

最後になったが、訳注を付すのでなくなんとか著者マンセッリの語るところに聴きたいとの思いから補遺をつくるという発案も、また原書にない挿図の選択も、編集部の八尾睦巳氏の熱意とその博捜（人名表記の検討、生没年の補顚、索引の整序といったきめ細かい配慮、それになんといっても除村吉太郎訳『ロシヤ年代記』の発掘。昇曙夢、中山省三郎とともにフォードル・ソログープを本邦に知らしめた人物の懐かしい名が突然あらわれたときの驚き）のたまものであることを記して感謝するとともに、今回もあたたかい配慮をいただいた八坂書房八坂安守会長そして八坂家の皆さんにあつくお礼申し上げる次第である。

二〇〇二年八月、サンタ・マリア・マッジョーレの降雪祭《ネヴィカータ》と聖母被昇天《アッスンツィオーネ》の祝日の間に、
ローマの陋屋にて

大橋喜之

---

i——ラウール・マンセッリの主要著作については本書第I章原註4を参照されたい。

ii——J. Bignami-Odier, *Jean de Roquetaillade*, rist. in Histoire Litteraire de la France (1981) t.41, pp.75-240.

iii——坂口昴吉著『中世の人間観と歴史』、一九九九年創文社刊参照。この書はR. Manselli, *L'Apocalisse e l'interpretazione francescana della storia*, in The Bible and Medieval Culture, edd. W. Lourdaux-D.Verhelst, Louvain, 1979, pp.157-170 (rist. in R. Manselli, Scritti sul medioevo, Roma, Bulzoni, 1994, pp.371-387) の註16に坂口先生の名とともに記された予告の結実であろう。

iv——T. Leccisotti, *Abbazia di Montecassino: i registi dell'Archivio*, Roma, 1966に拠る。

v——Arsenio Frugoni, *Celestiniana*, Roma, Istituto Storico Italiano per il Medio Evo, 1954 (rist. 1991).

vi——Ignazio Silone, *L'avventura di un povero cristiano*, Milano, Arnoldo Mondadori, 1968.

vii——Marie-Louise von Franz, *Aurora Consurgens; A document attributed to Thomas Aquinas on the problem of opposities in alchemy*, 1957 (tr. engl. Canada, Inner City Books, 2000) ; Mino Gabriele, *Alchimia e Iconologia*, Udine, Forum, 1997など参照。またこれは小説であるが、Eduardo Rebulla, *Carte celesti*, Palermo, Sellerio, 1990も同主題を扱っている。

viii——Gioacchino da Fiore, *Commento a una profezia ignota*, a cura di Matthias Kaup, Roma, Viella, 1999.

ix——フランチェスコについて論じた著作が第I章原註4には挙げられていないのに気づいたので、付記しておきたい。Raoul Manselli, *San Francesco*, Roma, Bulzoni, 1980 (seconda ed. riveduta 1981) ; Idem, *Nos qui cum eo fuimus : contributo alla questione francescana*, Roma, Istituto Storico dei Cappuccini, 1980 ; Idem, *Francesco e i suoi compagni*, Roma, Istituto Storico dei Cappuccini, 1995.

x——周知のようにバーナード・マッギンの名著『フィオーレのヨアキム』は宮本陽子氏の邦訳により一九九七年平凡社から刊行されている。

［著者］

ラウール・マンセッリ Raoul Manselli

1917年ナポリ生まれ。1984年ローマにて没。
ラファエッロ・モルゲンを後継して1966年以降その死までローマ大学サピエンツァ校教授として教壇に立つ。国立アカデミー・リンチェイ，モヌメンタ・ゲルマニアエ・ヒストリカ，英国アカデミー各会員，イタリア初期中世研究所所長，その他各種国立，国際アカデミーの顧問を勤めた。その西欧中世の霊性，異端，民衆信仰，フランチェスコ会運動をめぐる該博な研究は夥しい数の論考として残され，また数々の著作に纏められている。著書に『十二世紀――民衆信仰と異端』（1983，増補版），『聖フランチェスコ』（1981，改訂新版），『中世論考雑纂』（1994），『フィオレのヨアキムからクリストファー・コロンブスまで――初期中世の霊的フランチェスコ会運動，教会学および終末論』（1997）などがある。

［訳者］

大橋喜之（おおはし よしゆき）

1955年岐阜生まれ。1989年以降ローマ在。
訳書にC.H.フィオレ監修・解説『最新ガイド・ボルゲーゼ美術館』（GEBART s.r.l., Roma, 1998），F.ゼーリ『イメージの裏側』（八坂書房，2000）。

西欧中世の民衆信仰 ― 神秘の感受と異端

2002年9月24日　初版第1刷発行

訳　者　大　橋　喜　之
発行者　八　坂　立　人
印刷・製本　モリモト印刷（株）

発行所　（株）八　坂　書　房
〒101-0064　東京都千代田区猿楽町1-4-11
TEL.03-3293-7975　FAX.03-3293-7977
郵便振替口座　00150-8-33915

ISBN 4-89694-493-3

人名索引

［＊印を付した数字は、原註のページ数を示す］

【マ】

【ヤ】

原註

第Ⅰ章

●1)—— C. S. Lewis, *Studies in Medieval and Renaissance,* Cambridge, 1966, pp.41-63.

●2)—— 同上、p.41.

●3)—— この問題に関するわれわれの立場については、R. Manselli, *La religione popolare nel Medio Evo : prime considerazioni metodologiche,* in «Nuoca Rivista Storica», 58 (1974), pp.1-15を参照。ブノワ・ラクロワとピエトロ・ボリオーニによって着手された研究はその最初の具体成果を、論叢 «Les religions populaires», Colloque international, 1970. Textes édités par B. Lacroix e P. Boglioni, Québec, 1972 (Histoire et sociologie de la culture, 3) にみることができる。宗教史における民衆信仰というここでの中心主題は、M. Meslinによって検討されており (pp.1-15)、各種の観点から広範に整理された論議には興味が尽きない。しかし中世に関する限り、いまや膨大な研究領域と化したこの主題に最初の方向づけを与えるためには、P. ボリオーニによって付された文献一覧が貴重である。ここで、カナダそれもケベックにおいて、民衆世界の研究はまさに自らのアイデンティティー探求として進められることになるが、周知のようにそこでは宗教的観点が中心的な役割を果たすに至るということは銘記するに値しよう。

●4)—— ここでわれわれが論ずる一連の問題は、すでに研究者たちによって一再ならず採りあげられているところであるが、それは偶発的なものにして分科研究の枠内でおこなわれたものに過ぎず、こうした現象の総合的理解への関心へと直接的具体的に向かうものではなかった。最近の研究のうち中世史にかかわるものに限定して、以下の論考を録しておきたい。J. Le Goff, *Culture cléricale et traditions Folkloriques dans la civilisation mérovingienne,* in «Annales», 22 (1967), pp.780-791; *Culture ecclésiastique et culture folklorique au Moyen Âge: Saint Marcel de Paris et le dragon,* in «Ricerche

storiche ed economiche in memoria di C.Barbagallo», a cura di L. De Rosa, II, s.l., s.d. (ma Napoli, 1970), pp.53-90。その後、民衆信仰という問題はG. J. Cuming and D. Bakerの監修になる論叢*Popular Belief and Practice,* Cambridge, 1972 (Studies in the Church History, 8) に纏められた。一方、F. Rapp, *L'Église et la vie religieuse en Occident à la fin du Moyen Âge,* Paris, 1971 (Nouvelle Clio, 25) は同叢書の他の著作群同様、その豊富な文献目録によって欠かせない――残念ながら十四世紀より遡る中世諸世紀に関しては類書の刊行予定はないようであるが――そして、L. Génicot, *Le XIIIe siècle européen,* Paris, 1968およびL. Musset, *Les invasione, Les vagues germaniques,* Paris, 1965 ; Idem, *Les incasions, Le second assaut contre l'Europe chrétienne (VII-IX siècles),* Paris, 1965。唯、本書で関心のある諸問題については軽く触れられるのみである。初期中世に関しては、Centro Italiano di Studi per l'Alto Medio Evo di Spoletoの書冊が際立っているが、そのうち二書のみを挙げておこう。«La Bibbia nell'Alto Medio Evo»,«La conversione al cristianesimo nell'Europa dell'Alto Medioevo» (Settimane X, XIV), Spoleto、それぞれ1963, 1967の刊行である。また本書の著者は1950年以降、以下に示すように民衆信仰の世界を論じてきた。R. Manselli, *Per la storia dell'eresia catara nella Firenze del tempo di Dante,* in «Bulletino dell'Istituto Storico Italiano per il Medio Evo», 62 (1950), pp.123-138; *Studi sulle eresie del secolo XII,* Roma, 1953 (Studi Storici, 5); *Il monaco Enrico e la sua eresia,* in «Bull. dell'Ist. Stor. Ital. per il Medio Evo», 65 (1953), pp.1-63; *Per la storia delle eresie nel secolo XII. Studi minori,* ivi, 67 (1955), pp.189-264; *Spirituali e Beghini in Provenza,* Roma, 1959 (Studi Storici, 31-34); *Il 1260 anno gioachimitico?,* in «Il movimento dei disciplinati nel settimo centenario del suo inizio», Perugia, 1962, pp.99-108; *I vescovi italiani, gli ordini religiosi ed i movimenti popolari religiosi nel secolo XIII,* in «Vescovi e diocesi in Italia nel Medio Evo, secoli IX-XIII», Padova, 1964, pp.315-335; *Ecberto di Schönau e l'eresia catara in Germania alla metà del secolo XII,* in «Arte e Storia», Torino, 1965, pp.311-338; *Dolore e morte nell'esperienza religiosa catara,* in «Il dolore e la morte nella spiritualità dei secoli XII-XIII», Todi, 1967, pp.235-259; *Amicizia spirituale ed azione pastorale nella Germania del secolo XII: Ildegarde di Bingen, Elisabetta ed Ecberto di Schönau contro l'eresia catara,* in «Studi e materiali di storia delle religioni», 38 (1967), pp.302-313;

Église et théologies cathares, in «Cathares en Languedoc», (1968), pp.129-152 (Cahiers de Fanjeaux, 3); *La morale et le culte cathare*, ivi, pp.153-176; Evangelismo e povertà, in «Povertà e ricchezza nella spiritualità dei secoli XI e XII», Todi, 1969, pp.11-41; *Grundzüge der religiösen Geschichte Italiens im 12. Jahrhundert*, in «Beiträge zur Geschichite Italiens im 12. Jahrhundert», Sigmaringen, 1971, pp.5-35; *Accettazione e rifiuto della terza età*, in «Rivelazione e Storia», Roma, 1971, pp.125-139; *I fenomeni di devianza nel Medio Evo: le devianze nella società ecclesiastica*, Torino, 1972.

＊本書緒言の原註2（11ページ以下）に追補されている文献の原綴を以下に示す：*Aspetti e significato dell'intolleranza popolare nei secoli XI-XIII*, in «Studi sulle eresie del secolo XII», Roma, 1975 (2ª ed. accresciuta), pp.19-38; *Le premesse medioevali della caccia alle streghe*, in «La stregoneria in Europa», Bologna, 1975 (2ª ed. 1978), pp.39-62; *S. Bernardo e la religiosità popolare*, in «Studi su S. Bernardo di Chiaravalle», Firenze, 1975, pp.245-260; *La religione popolare nei secoli XII-XIII*, in «Problemi della storia della Chiesa. Il Medioevo dei secoli XII-XV», Milano, 1976, pp.73-89; *I Frati Minori nella storia religiosa del secolo XIII*, in «Quaderni Catanesi di Studi classici e medievali», 1 (1979), pp.7-24; *Dai movimenti religiosi popolari ai movimenti sociali del Trecento*, in «Bollettino della Società di Studi Valdesi», 146 (1979), pp.39-49; *Papes et papauté entre Christ et Antéchrist: approches religieuses du Schisme*, in «Génèse et débuts du Grand Schisme d'Occident», Paris, 1980, pp.591-598; *La Chiesa e il francescanesimo femminile*, in «Movimento religioso femminile e francescanesimo nel secolo XIII», Assisi, 1980, pp.239-261; *Monaci e canonici nel rapporto con la religiosità popolare*, in «Istituzioni monastiche e istituzioni canonicali in Occidente 1123-1215», Milano, 1980, pp.550-566; *Il cristiano di fronte alla morte. La tradizione liturgica nell'Alto Medioevo*, in «Studi cattolici», 230-231 (1980), pp.255-259; *La leggenda dell'albero della croce. Dalla tradizione agiografica a Piero della Francesca*, in «Atti e Memorie della Accademia Petrarca di Lettere, Arti e Scienze», 42 (1976-78, ma apparsi nel 1981), pp.43-55; *Il gesto come predicazione per san Francesco d'Assisi*, in «Collectanea Franciscana», 51 (1981), pp.5-16; *Resistenze dei culti antichi nella pratica religiosa dei laici nelle campagne*, in «Cristianizzazione ed organizzazione ecclesiastica delle campagne nell'Alto

Medio Evo: espansione e resistenze», Spoleto, 1982, pp.57-108; *Storicità ed astoricità della cultura poplare,* in «Rappresentazioni arcaiche della tradizione popolare», Viterbo, 1982, pp.1-16; *San Francesco dal dolore degli uomini al Cristo crocifisso,* in «Analecta TOR», 16 (1983), pp.191-210; *Il secolo XII: Religione poplare ed eresia,* Roma, 1983, 383p.; *Un giorno sulla Verna: San Francesco e Frate Leone,* in «Frate Francesco», 32 (1983), pp.161-171; *Tradizione orale e redazione scritta a proposito di Francesco d'Assisi,* in «Miscellanea di studi in onore di Vittore Branca», Firenze, 1983, pp.17-27; *La spiritualità di san Francesco d'Assisi,* in «Francesco d'Assisi nell'ottavo centenario della nascita», Milano, 1983, pp.60-74; *La festa nel Medioevo,* in «Spettacoli conviviali dall'antichità classica alle corti italiane del '400», Viterbo, 1983, pp.219-241; *La religiosità giubilare del 1300: proposte di un'interpretazione,* in «Roma anno 1300», Roma, 1983, pp.727-730; *Appunti sulla religiosità popolare in Francesco d'Assisi,* in «Pascua Mediaevalia. Studies voor J. M. De Smet», Leuven, 1983, pp.295-311; *Riflessioni sulla Chiesa del secolo XIV dinanzi ai movimenti femminili,* in «Analecta TOR», 17 (1984), pp.529-542; *La religiosità popolare nel Medio Evo,* Bologna, 1983; *Religione e religiosità popolari nel Medio Evo,* in «Des essais de l'histoire des idées sur le Moyen Âge en Hongrie», Budapest, 1984, pp.199-212 (in ungherese).

●5)—— B. Croce, *Poesia popolare e poesia d'arte. Studi sulla poesia italiana dal Trecento al Cinquecento,* Bari, 1957 (4ª ed.) 参照。この書の巻頭論考（pp.1-5）はまさに「民衆詩と芸術詩」と題されている。クローチェ自身、彼の方法論を詩に限らず拡張できることを示している。

●6)—— すでに註4に引いた諸論考に加え、J. Le Goff, Les mentalités: une histoire ambigue; A. Dupront, *Anthropologie religieuse,* in J. Le Goff et P. Nora, *Faire de l'histoire,* Paris, 1974 (Bibliothèque des Histoires), それぞれ vol.III, pp.76-94 および vol.II, pp.105-136 を参照。

●7)—— 文化変容という問題については、A. Dupront, *De l'acculturation,* in Comité International des Sciences historiques, XIIᵉ Congrès Internationale des Sciences historiques, Rapports I, Grands thèmes, Horn-Wien, 1965, pp.7-36 がいまでも最良の総括である。

●8)—— この点については以下IV章1節の論議を参照のこと。ピルミーニウスについては、H. Löwe, *Pirmin, Willibrord und Bonifatius, ihre Be-*

deutung für die Missionsgeschichte ihrer Zeit, in «La conversione», (註4に引用), pp.217-261を、また*Dicta (Scarapsus)* の諸刊本については、«Lexikon für Theologie und Kirche», VIII (2ª ed.), coll.517-518のU. ENGELMANNによる*Pirmino*の項目を、エリギウスの教説については、MGH Scriptores rerum merovingicarum, IV, pp.663-741を参照。

●9) —— 神盟裁判については、II章註5を参照。

●10) —— 民衆信仰における神秘と奇蹟についてはII章で論じる。

●11) —— この問題に関しては、R. MANSELLI, *La conversione dei popoli germanici al cristianesimo: la discussione storiografica,* in «La conversione», (註4に引用), pp.15-42で論じた。

●12) —— W. BOUDRIOT, *Die altgermanische Religion in der amtlichen kirchlichen Litteratur des Abendlandes vom 5. bis 11. Jahrhundert,* Bonn, 1928 (rist. Darmstadt, 1964) を参照。

●13) —— カロリング朝時代については、M. FICHTENAU, *L'impero carolingio,* Bari, 1974を参照すれば十分であろう。このイタリア語版は文献目録も増補され、有益なものとなっている。

●14) —— プリュムのレギーノの*De synodalibus causis et disciplinis ecclesiasticis*についてはMIGNE, *P.L.*132, coll.175-414の他にも、F. G. WASSERSCHLEBEN, *Reginonis abbatis Prumiensis libro duo de synodalibus causis et disciplinis ecclesiasticis,* Lipsiae, 1840の刊本を、そこに挿入された*Canon episcopi*についてはJ. B. RUSSEL, *Witchcraft in the Middle Ages,* Ithaca and London, 1972, pp.77-79, 291-293も参照。オド・リガルドゥスの司牧訪問文書は、TH. BONNIN, *Regestrum visitationum Archiepiscopi Rothomagensis,* Rouen, 1852に載せられているが、これについては研究書P. ANDRIEU-GUITRANCOURT, *L'archevêque Eudes Rigaud et la vie de l'Église au XIIIe siècle d'après le «Regestrum Visitationum»,* Paris, 1938がある。

●15) —— この点については、M. SLATTERY DURLEY, *Oral tradition, Study and selected Bibliography,* Montréal, 1972 (Cahiers d'Études des Religions Populaires, XV) に有益な指摘がある。

●16) —— S. BRECHTER, *Zur Bekehrungsgeschichte der Angelsachsen,* in «La conversione», (註4に引用), pp.191-215を参照。

●17) —— *Racconto dei tempi passati, Cronaca russa del secolo XII,* a cura di I. P.

Sbriziolo, Torino, 1971, pp.67-68参照〔除村吉太郎訳『ロシヤ年代記』弘文堂書房、1943、pp.77-78に相当する部分だが、本書に引かれる版は異文《ヴァリアント》のようにみえる〕。

●18)—— A. van Gennep, *Manuel de Forklore Français contemporain,* I, 1-2, Paris, 1946参照。

●19)—— G. Morin, *S. Caesarii Arelatensis sermones,* I, Maretioli, 1937, sermo XIII, pp.62-67参照。

●20)—— 本書Ⅳ章註10参照。

●21)—— Guillaume de Puylaurens, *Chronicon,* éd J. Beyssier, Paris, 1904 (Université de Paris, Bibliothèque de la Faculté des Lettres, XVIII), p.137参照。

第Ⅱ章

●1)—— G. Tessier, *La conversion de Clovis et la christianisation des Francs,* in «La conversione»,(Ⅰ章註4に引用), pp.149-179; W. von den Steinen, *Chlodwis Übergang zum Christentum. Eine Quellenkritische Studie,* Darmstadt, 1969を参照。これらの問題については——芸術的観点からするものではあるが——著名なE. Mâle, *La fin du paganisme en Gaule et les plus anciennes basiliques chrétiennes,* Paris, 1950を参照。改宗に関しては、R. Manselli, *La religione popolare nel Medio Evo,*(Ⅰ章註4に引用)をも参照。

●2)—— Pauli, *Historia Longobardorum* I, 8, Hannoverae 1878 (Scriptores rerum Germanicarum in usum scholarum), pp.57-58参照。ランゴバルト族の起源とその名を説く英雄物語《サーガ》——回想と言ったほうがよいだろう——はパウルス・ディアコヌス自身〈古文書antiquitas〉から採取された〈滑稽話 ridicula fabula〉と語っているものであることを注しておくべきだろう。パウルス・ディアコヌスはランゴバルト族の血統をひく者であったが、またキリスト教修道士でもあった。その血統のゲルマンの神による聖化は、彼にとってまったく関心を起こさせないものであるばかりか、それを笑うべきものとしている。また民間伝承には〈学識colto〉に対する軽蔑がある。この点については、J. Grimm, *Deutsche Mythologie,* I, Darmstadt,

1965（リプリント版）, pp.111-112の鋭敏な考察を参照。

●3）—— R. MANSELLI, *Gregorio VII di fronte al paganesimo nordico: la lettera a Haakon, re di Danimarca (Reg. VII, 21),* in «Rivista di Storia della Chiesa in Italia», 28 (1974), pp.127-132参照。

●4）—— この手紙によって〈嵐 tempestari〉という問題にとり組むことができるが、この点についてはR. MANSELLI, *Gregorio VII,* （前註3に引用）, pp. 128-129を参照。嵐に対する信仰の証言のひとつ——Ⅳ章註6に挙げた 悔悛の書《ペニテンツァーリ》 の数々の他に—— AGOBARDO DI LIONE, *Contra insulsam vulgi opinionem de grandine et tonitruis,* in MIGNE, *P.L.* 104, coll.147-158がある。一般にフランク人たちが嵐の力を男性に帰するのに対し、北方ゲルマン人の宗教性においては女性も自然の力を統御できると見なされていたことは興味深い。この点については、K. MAURER, *Die Bekehrung des Norwegischen Stammes zum Christenthum,* I-II, München, 1855-1856をも参照。雨乞いにおける女性の影響力については、ヴォルムスのブルカルドの *Decretorum libri,* XIX巻に収められた *Corrector* にも録されている。これはH. J. SCHMITZ, *Die Bussbücher und das kanonische Bussverfahren,* Düsseldorf, 1898, pp.440-456に公刊された（この点についてはⅣ章註6参照）。「これらの婦女らは通常なにをなしたのか。雨が降らず、渇水に困る時、これらの婦女は集まり、ひとりの若い処女が進み出ると同時に裸にされ、荘館でチュートン（ドイツ）人がベリス《マーガレット》と呼ぶジュスクィアメ《ヒヨス》の葉を摘む。随伴された裸の処女のさし出された右手の小指にその葉を、左足の小指にその根を帯紐で結わえる。さて、乙女たちは各々一本の枝を手に、先の葉をつけた裸の処女は近くの川へと連れ行かれ、そこで乙女たちの枝で水を振りかけられ、その魔術により降雨が待望される。裸の処女は川から荘館まで蟹足で移動し、そのうちに引籠る。その後合意のもと、二十日間パンと水で斎く «Fecisti quod quaedam mulieres facere solent? Dum pluvium non habent, et ea indigent, tunc plures puellas congregant et unam parvulam virginem quasi ducem sibi praeponunt, et eamdem denudant et extra villam ubi herbam iusquiamum inveniunt, quae Teutonice belisa vocatur, sic nudatam deducunt et eandem ipsam herbam et eandem virginem sic nudam minimo digito dextrae manus eruere faciunt et radicitus erutam cum ligamine aliquo ad minimum digitum destri pedis ligare faciunt. Et singulae puellae singulas virgas in manibus

habentes, supradictam virginem herbam post se trahentem in flumen proximum, cum eis, introducunt et cum eisdem virgis virginem flumine aspergunt et sic suis incantationibus pluviam se habere sperant. Et post eandem virginem sic nudam transpositis et mutatis in modum cancri vestigiis a flumine ad villam, inter manus reducunt. Si fecisti aut consentiens fuisti, viginti dies in pane et aqua debes poenitere»」(前掲書p.452)

●5)—— ゲルマン心性のキリスト教化における典型的な魔術的痕跡とそれに対する教会側の受容と反発の振幅は、神盟裁判、所謂神の審きにみられるところである。もっとも強い者に理があるというゲルマン的な信仰表現にあって、周知のように決闘はゲルマンの法的訴訟の基本要素であった。こうした事実を前にキリスト教は真実立証の手段としてその有効性を承認せざるを得ず、また同時に全能にして義しき審きの神は、こうした試みに勝つ者を〈神秘的な〉理法によって認めるのだとされるに到った。つまり勝者とはもはやより強い者というのではなく、神によって勝利を授けられる者である。こうした信仰次元のうちに、初期中世に典型的な神や奇蹟の観念は位置づけられる。実際この時代、教会は神盟裁判を受けいれることになったばかりか、こうしたあかしを聖化することを目的とするだけでなく、係争する二者の一方が魔術手段を恃んで優越するようなことを阻むために、一連の典礼文書を練りあげたのだった。こうした儀礼の数々に対し、民衆信仰という観点から研究されたことはないが、それについては以下の刊本がある。E. de Roziere, *Recueil général des formules usitées dans l'Empire des Francs du Ve au Xe siècle,* I-II, Paris, 1859, I, pp.770-874; *Ordines Iudicorum Dei,* in MGH Legum sectio V, Formulae merovingici et carolini aevi, Hannoverae, 1886, pp.601-722。神盟裁判とその法的重要性については、F. Patetta, *Le ordalie,* Torino, 1898および各種のドイツ法研究、そのうちから最近のものを挙げるならば、H. Conrad, *Deutsche Rechsgeschichte,* I, *Frühzeit und Mittelalter,* Karlsruhe, 1962, (2a ed.), pp.147-148他各所を参照。すでにパテッタは古代の神盟裁判の諸問題について明確に論じているが、ゲルマン世界に関しては、H. Nottarp, *Gottesurteil-studien,* München, 1956 (Bamberger Abhandlungen und Forschungen, II) を参照。神盟裁判に対する教会の態度については、まさにパテッタの研究に触発されたE. Vacandard, *L'Église et les ordalies,* in «Études de critique et

d'histoire religieuse», I^e série, Paris, 1909 (4^a ed.), pp.191-215を参照。最近の研究として、CH. LEITMAIER, *Die Kirche und die Gottesurteile. Eine Rechtshistorische Studie*, Wien, 1951 (Wiener Rechtsgeschichtliche Arbeiten, II) があり、pp.104-111で《神盟裁判と迷信 Gottesurteil und Abersglaube》の問題が論じられている。Ⅳ章註15には神盟裁判に関する悔悛《ペニテンツァーリ》の書の数々について注記した。

魔術そのものについては、この問題への序として筆者の研究を参照して頂ければ幸いである。R. MANSELLI, *Le premesse medioevali della caccia alle streghe*, in «La stregoneria in Europa», a cura di M. ROMANELLO, Bologna, 1974, pp.39-62。中世の魔術と妖術に関してもっとも興味深い研究は、J. B. RUSSEL, *Witchcraft in the Middle Ages*,（Ⅰ章註4に引用）を嚆矢とするが、P. C. BAROJA, *Die Hexen und ihre Welt*, Stuttgart, 1967も忘れてはならない。ドイツ語版を引いたのは、それに付されたW. E. PEUCKERTの貴重な補足があるからである。これら二著とともに筆者の研究にも豊富な文献一覧が付されている。魔術の終わりとしてのキリスト教については、J. B. WALKER, *Christianity an End to Magic*, London, 1972があるが、中世に関してこの問題は採りあげられていない。

本書では、魔術や妖術そのものに対して厳密な立場を提起することは断念せねばならなかった。それはただ、民衆信仰の機能に関連して、また信徒たちの心性という問題に関連してのみ指摘されることになる。

●6）―― アリストテレスのフィシカおよび自然学全般は、自然と神秘の境界を画定するのに大きく貢献した。しかしアルベルトゥス・マグヌスやトマス・アクィナスのようなスコラ学の偉大なアリストテレス学者たちによって厳密化され明確化されたこうした境界は、実のところ民衆の奇蹟信仰や奇瑞待望を変えるものではなかった。もちろん厳密に選ばれ適用される儀礼や祈禱によって動かされ得る万能の魔術的な力として観念された神と、全能の〈位格《ペルソナ》〉としての神の間に、ある種の変化があることは事実である。しかし民衆信仰は、よく嘆願し、能力ある仲介者に恃むならば、奇蹟が拒否され得るなどとはなかなか信じない。こうした事態に、知的宗教は中世末の数世紀に渡って重要な働きをした痛悔と苦悩の神学を彫琢しつつ対応する。この点については、本章註8・9を参照。

●7）―― 所謂〈未開〉の人間に典型的で特徴的な心性の存在を指摘した

ことは、疑いもなくレヴィ=ブリュルの功績である。彼は何十年もの研究において、常に厳密で明確な方法によってそれを規定しようと、自らの論述を自己批判しつつ、いろいろな語彙で再考を重ね続けた。それは彼の死のすこし前に編纂され、1948年パリで刊行された*Carnets*に収められている。彼は未開および前論理 - 論理の二元論的識別から、人間の心性のより統一的で組織的な観念へと移行し、それによって自然の現実の彼方に神秘主義、つまり人間の力の限界の彼方にある広範な領域を観ることに共感を寄せたともいえる。人類学者と哲学者の論争——なにより有名なのはH. BERGSON, *Les deux sources de la morale et de la religion,* Paris, 1932, pp.145-170〔ベルグソン『倫理と宗教の二源泉』〕の長い省察——にとって、レヴィ=ブリュルは実際、〈前論理〉と呼ぶことはできぬが、〈神秘的《ミスティーク》〉という語彙でならば受容できるような、中世の心性理解のためにも援けとなる。一方われわれにとってほとんど役に立たないのは、クロード・レヴィ=ストロースによって案出された〈野生の思考〉(CL. LÉVY-STRAUSS, *La pensée sauvage,* Paris, 1962参照)という語彙である。すでに第I章でみたように、中世の民衆信仰においては元来の文化水準は所謂未開人のものにも類したある住民集団と、かなり複雑なキリスト教の個別の出会いが起こる。しかしキリスト教化とともに、彼らの心的機制はキリスト教的に一神教的神秘として整序される。換言すれば、異教徒たち、ローマ人ばかりか特にゲルマン人たちの心性においてひとたび改宗するとは、以前には多くの神性に分配されていた数々の権能を〈唯一の神〉に帰すという意味の変更に他ならず、各種の祭司たちは唯一のカトリック司祭に替えられるに到った。真の困難は、〈十字架のキリスト〉と〈救済史〉にあり、その適応には錯雑した過程を要した。

レヴィ=ブリュルに関しては、«Revue philosophique de la France et de l'Étranger», 82, (1957)、生誕百年記念特集号を参照。そのうちでも興味深いのは、このフランス人哲学者人類学者の変化発展を論じたG. DAVY, *Pour le centième anniversaire de la naissance de Lucien Lévy-Bruhl,* pp.468-493の論考である。また、J. CAZENEUVE, *La mentalité archaique,* Paris, 1961 (Collection Armand Colin, n.354)、特に「ルシアン・レヴィ=ブリュルにおける原始心性」を扱うpp.7-46も重要である。

ゲルマン心性とキリスト教の衝突、それも特に〈キリスト〉と〈救済

史〉に関しては、K. D. SCHMIDT, *Germanischer Glaube und Christentum. Einzeldarstellungen aus dem Umbruch der deutschen Frühgeschichte,* Göttingen, 1948に収録された「ゲルマン的およびドイツ-キリスト教的神学史」pp. 37-47および「ゲルマン的救世主キリスト」pp.51-65が重要であるが、問題の全般については、「初期中世におけるキリスト教のゲルマン化」pp. 66-84が重要である。またこのK. シュミットの著作のW. ベトケによる書評はこうした問題を掘り下げるために有益である（W. BAETKE, *Zur Christianisierung der Germanen,* in *Kleine Schriften,* Weimar, 1973, pp.370-374)。こうした問題のすべては、中世の歴史的体験に再び光をあてるものであるとともに、中世の心性のひきつづく展開はしばしばわれわれにまで到るものであり、歴史を外部から、その組織の外から眺めるものとしてでなく、人類学者たちがいずれ長い適応努力によって根本的に異なった〈心性 forma mentis〉から出発することによって参入し得るのにも似て、わたしたちがそれを生きる内部から識るところの非常に長い変容過程として把握させるところに、その基本的重要さがある。

以上に鑑みて、中世に対する長い論争の伝統を以ってしても、奇瑞や神秘のうちにある人々の信仰が迷信であり、愚行であり、無知である、などと言うことはできない。才知溢れる歴史家H. DELEHAYE, *Les légendes hagiographiques,* Bruxelles, 1955 (4ª ed.) ですらそのP.47で、往昔驚異に向けられた注視を説明するにあたり、それを〈精神の脆弱さ faiblesse d'esprit〉に帰しているのは残念である。とはいえ、この偉大なボランディスト〔ベルギーのイエズス会士ボラン（1596-1665）が着手した聖人伝著述後継者〕の論議は、神学において強い知的宗教と、明快さと可感性を必要とする民衆信仰の間に、明瞭な区別を措くものである。

●8)—— この書簡はF. EHRLEによって«Archiv für Litteratur- und Kirchengeschichte des Mittelalters», 3 (1887), pp.534-540に公刊された。またこの点については、R. MANSELLI, *L'idéal du spirituel selon Pierre-Olivi Jean,* in «Franciscains d'Oc. Les Spirituels ca 1280-1324», Toulouse, 1975, pp.99-138 (Cahiers de Fanjeaux, 10) を参照。

●9)—— 神学的解説の必要から著されたこれらの小論は、その宛先によって、ある程度教養ある人々に宛てられた『試練の十二の効用 *De duodecim utilitatibus tribulationem*』のようなものから、人々を慰撫するた

めに書かれ、俗語でフランス、イギリス、ドイツ圏に普及した『短章九編 *Novem puncta*』まで様々である。これらの諸テクストおよび神学的というよりは文献学的な議論については、A. Auer, *Leidenstheologie im Spätmittelalter,* St. Ottilien, 1952を、また広範なモノグラフィーであるP. von Moos, *Consolatio. Studien zur mittelalterlichen Trostliteratur über den Tod und zum Problem der christlichen Trauer,* I-IV, München, 1971 (Münstersche mittelalterliche Studie, 3, I-IV) を参照。この著書でペトルス・ヨアニス・オリヴィによるアンジュー家の皇子たち宛ての慰撫の手紙に一切言及がないのは奇異である。

●10)—— 鞭打ち派《フラゲランティ》については後註79を参照。

●11)—— R. Berger, *Die Darstellung des thronenden Christus in der romanischen Kunst,* Reutlingen, 1926参照。

●12)—— 十字架のキリストの描写およびその歴史的展開については、美術史の観点から数々の研究の対象とされてきたが、信徒の信仰心《ピエタ》の変容、特に民衆信仰の観点から成されたものはない。一般的知見を得るためには、L. Réau, *Iconographie de l'art chrétien,* II, *Iconographie de la Bible,* II, *Nouveau Testament,* Paris, 1957, pp.462-512を参照。特にここで謂う痛苦のキリストに関しては同書pp.476-479を参照。そこでは正当にも、十一世紀にはじまり徐々に中世末に到るにしたがって際立ったものとなる「キリスト教の感受性の深い変容」が指摘されている。

●13)—— 奇蹟に関しては、A. Michel監修、«Dictionnaire de théologie catholique», 10 (1929), coll.1798-1897の*Miracle*の項目および併載される文献一覧を参照。また諸聖人に関しては、P. Boglioni, *Pour l'étude du miracle au Moyen Âge: Grégoire Le Grand et son milieu,* Montréal, 1972 (Cahiers d'Études des religions populaires, 16) を参照。

●14)—— 民衆信仰という観点からみて非常に重要なトゥールの聖マルティヌスそしてスルピキウス・セウェルスによって著されたその伝記については、委曲を尽した序論と広範な註釈を付された最良の刊本がある。J. Fontaine監修、*Sulpice Sévère, Vie de Saint Martin,* I-III, Paris, 1967-69。フォンテーヌは聖マルティヌスの数々の奇蹟にも注意を怠らないが、特にガリア - ローマの異教世界に対してもたらされた奇跡の数々に注目している。実際、同書I, pp.198-203では、マルティヌスの奇蹟が四類型に区

分されているが、そのうちわれわれに関心あるのは特に第二、第三の、「奇蹟 - 符合」および「民俗的奇蹟」である。ここで言及される二つの奇跡は、スルピキウス・セウェルスが厳密を期しているように、おそらくいまや「悪魔的な偶像」と化した神々に抗する神的な力の証しとしてある。異教の神々に抗する奇跡の数々および神の権能の顕示の数々は『マルティヌス伝 *Vita Martini*』第五章を成している（前掲書I, pp.278-287）。フォンテーヌの註釈は重要な概説とともに同書II, pp.713-807に収められている。われわれに興味あるエピソード群のうち、すくなくとも二つは録すに値する。ひとつは、聖マルティヌスが偶像を伴った異教徒集団を見つけ、その行列を動けなくしたが（実はそれは葬列で）、自らの過ちに気づくとすぐに解放した、というものである。二つ目はおそらくこれより重要で、この聖人がある異教の神殿を壊す準備をするうち、群集の敵意ある反発に遭った、というものである。しかし彼は自らの祈りによって、神から剣と楯をもった二天使の護りを得てその作業を完了したという。

●15）—— B. Krusch, *Gregorii episcopi Turonensis Miracula et opera minora,* Hannoverae, 1885 (MGH Scriptores Rerum Merovingicarum, t.I. p.II) 参照。

●16）—— たとえば同上pp.159参照。

●17）—— 同上pp.299-300参照。

●18）—— Gregorii Magni, *Dialogi,* ed. di U. Moricca, Roma, 1924 (Fonti per la Storia d'Italia, 57) 参照。大グレゴリウスの奇蹟については、P. Boglioni, *Pour l'étude du miracle,*（註13に引用）を参照。

●19）—— Migne, *P.L.* 189, coll.851-954参照。

●20）—— 列聖については、E. W. Kemp, *Canonization and Authority in the Western Church,* Oxford, 1948に加え，興味深い研究、P. Delooz, *Sociologie et canonisations,* La Haye, 1969 (Collection scientifique de la Faculté de droit de l'Université de Liège, 30) を参照。そこには諸聖人とその列聖に関する豊富な文献一覧も添えられている。

●21）—— Marc Bloch, *Les rois thaumaturges. Étude sur le caractère surnaturel attribué à la puissance royale particulièrement en France et en Angleterre,* Paris, 1961 (2ª ed.) 〔井上泰男他訳『王の奇跡』、1998、刀水書房〕参照。

●22）—— この学者の諸著のうちから、P. Saintyves, *Essais de mythologie chrétienne. Les Saints successeurs des dieux,* Paris, 1907をだけ挙げておこう。彼

の主張は同書P.2に「殉教者たち聖人たちへの崇拝はその起源を異教の内にもつ」と要約されている。これに類した立場は、E. Lucius, *Die Anfänge des Heiligen-Kultus in der christlichen Kirche,* hrsg. von G. Anrich, Tübingen, 1904によっても支持された。

●23)—— 浩瀚な研究E. Vacandard, *Origines du culte des saints. Les saints sont-ils successeurs des dieux?,* in «Études de critique et d'histoire religieuse», IIIe série, Paris, 1912, pp.59-212に収められている。そこではサンティーヴやルキウスを論じるばかりでなく、デレイユ、アラール、デュフルクの研究成果を注意深く用いまた最近の文献指摘も付し、よい指針が与えられている。

●24)—— H. Delehaye, *Sanctus. Éssai sur le culte des saints dans l'antiquité,* Bruxelles, 1927参照。

●25)—— G. Loomis, *White Magic. An Introduction to the Folklore of Christian Legend,* Cambridge, Mass., 1948参照。

●26)—— H. Günther, *Die christliche Legende des Abendlandes,* Heidelberg, 1910に、すでに註7に引いたH. Delehaye, *Les légendes hagiographiques*を加えなければならない。ギュンター自身、伝説に関しては、*Psychologie der Legende,* Freiburg i.Br., 1949でも論じている。

●27)—— この点については、デレイユもギュンターも前註に引いた諸著で明らかにしている。驚異に結びつく数々の伝説に関して、ここでは聖遺物の奇瑞についても想起しておくことにしよう。ここでは論じられない諸宗教の歴史に関する側面についてはG. van der Leuw, *Phaenomenologie der Religion,* Tübingen, 1956 (II édit.), pp.231-234を参照。一方、キリスト教において聖遺物は、知的宗教という水準においても民衆信仰という水準においても、古くから重要なものであり、それゆえ本論でも関心あるところである。民衆信仰にとって、聖遺物はキリスト、聖母あるいは諸聖人が地上で得た聖性の力と神の権能を保存するものとして、それ自体力あるものと化す。そこから実に、聖遺物に結びつく一連の迷信的諸現象までの道程はほんの一歩であり、そこに詐欺、ぺてん、偽造のすべてが由来する。いずれにしても聖遺物には神性との確かな接触が求められたのであり、それゆえ保護と援けの保証となり得たのだった。数々の奇蹟の集成のうちでも、特に伝記や列聖過程に関して頻繁に聖遺物と奇瑞の

関係が見出される。聖遺物に関する最初の報告はP. Sejourné監修、«Dictionnaire de Théologie Catholique», XIII (1937), coll.2312-2376から得ることができるが、いずれ教会の最初期に関しては«Dictionnaire d'Archéologie Chrétienne et de Liturgie», XIV (1948), coll.2294-2359の*Reliques e Reliquiaires*の項目を参照する必要がある。聖遺物に対する信徒たちまた神学者たちの態度の変化の歴史については、いまだこれからの課題である。

●28)—— F. Graus, *Volk, Herrscher und Heiliger im Reich der Merowinger. Studien zur Hagiographie der Merowingerzeit,* Praha, 1965参照。

●29)—— O. E. Zoepf, *Das Heiligen-Leben im 10. Jahrhundert,* Leipzig und Berlin, 1908 (Beiträge zur Kulturgeschichite des Mittelalters und der Renaissance, 1) 参照。

●30)—— オーディンのこの伝説については、古典的著作J. De Vries, *Altgermanische Religionsgeschichte,* I, Berlin, 1956, p.499 ; II, Berlin, 1957, p.49を参照。

●31)—— 本文中での例示は限られたものであるが、守護聖人については広く（中世に限らず）、L. Réau, *Iconographie de l'art chrétien,*（本章註11に引用）, III, *Iconographie des Saints,* III, P-Z, *Répertoires*に観ることができる。そこで〈守護者たち patronages〉は、場所（地域、教区、町、崇拝地）に応じてpp.1411-1449に、修道会に関してpp.1450-1452に、同業組合や職掌についてpp.1453-1470に分類され、また人、動物やできごと（病患、有益あるいは有害な動物、収穫）の諸条件に関してはpp.1470-1482に載せられている。これは歴史的研究に値する豊富な素材であり、それをしも不完全と呼ぶのは狭量に過ぎよう。

●32)—— クリスピーヌスとクリスピニアーヌスに関しては«Bibliotheca Sanctorum» IV (1964), coll.313-315のA. Amoreによる項目および文献一覧を参照。

●33)—— 守護聖人に関しては前註31に記したところに加え、A. M. Orselli, *L'idea e il culto del santo patrono cittadino nella letteratura latina cristiana,* Bologna, 1965 (Università degli studi di Bologna, Facoltà di Lettere e Filosofia, Studi e ricerche, N.S. XII) を参照。これは特に文学的資料に注目したものであるが、より広い年代学的研究としてH. C. Peyer, *Stadt und*

Stadtpatron im mittelalterlichen Italien, Zürich, 1955 (Wirtschaft-Gesellschaft-Staat. Zürcher Studien zur allgemeinen Geschichte, 13) がある。民衆感情と交錯する宗教感情について、十三世紀のイタリアに限って研究した書に *La coscienza cittadina nei comuni italiani del Duecento,* Todi, 1972 (Convegni del Centro di studi sulla spiritualità medioevale, 11) があり、そこでは直接間接に守護聖人の問題が論じられている。

●**34**)——シェーナウのエックベルトはラインラントのカタリ派に反論し、フランスやドイツの司教たちの使徒継承を論じている。Eckberti Abbatis Schonaugiensis, *Sermones contra Catharos,* Sermo X, in Migne, *P.L.* CXCV, coll.72-73参照。

●**35**)——ペテロの座としてばかりか、ペテロとパオロの殉教地としてのローマの重要性は中世を通じて変わることなく、本章8節で聖年に関連して再論される。また、F. Schneider, *Rom und Romgedanke im Mittelalter. Die geistigen Grundlagen der Renaissance,* München, 1926を挙げておこう。ただしこれは宗教的というよりは文化的問題を論じたものであり、宗教的問題に関してはかえって——知的要素と民衆的要素の奇妙な混乱のうちに——R. Valentini e G. Zucchetti, *Codice topografico della città di Roma,* I-IV, Roma, 1940-1953に集められた一連の研究から浮かび上がってくる。それは、心性や諸感情の発展変化を追うことをも許す。

●**36**)——〈第二のキリスト〉としての聖フランチェスコについては、R. Manselli, *L'Umbria nel'età di Dante,* in «Bollettino della Deputazione di Storia patria per l'Umbria», 62 (1965), pp.156-176、特にpp.167-168を参照。この論考で指摘した諸点は、Stanislao da Campagnola, *L'angelo del sesto sigillo e l'«Alter Christus». Genesi e sviluppi di due temi francescani nei secoli XIII e XIV,* Roma, 1971——に先立つもので——によって再論され展開されることになった。これは資料収集として有益な作業であるが、歴史的にはまだまだ再考を要するものである。

●**37**)——R. Manselli, *La «Lectura super Apocalipsim» di Pietro di Giovanni Olivi. Ricerche sull'escatologismo medioevale,* Roma, 1955 (Studi storici, 19-21), pp.227-228, nota 1参照。

●**38**)——いまだ完全に解き明かされていない複雑な〈フランチェスコ問題 questione francescana〉を成す聖フランチェスコの諸伝記に関しては著

しい文献群があるが、先世紀末のサバティエによる諸研究と、際立ったものだけを挙げるならば、キャンベル、ブルック、クラーセン、デボンネ、ディ・フォンツォによる最近の研究に分けられる。この註を軽微なものとするため――それを完璧なものとしようとすれば大変な量になろう――この〈問題〉に関する考評の数々およびまさに〈フランチェスコ問題〉を論じるため1973年10月に開催された国際会議の紀要、Atti del I Congresso della Società Internazionale di Studi Francescani di Assisi, Assisi, 1974を参照されたい。考評としては、A. Pompei, in «Bibliotheca Sanctorum», V (1964), coll.1120-1128 ; E. Pasztor, in «Studi Medievali», 9 (1968), pp.252-264; 同前, 13 (1972), pp.483-485; G. Philippart, in «Analecta Bollandiana», 90 (1972), pp.143-166を参照。

●39)―― *Monumenta historica S.Patris nostri Dominici,* in «Monumenta Ordinis Fratrum Praedicatorum Historica», XV-XVI, Roma, 1935; M. H. Vicaire, *Histoire de saint Dominique,* I-II, Paris, 1957および«Bibliotheca Sanctorum», IV (1964), coll.692-727のV. J. Koudelkaによる*san Domenico*の項目を参照。

●40)―― 修道士レオによって著された、あるいは彼に帰される修道士エジディオの伝記については、«Analecta Franciscana», III (1897), pp.74-115およびL. Lemmens, *Scripta fratris Leonis,* Quaracchi, 1901 (Documenta Antiqua Franciscana I), pp.37-72参照。

●41)―― «Analecta Franciscana», VII (1951) 参照。またE. Pasztor, *Per la storia di San Ludovico d'Angiò (1274-1297),* Roma, 1955 (Studi Storici, 10); Idem, *Ludovico d'Angiò,* in «Bibliotheca Sanctorum», VIII (1966), coll.300-307; J. Paul, *Saint-Louis d'Anjou. Franciscain et évêque de Toulouse (1274-1297),* in «Les évêques, les clercs et le roi (1250-1300)», s.l. (Toulouse), 1972 (Cahiers de Fanjeaux, 7), pp.59-90参照。

●42)―― ここは中世におけるマリアおよびマリア論の文献を挙げるに適当な場所ではないが、すくなくとも、«Dictionnaire de théologie catholique», IX, 9 (1927), coll.2339-2474の*Marie*の項目を参照されたい。もちろんその一部は、その崇拝と信仰実修に捧げられている（coll.2439-2474）。信仰と図像表現の緊密な関係については、やはりL. Réau, *Iconographie de l'art chrétien,*（本章註11に引用）, II, 2, pp.53-210, 602-635, その

他各所が有益である。〈悲しみの聖母 *Stabat mater*〉は、便利な詩歌選 *Poésie latine chrétienne du Moyen Âge,* III-XV siècle, par H. Spitzmüller, s.l. (1971), n.96, pp.964-967, 1772-1774に掲載されている。〈天国の婦 *Donna del Paradiso*〉——讃歌laude LXXXXI——については、R. Manselli, *Introduzione alle Laude di Iacopone da Todi nella riproduzione in facsimile della «editio princeps» della laude,* Roma, 1967, p.46を参照。

●43)—— H. Günther, *Die christliche Legende*（本章註26に引用）, pp.35-46, 130-132, その他各所を参照。

●44)—— 所謂〈ミゼリコルディアの聖母 *Vergine della Misericordia*〉。そのうちでも最もすばらしいのは、今日ボルゴ・サン・セポルクロにあるピエロ・デッラ・フランチェスカの多翼祭壇画のもの。この題材については美術史家たちによってしばしば研究されてきたもので、たとえば、L. Réau,（上註42参照), pp.110-120, 128にはこの図像主題と民衆信仰の関係の指摘も欠けてはいない。

●45)—— 悪魔についてここで関心のある視点と中世の数々の伝承世界に向けられた関心において、ずいぶん古いものではあるがいまだ色褪せないA. Graf, *Il diavolo,* Milano, 1889を、また神学的‐教義的観点から広く体系的に論じたG. Roskoff, *Geschichte des Teufels,* I-II, Leipzig, 1869 (rist. anast. Aalen, 1967) を参照。最近のものとしては論集*Satan*, Paris, 1948 (Études Carmelitains, 27) およびM. Milner監修, *Entretiens sur l'homme et le diable,* Paris-La Haye, 1965を参照。

●46)—— 異教の神々の悪魔への変容については数々の研究がある。最良の総括はC. Pascal, *Dei e diavoli. Saggi sul paganesimo morente,* Firenze, 1904であろう。この著作はギリシャ・ローマの異教主義に関するものであるが、これに東邦の異教主義も加えて論じているのが、A. D. Nock, *Conversion. Society and Religion in the Ancient World,* Oxford, 1961である。ゲルマンおよびスラブの神々に関連したアイデンティティーの変容については、«La conversione»（I章註4に引用）の各所を参照。

●47)—— Étienne de Bourbon, *Anecdotes historiques, légendes et apologues...,* publié par A. Lecoy de le Marche, Paris, 1877 (Société de l'histoire de France, 59); Caesarii Heisterbacensis Monachi, *Dialogus miraculorum,* Textum recognovit J. Strenge, I-II, Coloniae, Bonniae et Bruxellis, 1851参照。これら

二人の著者それも特に後者は、註45に引いたA. グラーフの書に広く援用されている。

●48）——〈往生術 *Ars moriendi*〉の解釈については、基礎的な二研究、A. Tenenti, *La vie et la mort à travers l'art du XVe siècle,* Paris, 1952 (Cahiers des Annales, 8); Idem, *Il senso della morte e l'amore della vita nel Rinascimento,* Torino, 1957を参照。〈死の凄惨 *macabro*〉については膨大な解釈があるが、二つの基本主題にとどめることにしよう。三人の生者と三人の死者の邂逅（これについてはCh. Settis Frugoni, *Il tema dell'incontro dei tre vivi e dei tre morti nella tradizione medioevale italiana,* in Atti dell'Accademia Nazionale dei Lincei, Classe di Scienze morali, Storiche e filologiche, Serie VIII, vol.XIII, [1967], fasc. 3参照）と死の舞踏（これについても重要な研究をいくつか指摘するだけであるが、L. Guerry, *Le thème du «Triomphe de la Mort» dans la peinture italienne,* Paris, 1950; H. Rosenfeld, *Der mittelalterliche Totentanz. Entstehung - Entwicklung - Bedeutung,* Münster-Köln, 1954。後者はヨーロッパ全体を概観している）。ある文化背景のうちに死の凄惨の世界を挿入しようとした試みとしては、古典的著作J. Huizinga, *L'autunno del Medio Evo,* Firenze, 1944 (Biblioteca Storica Sansoni, N.S. 2)〔ヨハン・ホイジンガ『中世の秋』〕第11章「死のイメージ」およびC. A. Beerli, *Le peintre poète Nicolas Manuel et l'évolution sociale de son temps,* Genève, 1953参照。いずれにせよ、これらすべての研究は〈死の凄惨《マカブロ》〉を美術用語として検討したものであり、民衆の感情や心性の発展過程として浮き彫りにするものではないが、もちろんこの問題は広大でありいまだ十分研究されたとはいえない。

●49）—— Omelia XIX, in Migne, *P.L.* 76, coll.1153-1159参照。

●50）——民衆的な動機や要素の数々が凝縮した悪魔の図像学についてもまた、L. Réau, *Iconographie,*（本章註11に引用), II, *Iconographie de la Bible,* I, *Ancien Testament,* Paris, 1956, pp.56-64を参照。ただし当然ながら、悪魔はしばしばキリスト教図像のどこにもあらわれる。レオーは本文中にしるした変容的展開についても指摘している。

●51）—— Dante Alighieri, *Divina Commedia, Inferno,* Canti XXI, XXII〔ダンテ『神曲』地獄篇〕では、猥らで卑しい悪魔が、Canto XXVIIではその論理によってある魂を引き剥がしたことを喜び愚弄する悪魔が、*Purgatorio,* Canto V〔煉獄篇〕では罪を犯した人が臨終の床で悔悛し、神の祝福に魂

を譲り渡さねばならぬ羽目になった敗北した悪魔が描写される。

●52)—— 嘲笑され棒で撃たれる悪魔については、A. WÜNSCHE, *Der Sagenkreis vom geprellten Teufel,* Leipzig, 1905の研究がある。

●53)—— 天使に関する歴史研究の試みは、J. TURMEL, *Histoire de l'angélologie,* in «Revue d'Histoire et de littérature religieuses»,3 (1898), pp.289-308, 407-434, 533-552; 4 (1899), pp.217-238, 289-309, 414-434, 537-562によって提供されている。また、«Dictionnaire de Théologie Catholique», I (1923), coll.1189-1248の*Anges*の項目をも参照。図像表現について、L. RÉAU, *Iconographie,* (本章註11に引用), II, *Iconographie de la Bible,* I, *Ancien Testament,* Paris, 1956, pp.30-55が、後述することになる大天使ミカエル、ラファエル、ガブリエルについても論じている。

●54)—— この点については、M. RIGHETTI, *Storia liturgica,* II (2ª ed.), Milano, 1953, pp.387-388に載る有名な祈り、〈天の国にて In Paradisum〉、〈天使斉唱 Chorus Angelorum〉、〈援けたまえ Subvenite〉を参照。*Muspilli*として有名な（意味の不明瞭なこの言葉にはじまる）古ドイツ語の詩は、現代ドイツ語対訳付きで、その全体を*Althochdeutsche Litteratur,* hrsg. von H. DU SCHOSSER, Frankfurt a.M., 1970 (Fischer Bücherei, Bücher des Wissens, n.8036), n.33, pp.200-205に読むことができる。いずれにしても、W. BRAUNE-K. HELM, *Althochdeutsche Lesebuch,* Tübingen, 1958, pp.83-85をも参照。

●55)—— M. G. MARA, in «Bibliotheca Sanctorum», IX (1967), coll.410-446の該当項目参照。ガルガーノの聖ミカエル崇拝とラテン西洋については、O. ROJDESTVENSKY, Paris, 1922に展望されたが、わたしはそのロシア語著作をいまだ入手できずにいる。ガルガーノの聖ミカエル崇拝にとって重要な論考として、A. PETRUCCI, *Aspetti del culto e del pellegrinaggio di S. Michele Arcangelo sul Monte Gargano,* in «Pellegrinaggio e culto dei santi in Europa fino alla Iª Crociata», Todi, 1963 (Convegno del Centro di Studi sulla spiritualità medievale, 4), pp.145-180がある。また海難から救う聖ミカエル*Saint-Michel in periculo maris*については、論集*Millennaire monastique du Mont Saint-Michel,* Mélanges commémoratifs publiées sous les auspices de la Société parisienne d'histoire et d'archéologie normandes, I-III, Paris, 1967-1971, IV, Nogent-sur-Marne, 1967の諸研究を参照できる。

●56)—— M. G. MARA, in «Bibliotheca Sanctorum», X (1968), coll.1357-1368

の該当項目参照。

●57）—— F. Spadafora, in «Bibliotheca Sanctorum», V, (1964), coll.1326-1328の該当項目参照。

●58）—— 天国について、Réau（本章註11に引用）は論じていないので、概説的ではあるが委曲を尽した«Lexikon der christlichen Ikonographie», hrsg. von E. Kirschbaum, III (1971), coll.375-382を参照する必要がある。ここでは、«Dictionnaire de Théologie Catholique», II (1923), coll.2274-2511の*Ciel*の項目にあるような神学的問題には立ち入らない。

●59）—— 地獄について、その悪魔的な世界との関係は民衆信仰に歴然としているが、«Dictionnaire de Théologie Catholique», V (1924), coll.28-120の*Enfer*の項目に加えて、«Lexikon der christlichen Ikonographie»,（前註58参照）, II (1970), coll.313-321の*Hölle*の項目をも参照。民衆信仰における地獄については、M. Landau, *Hölle und Fegfeuer in Volksglaube, Dichtung und Kirchenlehre,* Heidelberg, 1909の研究がある。

●60）—— 煉獄について、それは民衆信仰の歴史を浮彫りにするものであるが、«Dictionnaire de Théologie Catholique», XIII, 1 (1936), coll.1163-1264の*Purgatoire*の項目を参照すれば十分だろう。また前註に引いたM. Landau, *Hölle und Fegfeuer*をつけ加えておこう。煉獄の図像については、Réau（本章註11に引用）には欠けているので«Lexikon der christlichen Ikonographie»,（上註58に引用）, II (1970), coll.16-20の*Fegfeuer*の項目を参照。

●61）—— 彼岸への旅については、重要な研究A. Ruegg, *Die Jenseitsvorstellungen vor Dante und die übrigen literarischen Voraussetzungen der «Divina Commedia». Ein quellenkritischer Kommentar,* I-II, Einsiedeln-Köln, 1945がある。また、H. Patch, *The Other World according to Description in Medieval Litterature,* Cambridge, 1950, pp.80以降をも参照。

●62）—— 中世における終末論的待望については、R. Manselli, *La «Lectura super Apocalipsim» di Pietro di Giovanni Olivi,*（本章註37に引用）を参照。

●63）—— M. Rangheri, *La «Epistula ad Gerbergam reginam de ortu et tempore Antichristi» d'Adsone di Montier-en-Der e le sue fonti,* in «Studi Medievali», 14 (1973), pp.677-732参照。

●64）—— ヨアキム主義の重要性については、R. Manselli, *La «Lectura»,*（上註62参照）でもM. Reeves, *The Influence of Prophecy in the Later Middle*

Ages. A Studi in Joachimism, Oxford, 1969でも浮き彫りにされている。だが十三世紀の終末論に拍車をかけた要因には、モンゴル人の侵攻も挙げられ、これについてはD. Bigalli, *I tartari e l'Apocalisse,* Firenze, 1971の研究を参照。

●65）── R. Manselli, *La «Lectura»,*（上註62参照）, pp.1-16参照。

●66）── クザーヌスとこの世の終末の算定については、O. Capitani, *Per il significato dell'attesa della nuova età in Niccolò da Cusa,* in «L'attesa dell'età nuova nella spiritualità della fine del Medio Evo», Todi, 1962 (Convegni del Centro di Studi sulla spiritualità medievale, 3), pp.197-216で鋭く考察されている。

●67）── 古典的著作、E. Mâle, *L'art religieux du XII*^{e} *siècle en France,* Paris, 1922, pp.406-419他各所; *L'art religieux du XIII*^{e} *siècle en France,* Paris, 1919, pp.415-454 ; *L'art religieux de la fin du Moyen Âge,* Paris, 1922 (2^{a} ed.), pp.439-479に加え、時代を下って、A. Tenenti, *L'attesa del giudizio individuale nell'iconografia del Quattrocento,* in «L'attesa dell età nuova»,（前註に引用）, pp.171-193を参照。これはその表題よりも広い視野を提示している。A. テネンティの指摘は、R. Romano, *Arte e società nell'Italia del Rinascimento,* in «Tra due crisi: l'Italia del Rinascimento», Torino, 1971, pp.101-115も用いるところである。

●68）── アンチキリストについては、古典的著作T. Malvenda, *De Antichristo,* Romae, 1604が今でも有益であり広範な知見を載せている。また、R. Manselli, *La «Lectura»,*（本章註37に引用）とM. Reeves, *The influence*（本章註64に引用）参照。神秘のアンチキリスト《アンチキリスト・ミスティコ》については、R. Manselli, *La terza età, Babylon e l'Anticristo mistico (a proposito di Pietro di Giovanni Olivi),* in «Bullettino dell'Istituto Storico Italiano per il Medio Evo e Archivio Muratoriano», 82 (1970), pp.47-79を参照。

●69）── 本書Ⅳ章を参照。

●70）── 最後の審判と審き主キリストの前に立たされる懼れについては、文化伝統や民衆感情を溶け合わして、有名な〈怒りの日 *Dies irae*〉にみごとに表現されている。この詩文は*Poésie latine chrétienne du Moyen Âge,*（本章註42に引用）, n.89, pp.848-852に、いまだトマソ・ダ・チェラーノの作として載せられているが、いろいろな要素からそれはより時代を遡る

ものと考えられる。この点については、この詩を神の審きに対する懼れをともなった典礼的感情を背景に論じたF. J. E. Raby, *A History of Christian-Latin Poetry from the Beginning to the Close of the Middle Ages,* Oxford, 1927, pp.443-452を参照。審判の描写については本章註67に記したものに加え、A. M. Cocagnac, *Le jugement dernier dans l'art,* s.l., 1955が有益である。

●71)—— 一般的な洗礼および幼児洗礼については、M. Righetti, *Storia liturgica,* IV, Milano, 1955 (2ª ed.), pp.21-146に典礼の歴史に関して数多くの指摘がある。初期中世全般の諸秘蹟と民衆の信心については、J. A. Jungmann, *Sakramente und Gottesdienst, Klerus und Seelsorge, Frömmingkeitsformen,* in «Die Mittelalterliche Kirche», Freiburg-Basel-Wien, 1966 (Handbuch der Kirchengeschichte, III/I), pp.341-364を参照。

●72)—— 聖体とその秘蹟については、前註に引いたリゲッティとユンクマンの著作を参照。秘蹟に関して引かれる数多くの例にはいろいろな典礼的指摘がなされているが、証しとしての聖体については、P. Browe, *Die Abendmahlsprobe im Mittelalter,* in «Historisches Jahrbuch», 48 (1928), pp.193-207の研究がある。聖体に対する民衆の信仰はかわることなく、ボルセーナの奇蹟に刺激され、聖体節《コルプス・ドミニ》の祭式を形づくることになる。

●73)—— 秘蹟としての悔悛とその神学形成については、P. Anciaux, *La théologie du Sacrement de Pénitence au XIIe siècle,* Louvain-Gemblou, 1949 (Universitas Catholica Lovaniensis, Serie II, T.41) が基本的に重要である。しかし、E. Vacandard, *Les origines de la confession sacramentelle,* in «Études de critique et d'histoire religieuse», IIe série, Paris, 1910, pp.51-125、また註71に引いたM. リゲッティおよびJ. A. ユンクマンも忘れてはならない。

●74)—— 聖職序列についても、上に引いたリゲッティとユンクマンの著作を参照。

●75)—— この点について、空間的(イングランド)、時間的(中世末)に限られたものではあるが、J. T. Rosenthal, *The Purchase of Paradise, Gift, Giving and the Aristocracy, 1307-1485,* London-Toronto, 1972を参照できる。

●76)—— 悔悛一般、特に公衆を前にしてのそれについて、«Dictionnaire de théologie catholique», XII, 1 (1933), coll.722-1138の*Pénitence*の項目——というより実に個別研究の名に値する——を参照。特にわれわれの考察にとって関心あるのは、coll.748-1050の公的悔悛から私的悔悛への移行過

程についてである（しかし公的悔悛は良識を疑わせるような公然たる罪の場合には残りつづける）。«Dictionnaire de droit canonique», VI (1957), coll.1321-1324の*Pénitence*の項目は不十分と言わざるを得ない。

●**77**)—— 同信会や宗団については、後述するところを参照。

●**78**)—— L. Zanoni, *Gli Umiliati nei loro rapporti con l'eresia, l'industria della lana ed i comuni nei secoli XII e XIII...*, Milano, 1911参照。ベギン派および共住生活を営む修道士たちについては、E. Iserloh, *Die Devotio Moderna,* in «Die Mittelalterliche Kirche», Freiburg-Basel-Wien, 1968 (Handbuch der Kirchengeschichte III/2), pp.516-538参照。

●**79**)—— 1260年の鞭打ち派《フラゲランティ》運動については、まさにそのための研究会議がもたれ、その紀要は今日この研究の準拠点となっている。«Il movimento dei disciplinati nel VII centenario dal suo inizio (Perugia, 1260)», Perugia, 1962参照。この運動の同信会の数々における展開については本章後段および註96を参照。中世末の三世紀間の宗教史という複雑な現象については、G. Leff, *Heresy in the Later Middle Ages. The relation of Heterodoxy to Dissent,* c.1250-1450, I-II, New York, 1967, vol.II, pp.485-493の論じるところである。一方、N. Cohn, *The Pursuit of the Millennium,* London, 1957〔ノーマン・コーン『千年王国の追求』〕が鞭打ち派に対してなした整理はどうみても受け入れられそうにない。この著作はどうやら過分に普及しすぎたようにみえるが、典拠資料に基づかぬ臆説に満ち、不確かなものである。

●**80**)—— 巡礼についての解釈は夥しいが、その評価は様々である。それゆえ古代および中世初期に関しては、B. Kötting, *Peregrinatio religoisa. Wallfahrt und Pilgerwesen in Antike und alter Kirche,* Münster, 1950 (Forschungen zur Volkskunde, 33-35) およびその問題提起と文献指示に魅力あるB. de Gaiffier, *Pellegrinaggi e culto dei santi: Réflexions sur le thème du Congrès,* in «Pellegrinaggi e culto dei santi in Europa», (註55に引用), pp.11-35を引くにとどめよう。最近の著作のうちから、掘りさげたものというよりは叙述的な展望を与えるものとして、R. Oursel, *Les pèlerins du Moyen Âge,* Paris, 1963とA. Kendall, *Medieval Pilgrims,* London, 1970を挙げておこう。しかし他の多くの問題同様、これも大部分未解決の問いである。それを了解するには、F. C. Gardiner, *The Pilgrimage of Desire. A study of Theme and*

Genere in Medieval Literature, Leiden, 1971の巡礼の内面を語るものをみるだけで十分だろう。中世後期の巡礼については、E. Delaruelle, *La piété populaire au Moyen Âge,* Torino, 1974に収集された論考群を参照。この書の第三部はまさに「中世宗教生活における巡礼」に捧げられ、そのひとつは「十五世紀の巡礼の内面」を論じている。

●81）—— ローマについては本章3節および註40で指摘したものに加え、聖ペテロの墓に関しては、A. Prandi, *La tomba di San Pietro nei pellegrinaggi dell'età medioevale,* in «Pellegrinaggi e culto dei santi»,（註55に引用）, pp.283-447所載の広範な研究およびそれに先立つ諸論考についての豊かな文献一覧を参照。そしてこれに、F. Susman, *Il culto di S.Pietro a Roma dalla morte di Leone Magno a Vitaliano (461-672),* in «Archivio della Società Romana di Storia Patria», 84 (1961), pp.1-193を加えておこう。聖年については本節後段および註88を参照。

●82）—— サン・ミケーレ・アル・ガルガーノへの巡礼については本章4節および註55を参照。

●83）—— 悔悛の巡礼については、C. Vogel, *Le pèlegrinage pénitentiel,* in «Pellegrinaggi e culto dei santi»,（註55に引用）, pp.39-72を、また亡命－巡礼修道士については、E. E. Malobe, *Spiritual Martyrs and Irish Monks,* in «American Benedictine Review», 2 (1951), pp.393-409 ; Idem, *The Monk and the Martyr,* in *Antonius Magnus Eremita (356-1956),* Romae, 1956 (Studia Anselmiana, 38), pp.201-228に加え、最良の研究A. Angenendt, *Monachi Peregrini. Studien zu Pirmin und den monastischen Vorstellungen des Frühen Mittelalters,* München, 1972 (Münstersche Mittelalter-Schriften, Bd.6) を参照。また、O. Loyer, *Les chrétientés celtiques, Paris,* 1965 (Mythes et Religion) をも参照。

●84）—— 第一次十字軍以前の巡礼記の数々は、T. Tobler e A. Molonier, *Itinera Hierosolymitana bellis sacris anteriora et latina lingua exarata,* I-II, Paris, 1879-1895 (rist.anast. Osnabrück, 1966) に集められている。アイスランドの修道士ニコラスの巡礼記は、十四世紀の百科全書的著作*Alfraedhi Islenzk,* Kr. Kalund e N.Beckmann監修, in «Samfund til udgivelse af gammel nordisk litteratur», n.37, København, 1908, pp.15-20に公刊された。この巡礼記の翻訳として、M. Scovazzi, *Il viaggio in Italia del monaco Nikolas,* in «Nuova

Rivista Storica», 51 (1967), pp.358-362があり、これは少々荒っぽく不正確なものだが、著述の構想を知るには有益である。

●85）―― ローマについては本章3節、本節前段および註35、81を参照。*Mirabilia*は*Codice topografico della città di Roma,*（註33に引用）に公刊されている。

●86）―― 論集J. Vielliard, *Le guide du pèlerin de Saint-Jacques de Compostelle,* 2ª ed. 1950（新版1973）に加え、J. M. Lacarra, *Espiritualidad del culto y de la peregrinacion a Santiago antes de la primera cruzada,* in «Pellegrinaggi e culto dei santi»,（註55に引用）, pp.113-144の研究を忘れてはならない。

●87）―― F. Petrarca, *Canzoniere,* testo critico e introduzione di G. Contiti, annotazione di D. Ponchiroli, Torino, 1964 (Nuova Universale Einaudi, 41), p.18参照。

●88）―― Ⅳ章註38に引いたA. フルゴーニとR. モルゲンの論考に加え、ボニファティウス八世に関連して、その時代の霊的環境についてはR. Manselli, *La religiosità d'Arnaldo da Villanova,* in «Bullettino dell'Istituto Storico Italiano per il Medio Evo e Archivio Muratoriano», 63 (1951), pp.1-100 ; Idem, *Arnaldo da Villanova e i papi del suo tempo tra religione e politica,* in «Studi Romani», 7 (1959), pp.146-161; Idem, *Spirituali e Beghini,*（Ⅰ章註4に引用）, pp.55-80 :「途上の同伴者、ヴィルヌーヴのアルノオ」を参照。

●89）―― コーラ・ディ・リエンツォについては、古典的評伝P. Puir, *Cola di Rienzo. Darstellung seines Lebens und seines Geistes,* Wien, 1931で著者自身が用いまたK. ブルダッハも利用した資料に加え、P. Fedele, *I giubilei del 1300 e del 1350,* in «Gli anni Santi», a cura dell'Istituto di Studi Romani, Torino-Milano-Genova, 1934, pp.5-25も参照に値する。14世紀中頃のローマでのできごとについては、E. Dupré Theseider, *Roma dal comune di popolo alla signoria pontificia (1252-1377),* Bologna, s.a., (ma 1952), pp.517-654 (Storia di Roma, XI) に語られている。後続する聖年の数々は問題をひき起こしたようにはみえないことを註記しておこう。

●90）―― 十字軍については情報源としても有用なH. E. Maier, *Geschichte der Kreuzzüge,* Stuttgart, 1965を参照。しかしわれわれの観点からすると、非常に限定的でより掘り下げてみる必要があるとはいえ、P. Alphandéry, *La chrétienté et l'idée de croisade.* Texte établie par A. Dupront, I-II, Paris, 1954-

1959 (Évolution de l'humanité, XXVIII-XXVIII-bis) が根本的に重要である。十字軍の観念の発展については、C. Erdmann, *Die Entstehung des Kreuzzugsgedankens,* Stuttgart, 1935が基本であり、これにE. ドラリュエーレの数々の論考を加えておこう。十字軍の観念に関連するのが神の平和の観念で、これについてはH. Hoffmann, *Gottesfriede und Tregua Dei,* Stuttgart, 1964 (MGH Schriften 20) の論議が簡便である。十字軍運動は民衆信仰の世界にとって著しく重要である。

●91)―― 第一回十字軍のこうした側面においては、全面的な民衆派遣という点に深い意味がある。その悲劇的な経緯については、H. Hagenmeyer, *Peter der Eremite, ein kritischer Beitrag zur Geschichte des ersten Kreuzzuges,* Leipzig, 1879に語られている。この書は今日でもいろいろな観点から有益である（そのフランス語訳が*Le vrai et le faux sur Pierre l'Hermite*の表題で公刊されている。Paris, 1883）。

●92)―― これらの問題については、R. Manselli, *La res publica christiana e l'Islam,* in «L'Occidente e l'Islam nell'Alto Medioevo», I, Spoleto, 1965 (Settimana di Studio del Centro Italiano di Studi sull'Alto Medio Evo, XII), pp.115-147参照。*Christianitas*の総体的な観念については、J. Rupp, *L'idée de chrétienté dans la pensée pontificale des origines à Innocent III,* Paris, 1939を、またより歴史的に論じたF. Kempf, *Papsttum und Kaisertum bei Innocenz III. Die geistigen und rechtlichen Grundlagen seiner Thronstreitpolitik,* Roma, 1954 (Miscellanea Historiae Pontificiae, XIX), pp.280-313を参照。グレゴリウス時代に限っては、J.van Laarhoven, *«Christianitas» et réforme grégorienne,* in «Studi Gregoriani», 6 (1959-1961), pp.1-98が際立っている。

●93)―― これを特異なエピソードとして論じたものに、G. Miccoli, *La «crociata dei fanciulli» del 1212,* in «Studi Medievali», 2 (1961), pp.407-443があり、この〈十字軍〉の民衆信仰諸現象とのかかわりにも光をあてている。もちろんそこには夥しい文献指摘があるが、「小さな移民、移住に、神話や古い記憶、宗教的焦燥、より良い生への希望が合流している」（P.443）というその結論部はわれわれの観点からして重要である。こうした要素のすべて、これまで見てきた民衆信仰の枠組みに収まるものである。

●94)―― *Annales Stadenses* ad an. 1212 in MGH SS 16, p.315は小児十字軍のエピソードを記した後、一切説明抜きで次のように付言している。「同じ

頃またしても裸の婦女ら黙し村や町を駆け抜けたり«Nudae etiam mulieres circa idem tempus nichil loquentes per villas et civitates cucurrerunt»」。—— 1233年のアレルヤ運動については、C. Sutter, *Johann von Vicenza und die italianische Friedensbewegung in Jahre 1233,* Freiburg i.Br., 1894の古典的研究が有益である。

●95）—— こうした詭計が、前もっての合意をとりつけた修道士たちが奇蹟と見えるような符合をひき起こすものであったことについては、Salimbene de Adam, *Cronica,* a cura di G. Scalla, I, Bari, 1966, p.108が意味深な指摘をしている。またアレルヤ運動の唱導者ジョヴァンニ・ディ・ヴィチェンツァについては同書p.110に彼の見解が述べられている。

●96）—— すでに註64に記したところに加え、R. Manselli, *L'anno 1260 fu anno gioachimitico?,* in *Il movimento dei disciplinati,* cit., pp.107-108でこの点に固執したところを参照。またこれについては、A. Frugoni, *Sui flagellanti del 1260,* in «Bullettino dell'Istituto Storico Italiano per il Medio Evo e Archivio Muratoriano», 75 (1963), pp.211-237も賛同している。鞭打ち派《フラゲランティ》については、本節後続頁でも語っている。

●97）—— こうした問題については、敬信《ピエタ》の多様な観点に関してとともに、E. Delaruelle（註80に引用）を参照。

●98）—— 歴史的展開にそって、キリスト教の祈りを全般的に論じているものに、J. A. Jungmann, *La prière chrétienne, Évolution et permanence,* Paris, 1972（仏語訳）がある。ここで語っている時代については、pp.114-135を参照。

●99）—— 同信会については、先に論じたところおよびⅣ章3節を参照。

●100）—— «Femme je suis povrette et ancienne, / Qui riens ne scay; oncques letter ne lus. / Au moustier voy dont suis paroissienne / Paradis paint, ou sont harpes et lus. / Et ung enfer ou dampnez sont boullus: / L'ung me fait paour, l'autre joye et liesse. / La joye avoir me fay, haulte Deesse, / A qui percheurs doivent tous recourir, / Comblez de foy, sans fainte ne paresse: / En ceste foy je vueil vivre et mourir»; *Ballade pour prier Notre Dame,* in *Le Testament,* in A. Longnon, *François Villon, Oeuvres,* Paris, 1969 (4e édition), versi 893-902, pp.40-41〔『ヴィヨン全詩集』, 鈴木信太郎訳, 1965〕。

●101）—— 中世女性史、それも特に初期中世に関してはこれからの課題

であり、文献的にも著しく欠落している。人類学 - 社会学的な概説として、I. Magli, *La donna.* Firenze, 1974がある。フランスについて簡潔に展望したものに、A. Lehmann, *Le rôle de la femme dans l'histoire de France au Moyen Âge,* Paris, 1952があり、また宗教生活に関して、M. Bernards, *Speculum Virginum. Geistigkeit und Seelenleben der Frau im Hochmittelalter,* Köln-Graz, 1955 (Forschungen zur Volkskunde, 36-38) を挙げておこう。異端における女性の介在については、本節の後続頁で語られる。

●**102**)—— このエピソードに関しては、R. Manselli, *L'eresia del male,* Napoli, 1963, pp.123-141参照。

●**103**)—— この友情については、R. Manselli, *Ecberto di Schönau e l'eresia catara in Germania alla metà del secolo XII,* in «Arte e Storia», (I章註4に引用), pp.309-338; Idem, *Amicizia spirituale e azione pastorale nella Germania del sec. XII: Ildegarde di Bingen, Elisabetta ed Ecberto di Schönau contro l'eresia catara,* in «Studi e materiali di storia delle religioni», op.cit., ivi, pp.302-313参照。

●**104**)—— ウルスラと彼女に導かれる一万一千人の同伴者たちについては、M. Coens, *Les vierges martyres de Cologne après un ouvrage récent,* in «Analecta Bollandiana», 47 (1929), pp.89-110参照。

●**105**)—— 本書Ⅲ章2節で語るところを参照。

●**106**)—— この問題は、本書Ⅲ章3節で採りあげる。

●**107**)—— 聖フランチェスコと女性たちの関係についてのもっとも鋭い論述は、P. Sabatier, *Vie de St. François,* Paris, 1894, pp.168-190; 393-395にある。

●**108**)—— L. Oliger, *De secta spiritus libertatis in Umbria saec. XIV, disquisitio et documenta,* Roma, 1943 (Storia e Letteratura, 3) 参照。

●**109**)—— 福者ヴェントゥリーノ・ダ・ベルガモ、聖女カテリーナ、聖女ビルギッタについては、ここではそれぞれ «Bibliotheca Sanctorum», P. Bertocchi, XII (1969), coll.1013-1016, A.Cartotti Oddasso, III (1963), coll. 996-1044, I. Cechetti, 同書, coll.439-530による項目を参照するにとどめるが、そこには膨大な文献目録も添えられている。

●**110**)—— H. Grundmann, *Religiöse Bewegungen im Mittelalter,* Darmstadt, 1961 (2ª ed.), pp.327-354参照。

●**111**)—— Ⅳ章註48、49参照。

第Ⅲ章

●1)—— これらすべての問題についてはⅣ章で採りあげる。文献の指摘もそちらに譲る。

●2)—— *Vita Willihelmi abbatis Hirsaugensis,* cap.17, in MGH SS, XII, p.217参照。

●3)—— 「こうした素朴なる者たちは無知をあらわすにしても深い信仰にある «Qui simpliciter quidnam sit fides penitus se ignorare fatentur»」、同上。

●4)—— 所謂グレゴリウス時代に関する研究の数が日々増加しつつあり、それらがますます良質なものとなってきているにしても、グレゴリウス時代であるかないかにかかわらず歴史家たちの関心が教会ヒエラルキア内の規律論争に向けられるならば、それは知的宗教の領野のことであり、聖書の、教父たちの句節、教会法に基づいて進められる議論に留まるものであることを銘記しておかねばならない。またヴィオランテのようにこうしたリスクを避けようとしつつ、諸閥族の権益、世襲財産、教会機構といった微細な紛糾のうちに引き込まれると、腐敗したものと見なされた聖職者たちに反抗するように衝き動かし、ついには暴動にまで到った群衆の感情——それはミラノの事例ばかりかフィレンツェにも波及した——を再び見失うことになる。ミラノについてはC. Violante, *I laici nel movimento patarino, in Studi sulla cristianità medioevale,* Milano, 1972, pp.145-246を、一方グレゴリウス時代全体を批評したものとして重要なO. Capitani, *Esiste un'«età gregoriana»? Considerazioni sulle tendenze di una storiografia medievistica,* in «Rivista di Storia e Letteratura religiosa», 1 (1965), pp.454-481を参照。

●5)—— 二つの事態というのは、司祭の威厳を保つ諸慣習の純潔(これは容易に罪ある聖職者による秘蹟の無効を訴えるドナトゥス派の立場に移行する)および、民衆の心性においては清貧の努めと化した財産の共有(つまり私有の放棄)のことである。前者については前註のC. ヴィオランテの論考、特に司祭の秘蹟授与の重要性を浮き彫りにした結論部を参照。清貧に関しては、ヴィオランテもパタリア派の闘争の意味を強調しているが、R. Manselli, *Evangelismo e povertà,* in «Povertà e ricchezza nella

spiritualità dei secoli XI e XII», Todi, 1969 (Convegno del Centro di Studi sulla spiritualità medioevale, 8), pp.11-41を参照されたい。また、R. Morghen, *Medioevo Cristiano,* Bari, 1968 (5a ed.)を忘れてはならない。この著書の重要さは、H. Grundmann, *Movimento religiosi del Medioevo,* Bologna, 1974（ドイツ語版についてはII章註110に引用）に付した私の序論にも明記したように、このドイツの偉大な学者にとっても基礎となるものだった。

●6）—— G. Miccoli, *Pietro Igneo. Studi sull'età gregoriana,* Roma, 1960 (Studi Storici, 40-41) 参照。特にpp.1-45では「セッティモの聖サルヴァトーレの火の試練」が論じられている。

●7）—— Ilarino da Milano, *Le eresie popolari del secolo XI nell'Europa Occidentale,* in «Studi Gregoriani», II (1947), pp.80-82 ; R. Manselli, *L'eresia del male,*（II章註102に引用）, pp.143-144を参照。

●8）—— グレゴリウス七世がパリ司教に宛てた書簡（IV, 20）、in E. Casper, *Gregorii VII Registrum,* I, Berolini, 1955 (MGH Epistulae Selectae, t.II, fasc.I), p.328参照。「カメラチェンセス（カンブレー）で炎に巻かれた男に関して、つまり聖職売買および放蕩なる司祭はミサ典礼を挙げてはならない、またそうした者たちの聖務を受けることはできないと主張した男に関して。これは由々しき事態にして、事実であるならば、厳正なる教会法に照らして汝の修道士たちに真実を調査報告するよう督促されんことを依頼する。また酷い不敬の者に関する調査を広げ、注意深く介入して一々の聖体拝領を教会権威の下に成し、冒瀆者を分散させることなく纏めて隔離するよう、上長たちに汝の文書によりて成果の期待できる確かな意を伝えられんことを «Item relatum nobis est Cameracenses hominem quendam flammis tradidisse, eo quod symoniacos et presbyteros fornicatores missas non debere celebrare et, quod illorum officium minime suscipiendum foret, dicere ausus fuerit. Quod quia nobis valde terribile et, si verum est, omni rigore canonice severitatis vindicandum esse videtur, fraternitatem tuam sollecite huius rei veritatem inquirere annonemus. Et si eos ad tantam crudelitatem impias manus suas extendisse cognoveris, ab introitu et omni communione ecclesie auctores pariter et complices huius sceleris separare non differas; et nobis huius rei certitudinem necnon, quid de superioribus causis effectum fuerit, per litteras tuas quam citissime possis indicare stude»」。

●9)—— この点については、有効な秘蹟を授けることができまた神への真の執り成しができるような聖なる生を送る司祭たちを欲する民衆の意志について、すでに注したところである。民衆信仰において司祭は仲介者であり、その権能は直接その人物の聖性に見合うものとみなされたことを忘れてはならない。知的宗教においても聖職者の聖性は必要とされたが、それは神の誡めへの、福音の勧告への、教会法への服従に基づくものであって、その動機を異にしていた。上述したような二つの動機づけが唯一の目的として合一することになる。

●10)—— パタリア派については、C. VIOLANTE, *La Pataria Milanese e la riforma ecclesiastica,* I, *Le Premesse (1045-1057),* Roma, 1955 (Studi Storici, 11-13); G. MICCOLI, *Chiesa Gregoriana,* Firenze, 1966, pp.101-167 :「ミラノのパタリア派の歴史」; C. VIOLANTE, *I laici,*（本章註4に引用）を参照。

●11)—— 都市の住民と農村の住民の貧困という問題については、その差異が十分明らかであるにしても、まだまだ研究される余地がある。いずれにしてもここでは、R. MANSELLI, *Evangelismo e povertà,*（本章註5に引用）; C. VIOLANTE, *La povertà nelle eresie del secolo XI in Occidente,* in *Studi*（本章註4に引用）, pp.69-137を参照。そして重要な研究、G. COUVREUR, *Les pauvres ont-ils des droits? Recherches sur le vol en cas d'extrême necessité depuis la Concordia de Gratien (1140) jusqu'à Guillaume d'Auxerre (1231),* Roma, 1961 (Analecta Gregoriana 111) を挙げておこう。そこには先行する時代についてもいろいろな指摘がある。M. MOLLATの指導のもとに進められる貧困研究の多くは、今日 *Études sur l'histoire de la pauverté (Moyen Âge-XIVe siècle),* I-II, Paris, 1974 (Publications de la Sorbonne, Études, 8) に集められまた参照されている。「裸のキリストに従う裸 «Nudus nudum Christum sequi»」というヒエロニムスに由来する禁欲的位相《トポス》については、R. GRÉGOIRE, *L'adage ascétique «Nudus nudum Christum sequi»,* in «Studi Storici in onore di O. Bertolini», I, s.l., s.d. (ma Pisa 1972), pp.395-409 に集められた句節が有益である。

●12)—— この点については、1973年11月に催されたCongresso Internazionale sulle Fonti medioevali e problematica storiograficaにおけるR. MANSELLIの報告 *I commenti biblici* (Roma, 1976, pp.397-424) を参照。

●13)—— 謙遜派《ウミリアーティ》については先のII章註78を参照。

●14)—— R. Manselli, *L'eresia del male,*（II章註102に引用）, pp.53-64:「プリシアヌス主義は潜在的二元論か」; B. Vollmann, *Studien zum Priscillianismus,* St. Ottilien, 1965参照。

●15)—— ウルゲルのフェリックスのキリスト養子説については、カロリング朝の教会において、そしてその時代の神学論議という枠組みにおいて、H. von Schubert, *Geschichte der christlichen Kirche im Frühmittelalter,* Tübingen, 1921, pp.76-191に概観されている。また、K. Baus, *Von der Urgemeinde zur frühchristlichen Grosskirche,* Freiburg-Basel-Wien, 1965 (Handbuch der Kirchengeschichte I), pp.231-293も参照。

●16)—— トリノのクラウディウスについてはいまだ中世史において個別研究が欠けているが、ここでそれをなす訳にもいかない。ただし民衆信仰という観点から、その重要性について二つ強調しておきたい。ひとつは聖人像の数々に対する彼の反感は、それを民衆信仰における諸聖人崇拝という環境においてみるときにのみ格別の意味をもつということである。すでにみたように、民衆信仰において聖人は神の権能に参与する限りにおいて崇拝に値するというばかりでなく、その像を以って礼拝されるに到った。つまりトリノのクラウディウスは偶像破壊を闘ったというよりは、おそらくそのうちに異教的崇拝を保存する民衆の信心に抗したのだった。また別に、彼はこうした努力のうちに追随者も弟子もなしに孤立することになるのだが、それは彼が民衆の心性を理解できず——それゆえそこから離脱し——諸聖人崇拝の肯定的側面を見出せなかったことに起因している。この点については、R. Manselli, *Studi sulle eresie del secolo XII,* Roma, 1953 (Studi storici,5), p.37; E. Ewig, *Kulmination und Wende der Karolingerzeit (814-840),* in «Die mittelalterliche Kirche»,（II章註71に引用）, pp.133-134を参照。

●17)—— 聖体については、古典的著作H. de Lubac, *Corpus mysticum, L'eucharistie de l'Église au Moyen Âge,* Paris, 1949 (2ª ed.) 参照。また、A. J. MacDonald, *Lanfranc. A Study of his Life, Work and Writing,* Oxford-London, 1926; Idem, *Berengar and the Reform of Sacramental Doctrine,* London-New York-Toronto, 1930の二研究を添えておこう。トゥールのベレンガリウスについては、O. Capitani, *Studi per Berengario di Tours,* in «Bullettino dell'Istituto Storico Italiano per il Medio Evo e Archivio Muratoriano», 69 (1957),

pp.67-173が研究に新局面を開いた。また、J. de Montclos, *Lanfranc et Bérenger. La controverse eucharistique du XIe siècle*, Louvain, 1971 (Spicilegium Sacrum Lovaniense, 37) 参照。

●18)── ベレンガリウスについては前註に記した文献を参照。

●19)── S. Bernardi, *Sermones super Cantica Canticorum*, in «Sancti Bernardi opera», recensuerunt J. Leclercq, C. H. Talbot, H. M. Rochais, II, Romae, 1958, sermo 64, pp.166-168。この説教についてはⅣ章2節で再論する。またⅣ章註19参照。

●20)── 巡歴説教者たちについては、常に有益なH. Grundmann, *Religiöse Bewegungen*,(Ⅱ章註110に引用), pp.38-50と、またJ. von Walter, *Die ersten Wanderprediger Frankreichs. Studien zur Geschichte des Mönchtums*, I-II, Leipzig, 1903-1906を参照。またE. Werner, *Pauperes Christi. Studien zu sozial-religiösen Bewegungen im Zeitalter des Reformpapsttums*, Leipzig, 1956はマルクス主義的観点からこれを論じている。

●21)── アルブリッセルのロベールRoberto d'Arbrisselについては、J. von Walter,(前註参照), I, pp.9-195に加え、H. Platelle, in «Bibliotheca Santorum», XI (1968), pp.228-231の該当項目およびそこに付された文献一覧を参照。

●22)── この書簡はMigne, *P.L.* CLXXI, coll.1480-1492に公刊された。J. von Walter, *Die ersten Wanderprediger*,(前註参照), I. pp.181-189も参照。そこからロベールの着衣について、マルボドの観るところを引いておこう。「あちこち裂けた奇怪な衣服を纏い、聖職者も公言せぬこと、兵士たちが言いはじめたような修道士すら言わぬ酷い誹謗の言葉を吐く。その成すところをご覧になるがよろしい «Caeterum de pannosi habitus insolentia plurimi te redarguendum putant, quoniam nec canonicae professioni, sub qua militare coepisti, nec sacerdotali ordini, in quem promotus es, convenire videtur»」。そして不倫な悲劇的帰結とともに「わたしが言う訳ではないが、証拠もなしに囁かれるところでは、変装して若者たちの僧房を行き来した «Taceo de iuvenculis, quas, sicut dixi, sine examine, mutata veste, per diversas cellulas inclusisti»」。しかしもっとも興味深い部分はアルブリッセルのロベールと群衆と聖職者の関係が示される中央部にある。「砂漠の賤民のごとくすべてを放棄した貧しい様子の司祭たちを見た。この男はその雄弁

に任せて承服しがたき悔悛を説き、十分の一税も初穂奉納もやめよと、その訴えるところは汝のものを一々断罪せんとするものであった。いたるところから汝を讃えんと衆人の集まるところを、この男がまさに牧人のごとくに妨げるのを見た。その主張にもかかわらず、それは信仰の愛によるものではなく、巷間に親しきところのもの、珍奇と新たな欲望を表明したものに過ぎない «Videmus egentes presbyteros a suis desertos velut indignos, quibus se offerant, quorum se commendent orationibus, quibus iniunctionem poenitentiae accipiant, quibus solvant decimas vel primitias, qui omnes tuo se queruntur iudicio condemnatos. Videmus turbas ad te undique confluentes, tibi tuisque honores, quos propriis debent pastoribus, impendentes. Quos tamen, ut manifestum est, non religionis amor, sed ea quae semper vulgo familiaris est, curiositas et novorum cupiditas dicut»」。ここにくっきりとロベールの魅惑の数々が指摘されているのをみることができる。つまり信徒たちの側からの聖職者拒否をも説明する彼の悔悛の際立った外見を。民衆は彼らの欲するような神への執り成しの有効性を、聖職者のうちにまったく感じていない。

●23)―― 十二世紀の宗教生活における女性という問題についてはいまだ未解決の問いであるが、H. Grundmann, *Religiöse Bewegungen,*（II章註110に引用), pp.170-198,「宗教生活への女性の参与のはじまり」を参照。いずれにしても女性はいつも巡歴説教者たちに追随していた。異端の諸現象への女性の参与については、G. Koch, *Frauenfrage und Ketzertum im Mittelalter. Die Frauenbewegung im Rahmen des Katharismus und des Waldensertums und ihre soziale Würzeln (12.-14. Jahrhundert),* Berlin, 1962が有益である。また、E. Delaruelle, *Problèmes socio-économiques à Toulouse vers 1200, à propos d'un livre récent,* in «Saint Dominique en Languedoc», s.l. (ma Toulouse), 1966 (Cahiers de Fanjeaux, 1), pp.123-132の考察にも注意を払いたい。

●24)―― ロベールの態度はマルボドを驚かせ感嘆させるものであると同時に彼を悲しませるものであるが、マルボドの書簡の調子はそこにある引用や論議の傾向からみて、明らかにロベールを学識ある者とみなしている。つまりここでロベールや他の巡歴説教者たちに、民衆に寄り添い、彼らの要請を受けとめ、彼らに与しようと勤める知識階層にある人物を

見出すことになる。この点、在俗者であり学識者でなかったワルドやアッシジのフランチェスコとの差異を見ておかねばならない。

●25)—— ミュレのステファノ Stefano di Muretについては、H. Platelle, in «Bibliotheca Sanctorum», XI (1968), coll.1406-1408およびそこに付された文献一覧を参照。彼について、フランチェスコ会以前の福音清貧主義の多様な形態のうちに論じたものとして、Ilarino da Milano, *La spiritualità evangelica anteriore a S. Francesco,* in «Quaderni di Spiritualità francescana», 6 (1963), pp.34-70、特にpp.58-61がある。ミュレのステファノと彼の創設した修道会についての熱烈な研究として、J. Becquet, *Scriptores Ordinis Grandimontrensis,* Turnholti, 1968 (Corpus Christianorum. Continuatio mediaevalis, 8) に収められた論考、また*La règle de Grandmont,* in «Bulletin de la Société Historique et Archéologique du Limousin», 87 (1958-1960), pp.9-36および «Dictionnaire de Spiritualité», IV, 2 (1961), pp.1504-1514の*Étienne de Muret*の項目を参照。グランモン修道会の清貧については、最近の研究Chr.Pellistrandi, *La pauvreté dans la règle de Grandmont,* in *Études sur l'histoire de la pauvreté,* (I章註11に引用), pp.229-245をも参照。

●26)—— グランモン修道会への女性の貢献については、これまたJ. Becquet, *Recherches sur les institutions religieuses de l'Ordre de Grandmont,* in «Revue Mabillion», 92 (1952), pp.31-42を参照。

●27)—— R. Manselli, *Il monaco Enrico e la sua eresia,* in «Bullettino dell'Istituto Storico Italiano per il Medio Evo», 65 (1953), pp.1-63 ; Idem, *Studi sulle eresie,* (註16に引用), pp.45-67,「修道士アンリ」を参照。

●28)—— ヒルデベルトゥスの歴史上の性格については、A. Dieudonné, *Hildebert de Lavardin, évêque du Mans, archévêque de Tours (1053-1113). Sa vie. Ses letteres,* Paris, 1898を参照。また、P. von Moos, *Hildebert von Lavardin, Humanitas an der Schwelle des höfischen Zeitalters,* Stuttgart, 1965 (Pariser historische Studien, 3) があるが、これは同じモースによって «Dictionnaire de Spiritualité», VII, 1 (1969), coll.502-504に要約されている。

●29)—— 十二世紀を特徴づける重要な要素として、わたしには大変意味あると思われる清貧問題は、この時期の知的宗教においても継続的に議論されることとなる。ここではこの問題を論じた十二世紀の最重要な人物として、ライヒェスベルクのゲルホーとラウール・アルデンスの二人

の名を挙げるにとどめよう。まさにこの時期、際立った重要性を持ち続けた問題に、清貧の権利という問いがある。この議論が少なからず興味あるのは、清貧問題がこれまた重要な別の問題、人間の自然権や所有権の正当性という問題を導き出す、という事実である。ここには異論の余地なく明瞭に民衆信仰と知的宗教の緊密な連繋と相互影響が認められる。リスクの多い仮説を成そうというのではなく、ここではただ著名な法律学者であった当時の二人の教皇、アレクサンデル三世はワルドとその同伴者たちに、インノケンティウス三世はフエスカのドゥランドゥスやアッシジのフランチェスコに関心と理解を示していたということを指摘するに留めたい。この点については、Ⅳ章3節および同章註28で後述する。

●30)—— R. Latouche, *La commune du Mans (1070)*, in «Mélanges d'Histoire du Moyen Âge, dédiés à la mémoire de Louis Halphen», Paris, 1951, pp.377-382参照。

●31)—— タンケルムスについてはなにより基本的な著作であるE. de Moreau, *Histoire de l'Église en Belgique,* II, *La formation de l'Église médiévale,* Bruxelles, s.d. (ma 1945), (2ª ed.), pp.410-425とそこに添えられた文献一覧を参照。これにつづく研究は少なく、この点についてはR. Manselli, *L'eresia del male,*(Ⅱ章註102に引用), pp.144-145を参照。また次註の聖ノルベルトゥスをも参照。本書の目的に照らして、モローが彼に捧げた章「民衆のキリスト教」にタンケルムスを配していることを指摘しておきたい。

●32)—— 聖ノルベルトゥスとそのベルギーでの著作についても、E. de Moreau,(前註31に引用), III, *L'Église féodale (1122-1378),* Bruxelles, s.d. (ma 1945) を参照。聖ノルベルトゥスと彼の修道会創設については、pp.439-482で論じられている。また、J. B. Valvekensによる«Bibliotheca Sanctorum», IX (1967), coll.1050-1068の該当項目とそこに添えられた文献一覧をも参照。一方、ノルベルトゥスとプレモントレ会の霊性については、F. Petit, *La spiritualité des Prémontrés,* Paris, 1947の研究がある。またその著作に関しては、N. Backmund, *Die mittelalterlichen Geschichtsschereiber des Prämonstratenserordens,* Averbode, 1972 (Bibliotheca Analectorum Praemonstratensium, 10) で概説されている。

●33)—— ワルドについては本書Ⅳ章2節および同章註24に後述する。ここでは際立った点をいくつか挙げるにとどめよう。わたしはワルドの回

心*conversio*の目的の一つが清貧にあり、それは悔悛の説教と同じ位相で扱われねばならないと考えており、ワルドの第一の目的は説教にあり、清貧は予め必要な条件ではあるが謂わば手段に過ぎないとするK.-V. ゼルゲの立場を承認できない。A. DONDAINE, *Aux origines du Valdéisme, Une profession de foi de Valdès,* in «Archivum Fratrum Praedicatorum», 16 (1946), pp.190-235 ; R. MANSELLI, *Studi sulle eresie,*（本章註16に引用), pp.69-87,「ワルド主義運動の起源」; J. GONNET, *La figure et l'oeuvre de Vaudès dans la tradition historique et selon les dernières recherches,* in «Vaudous languedociens et Pauvres Catholiques», s.l. (ma Toulouse), 1967 (Cahiers de Fanjeaux, 2); K.-V. SELGE, *Caractéristiques du premier mouvement vaudois et crises au cours de son expansion,* ivi, pp.110-142; IDEM, *Discussions sur l'apostolicité entre Vaudois, Catholiques et Cathares,* 同上, pp.143-161; IDEM, *Die ersten Waldenser,* I, *Untersuchung und Darstellung,* Berlin, 1967 (Arbeiten zur Kirchengeschichte, 37/1) 参照。

●**34**)―― オーセールのジョフロワの一節は、J. LECLERCQ, *Le témoignage de Geoffroy d'Auxerre sur la vie cistercienne,* in «Analecta monastica», IIe série, Romae, 1953, pp.174-201によって報じられ、それを享けてR. MANSELLI, *Goffredo di Clairvaux di fronte a Valdismo e Catarismo,* in *Per la storia dell'eresia nel secolo XII, Studi minori,* in «Bullettino dell'Istituto Storico Italiano per il Medio Evo e Archivio Muratoriano», 67 (1955), pp.245-252で検討された。この文書はその他の著作とともにF. GASTALDELLI, *Goffredo di Auxerre, Super Apocalipsim,* Romae, 1970 (Temi e Testi, 17), pp.179-180に公刊された。ワルド派に対するジョフロワの判断のいくつかには興味深いところがある。この運動は異形のものである。「ガリアには指導する者はないのか。ガリアのルグドゥーヌム（リヨン）では新たに使徒を祀り、使徒を戴くにまったく遠慮するということを知らぬ «Gallia monstra non habet? Galliarum sedes Lugdunum novos creavit apostolos, nec erubuit apostolos etiam sociare»」異端者たちは「侮蔑し単純に憤る者たちで、まったくあるいはほとんど学識もなしに霊の賜もなしに、聖務の説教を濫用し……ヘレボルスを塗って高揚し、無論、口にする言葉によって聖職者を誹謗中傷する者 «personae contemptibiles et prorsus indignae, praedicationis officium usurpantes, aut penitus aut pene sine litteris, sed potius sine spiritu... Elleborum unde suorum pigmenta acuant, immo figmenta verborum, vituperatio est et

derogatio clericorum»」である。だが、この長い一節は民衆信仰と知的宗教の関係としてみるとき、特に群衆をひきよせる反教権主義に関連して格別興味深い。

●35）―― フエスカのドゥランドゥスについてはⅣ章3節で論じるところを参照。彼とともにベルナルド・プリムをも記憶に留めたい。彼については、J. B. Pierron, *Die katholische Armen,* Freiburg i.B., 1911に加え、Chr. Thouzellier, *Catharisme et Valdéisme en Languedoc à la fin du XII*[e] *et au début du XIII*[e] *siècle,* Paris, 1966, pp.232-237, 262-267を参照。

●36）―― ギョームの偉大な書簡、*Ad fratres Montis Dei*については、M. M. Davy, *Un traité de vie solitaire. Lettre aux frères du Mont-Dieu de Guillaume de Saint-Thierry,* Paris, 1946 (Études de Philosophie Médiévale, 29) の研究を参照。一方、書簡そのものもデヴィーによって同書に公刊された。ここで関心を寄せている句節はpp.116-117に所収。サン・ティエリーのギョームにおける清貧問題については、ソルボンヌでのセミナーで私の論じたところである。その紀要は刊行準備中。

●37）―― ここに修道制の危機があるのだが、この点についてはR. Manselli, *Certosini e Cisterciensi,* in «Il monachesimo e la riforma ecclesiastica», Milano, 1971 (Università Cattolica del Sacro Cuore, Miscellanea del Centro di Studi medioevali, V), pp.79-104とそこに付した文献一覧参照。だが、この興味深い問題については、引き続き研究される必要がある。

●38）―― R. Manselli, *Evangelismo e povertà,*（本章註5に引用）でこの問題を広く論じた。

●39）―― P. Zerbi, *Pasquale II e l'ideale della povertà della Chiesa,* in «Annuario 1964-1965 dell'Università Cattolica del Sacro Cuore», Milano, 1965, pp.205-229は12世紀の宗教史における核心問題に触れるものである。

●40）―― この点については広く論じられているが、特にハインリヒ六世に関して鋭く論じた精妙な著作、G. Falco, *La Santa Romana Repubblica,* Napoli, 1964, pp.287-322を参照。この著作には、ここで論じている問題に必要な文献一覧も載せられている。

●41）―― これについてはⅣ章3節で後述。文献指摘もそちらに譲る。

●42）―― R. B. C. Huygens, *Lettres de Jacque de Vitry VI,* Leiden, 1960, pp.131-132およびp.131の重要な脚註参照。この一節を文字通り引けば、「サン・

ミカエル修道院長ライネリウス師は、原始教会のかたちと使徒の生をまねぶと称する小さき兄弟会の信徒が遍く拡がりをみせていると伝える«Domnus Rainerus, prior sancti Michaelis tradidit se religioni Fratrum Minorum, que religio valde multiplicatur per universum mundum eo quod expresse imitantur formam primitive ecclesie et vitam Apostolorum»」とある。ジャック・ド・ヴィトリは小さき兄弟会士たちの軽率さと無分別さのいくつかを挙げた後、引き続き次のようにつづけている。「先述の宗教者は、われらが聖職者コリヌス・アングリクス、またわれらが別の二人すなわち、貧しいサンタ・クローチェ教会に配慮を凝らすミカエル学匠とマテウス師を、聖歌隊、ヘンリクスその他、渇々の生を送る者たちについて伝えた «Eidem predicte religioni tradidit se Colinus Anglicus, clericus noster, et alii duo de sociis nostris, scilicet magister Michael et domnus Matheus, cui curam ecclesie Sancte Crucis commiseram: cantorem et Henricum et alios quosdam vix retineo»」。ジャックがかなりフランチェスコ会士たちに好意的な証人であることを、この一節は自ら証している。とはいえ、教会の定めた修道制の伝統会則の数々に完全に従うわけではないこの運動を、彼もまた懸念なしにみる訳にはいかなかった。

●43)―― 兄弟会 Fraternitas という観念については最近の論考、M. D. Chenu, *«Fraternitas», Évangile et condition socio-culturelle,* in «Revue d'Histoire de la Spiritualité», 49 (1973), pp.385-400で概説されている。

●44)―― 小さき兄弟会士たちの教権構造への編入については、L. C. Landini, *The Causes of the Clericalization of the Order of Friars Minor (1209-1260), in the Light of Early Franciscan Sources,* Chicago, 1968 ; R. Manselli, *S.Bonaventura e la clericalizzazione dell'Ordine dei Minori,* in «S.Bonaventura Francescano», Todi, 1974 (Convegni del Centro Studi sulla spiritualità medievale, XIV), pp.181-208参照。ただし私が上述の論考で示したように、この問題はフランチェスコ会の歴史そのものである。

●45)―― われわれの時代の典型例は、アルベルト・シュバイツァーの場合で、その〈博士dottotre〉は多くの礼賛者を得たが、その模範に従ったものは少なかった。

●46)―― こうした意味で重要なのは、ダンテ・アリギエリの清貧観念で、彼はそれを聖職者たちの救済のためには必然的な義務とみなしている。

«Enciclopedia Dantesca», IV (1973), coll.630-634のR. MANSELLIによる*povertà*の項目参照。また、D. G. PARKも同項の前半、coll.628-630でこれと同じ意向を示している。また、R. MANSELLI, De Dante à Coluccio Salutati: Discussions sur la pauverté à Florence au XIVe siècle, in «Études sur l'histoire de la pauvreté», (II章に引用), pp.537-659参照。ダンテについてはpp.638-642で論じている。

●47)—— R. MANSELLI, *Spirituali e Beghini in Provenza,* Roma, 1959 (Studi Storici, 31-34) 参照。

●48)—— この解釈についてはここで厳密な指摘をなすことはできないが、T. DENKINGER, *Die Betteolorden in der französischen didaktischen Literatur des Mittelalters,* Münster i.W., 1915を参照すれば十分であろう。托鉢修道会において格別激しいこの反教権主義は、異端特にカタリ派の反教権主義とは何の関係もないことを付言しておこう。

●49)—— まさにこの点について、R. MANSELLI, *De Dante à Coluccio Salutati,* (註46に引用), pp.651-652参照。そのpp.651-652でアントニオ・プッチを論じた。

●50)—— 中世末の異端の数々については、G. LEFF, *Heresy,* (II章註79に引用) が重要である。自由心霊派についてはpp.308-407で論じられている。またH. GRUNDMANN, *Religiöse Bewegungen,* (II章註101に引用) も参照。自由心霊派についてはpp.355-438で注意が向けられている。民衆世界の教会との関係について、マルクス主義的観点からこうした運動を考察したものに、M. ERBSTÖSSER-E. WERNER, *Ideologische Probleme des Mittelalterlichen Plebejertums. Die freigeistige Häresie und ihre soziale Würzeln,* Berlin, 1960; M. ERBSTÖSSER, *Sozialreligiöse Strömungen im späten Mittelalter, Geissler, Freigeister und Waldenser im 14. Jahrhundert,* Berlin, 1970がある。また、R. E. LERNER, *The Heresy of the Free Spirit in the Later Middle Ages,* Berkeley-Los Angeles-London, 1972はすべて自由心霊派研究に捧げられた書冊である。自由心霊派の歴史については、マルゲリータ・ポレーテの『純愛の鑑*Miroir des semples âmes*』の序論として著されたR. GUARNIERI, *Il movimento del libero spirito: dalle origini al secolo XVI,* in «Archivio Italiano per la Storia della Pietà», 4 (1965), pp.351-499を参照。

●51)—— この点に関しては先に引いたM. ERBSTÖSSER, *Sozialreligiöse Strö-*

*mungen*参照。pp.10-69は「1349年の鞭打ち巡礼」に捧げられ、またこの問題は全般的にpp.70-83で論じられている。

●52）── これら民衆的、社会的、宗教的運動すべてについて有益な総合的著作に、M. MOLLAT et PH. WOLFF, *Les ongles bleues. Jacques et Ciompi. Les révolutions populaires en Europe au XIVe et XVe siècles,* Paris, 1970がある。これは明快で委曲を尽した展望を与えるものであるとともに、文献一覧も充実している。

●53）── ここでウィクリフとフスについて文献一覧を挙げる訳にはいかぬが、G. LEFF, *Heresy,*（II章註79に引用）, pp.494-619 ; R. R. BETTS, *Correnti religiose nazionali ed ereticali dalla fine del sec. XIV alla metà del sec. XV,* in COMITATO INTERNAZIONALE DI SCIENZE STORICHE, *X Congresso Internazionale di Scienze Storiche, Relazioni,* vol.III: «Storia del Medioevo», Firenze, s.d. (ma 1955), pp.485-513; K. A. FINK, *Die nationalen Irrlehr: Wyclif und Huss,* in «Die Mittelalterliche Kirche»,（II章註78に引用）, pp.539-545を参照。

●54）── この点についてはR. MANSELLI, *De la «persuasio» à la «coercitio»,* in «Le Credo, la morale et l'inquisition», s.l. (ma Toulouse), 1971 (Cahiers de Fanjeaux, 6), pp.175-197また本書IV章3節を参照。

●55）── こうした群衆の行き過ぎについては、H. THELOE, *Die Ketzerverfolgungen im 11. und 12. Jahrhundert. Ein Beitrag zur Geschichte der Entstehung des päpstlichen Ketzerinquisitionsgerichts,* Berlin, 1913 (Abhandlungen zur Mittleren und Neueren Geschichte, 48) の豊富で行き届いた資料集成がある。

●56）── ヤコブス・デ・カッペリスの証言についてはD. BAZZOCCHI, *L'eresia catara. Appendice: «Disputationes nonnullae adversus haereticos»,* Bologna, 1920, p.CXXXIXを参照。カタリ派に対するこの陰口について、早々に検討する機会があることを願っている。また十五世紀にいたり、同様の告発が自由心霊派やフラティチェッリたちに対して向けられることになるという点についてもここで想起しておこう。

●57）── 反ユダヤ主義について、そうした傾向にある著作は別にして、S. W. BARON, *A Social and Religious History of the Jews,* (2a ed.), I-IX, New York, 1952-1960の*Antisemitism*の項目の指摘が有益である。民衆のユダヤ人排斥については、IV巻pp.67-70で論じられている。一方、R. MORGHEN, *La questione ebraica nel Medio Evo,* in *Medioevo Cristiano,*（註5に引用）, pp.129-148

はこれを概括している。フレデリクス二世による尋問については、Baron, 上掲書, IV, p.306に記されているが、そこには儀礼的殺害についての文献一覧も付されている。この尋問の手続きは、この皇帝の正義の感情と気高い資質を証すものである。ユダヤ人の儀式的殺害については、E. Vacandard, *La question du meurtre rituel chez les Juifs,* in «Études de critique et d'histoire religieuse»,（II章註23に引用）, pp.313-377をも参照。そこではそれが存在しなかったという結論に想到している。ユダヤ教徒とキリスト教徒の個人的諸関係については、しばしば公式な関係とはずいぶん異なるものとして、J. Abrahams, *Jewish Life in the Middle Ages,* new edition... by C. Roth, London, 1932, pp.423-453に言及がある。

●58）—— イスラム教徒に対する西洋からの態度については総合的に論じられたものがない。13世紀までの報せは、«L'Occidente e l'Islam nell'Alto Medioevo»,（II章註92に引用）、特に同書中のR. Manselliの論考およびM. Th. D'Alverny, *La connaissance de l'Islam en Occident du IXe au milieu du XIIe siècle,* II, pp.577-602, 他各所を参照。13世紀、14世紀にはロジャー・ベーコン、ライムンドゥス・ルルスが重要であるが、この点については、E. Heck, *Roger Bacon ein mittelalterlicher Versuch einer historischen und systematischen Religionswissenschaft,* Bonn, 1957; E. W. Platzeck, *Raimund Lull,* I-II, Düsseldorf, 1962-1963参照。

第Ⅳ章

●1）—— E. Auerbach, *Literatursprache und Publikum in der lateinischen Spätantike und im Mittelalter,* Bern, 1958参照。

●2）—— G. Morin, *S. Caesarii Arelatensis sermones,*（I章註19に引用）, Sermo I, pp.3-19参照。

●3）—— F. Graus,（II章註28に引用）, 参照。

●4）—— その重要さに鑑み、この一節の全体を引用しておこう。「ここに承認されたすべての教会規範の統合により、司祭職の聖書朗読および知解が生命を得て教導に用いられ、信徒に伝えるにあたり技巧を凝らした

叙述という枝葉は根絶され、ここに繰り返し知的遺産と民衆説教が結び合う。これにより司教は誰でも必要なる勧告を盛った説教を成すことを得る。ここで説かれる主題とは、善への永続する報謝および悪に対する永遠の断罪、来るべき復活、最後の審判およびそこでの浄福なる生を約する善業、またそれなくしてはそこから除かれる、という教えに基づくカトリック信仰である。またこの説教は誰に対しても平明にローマ俗語あるいは民間語《テオティスカム》に移して説かれることにより、すべての者が語られたるところを解し得ることとなる «Cum igitur omnia concilia canonum, qui recipiuntur, sint a sacerdotibus legenda et intellegenda et per ea sit eis vivendum et predicandum, necessarium duximus, ut ea, quae ad fidem pertinent et ubi de extirpandis vitiis et plantandis virtutibus scribitur, hoc ab eis crebro legatur et bene intellegantur et in populo praedicetur. Et quilibet episcopus habeat omelias continentes necessarias admonitiones, quibus subiecti erudiantur, id est: de fide catholica, prout capere possint de perpetua retributione bonorum et aeterna damnatione malorum, de resurrectione quoque futura et ultimo iudicio et quibus operibus possit promereri beata vita, quibusve excludi. Et un easdem omelias quisque aperte, transferre studeat in rusticam Romanam linguam aut Teotiscam, quo facilius cuncti possint intellegere quae dicuntur»」。*Concilium Maguntinum* (1°ott. 847), in A. Boretius et V. Krause, *Capitularia regum Francorum,* II, Hannoverae, 1890, p.176.

●5)―― A. Dresdner, *Kultur- und Sittengeschichte der italienischen Geistlichkeit im 10. und 11. Jahrhundert,* Breslau, 1890は倫理的頽廃のおぞましい様相を描き出している。また有名な著作の第一巻、A. Fliche, *La réforme grégorienne,* I, *La formation des idées grégoriennes,* Louvain-Paris, 1924 (Spicilegium Sacrum Lovaniense. Études et documents, Fasc. 6)の論じるところも忘れてはならない。ここでは特に10世紀の宗教的危機に捧げられた序論と、10世紀から11世紀前半の改革気運を論じた第一章に関心がある。また異なった観点を提起したものにF. Kempf, *Abendländische Völkergemeinschaft und Kirche von 900 bis 1046,* in «Die Mittelalterliche Kirche»,(II章註71に引用), pp.219-282がある。10世紀の立役者のひとりについて、«Raterio di Verona», Todi, 1974 (Centro di Studi sulla spiritualità medioevale, 8) をも参照。

●6)―― この点については、F. W. H. Wasserschleben, *Die Bussordnungen*

der abendländischen Kirche nebst einter rechtsgeschichtlichen Einleitung, Halle, 1851; H. J. Schmitz, *Die Bussbücher und die Bussdiscipline der Kirche,* Mainz, 1883; Idem, *Die Bussbücher und das kanonische Bussverfahren,*（II章註4に引用。以下Schmitzのこれら二著をSchmitz, IおよびSchmitz, IIと表記する。これらの二著は1883年版の表題のもとに纏められまさにI, IIとして再刊された。Graz, 1959）; P. Galtier, *Pénitents et «convertis» de la pénitence latine à la pénitence celtique,* in «Revue d'Histoire Ecclésiastique», 33 (1937), pp.5-26, 277-305; J. T. McNeill and H. M. Gamer, *Medieval Handbooks of Penance,* New York, 1938 (Records of Civilizatoin, 29) ; Th. P. Oakley, *The Penitentials as Sources for Mediaeval History,* in «Speculum», 15 (1940), pp.210-223; A. M. Stickler, *Historia Iuris Canonici Latini. Institutiones Academicae,* I, *Historia Fontium,* Augustae Taurinorum, 1950, pp.89-154; L. Bieler, *The Irish Penitentials,* Dublin, 1963 (Scriptores Latini Hiberniae, V) を参照。

●7）―― R. Manselli, *Vie familiale et éthique sexuelle dans les Pénitentiels,* in «Actes des Colloques "Famille et parenté au Moyen Âge"», Rome, 1977, pp.363-378参照。

●8）―― たとえば、*Poen. Valicellianum I,* n.54:「いかなる者であろうと高利貸しをなす者は、三年間にわたる痛悔に加え、一年のパンと水による悔悛 «Si quis autem usuras undecumque exegerit, III annos peniteat, I ex his in pane et aqua»」、同上n.55:「いかなる司祭も高利貸しにより利得を得た者は、教会法の定めるところに従い懲戒罷免とされる «Si quis sacerdos usuras undecumque acceperit, secundum canonem deponatur»」(Schmitz, I, pp.292-293) およびそれに関連する聖書の句節を参照。高利貸しについてではなく、より単純な商品販売について、*Poen. Ecclesiarum Germaniae,* c.132（これはヴォルムスのブルガルドの『告示集 *Decretorum libri*』XIX巻に収められた「指導者 *Corrector*」）は、高利貸しの禁止ばかりでなく、商業活動における不正も教会によって罰されたことを示すものとして注目に値する。「秤量において欺くか不正を働くかして汝らを偽る者、さらに詐欺を働く者、他のキリスト教徒たちを裏切る者はいかに。偽りをなしまたそれを容認する者は二十日間をパンと水にて悔悛するものとする «Fecisti falsitatem, vel fraudem aliquam in mensuris, aut in ponderibus, ita dico, ut falso modo, aut cum ponderibus iniustis, tua bona venderes aliis christianis? Si

fecisti, aut consensisti, viginti dies in pane et aqua poenitere debes»」(SCHMITZ, II, p.438)。

●9)—— たとえば次の一節は格別興味深い。*Poen. Casinense*, c.91:「キリスト教徒は日曜日ごとに教会に通い、聖体を受けねばならない。というのもギリシャ人たちは絶えず毎日集いつつも第三日曜にだけそれをなし、また聖体節を祝わず、教会法に説かれるごとく破門されたのであったゆえに «Omni die dominica debent christiani in ecclesiam intrare et communionem suscipere, quia Greci sine intermissione omni die communicant; et qui tertia dominica fecerit et non susceperit corpus Domini in se, excommunicetur, sicut docent canones»」(SCHMITZ, I, pp.417-420)。また、*Poen. Laurentianum*, c.47は日曜の労働を禁じている。「日曜日ごと晩課まで定められたる一々の礼拝を厳修し、平日の作業は慎まれる。市場の荷は最小限、臨終の者あるいは懲罰を課された者に対する聴聞もまた最小限、請願の秘蹟も和解交渉も同様とする。すべて主の遣わされた律法に従いて定める。下僕の業は主の日には成されぬものにして……農夫の葡萄摘みも囲垣造りも、森林開墾も樹木伐採もなされてはならず、約定も商取引も狩猟もなされてはならない。御者の仕事は主の日にも成されてよい。また生贄獣の屠殺もしくは強制労働も許される。必要とあらば、埋葬もまた。婦女の職工は日曜日にはなされてはならない。洗髪も不可。着衣を替えたり羊毛を刈ったりしてもならない。麻布を打ったり衣服を洗ったり、頭髪を刈ったりしてもならない。敬虔と平安のうちに日曜日を過ごすとはいえ、荘厳なるミサに参集し、われらの数々の日々に尊厳を添えたまう神の善を讃えよ。日曜日は商店のためのものではないが、船を出すこと、騎馬することは許される。パンを焼かず、入浴せず、書写をしてもならない。これに反していずれかを成す者には七日間の悔悛を課す。頭を洗うことについては、日曜日に奉献される者は除外されるが、そうした者はミサに備えて安息土曜日に断食し祝福を受けねばならない。以上、教会の信徒は誰をも例外としない «Omnes dies dominicas a vespera in vesperam cum omni veneratione observare decrevimus et ab inclito opere abstinere est, ut mercatus mercis minime sit, nec placitum, ubi aliquis ad mortem vel ad penam iudicetur, nec sacramenta iurentur, nisi pro pace facienda. Statuimus quoque secundum quod in lege Dominus mandavit, ut opera servilia diebus dominicis

non agantur..., quod nec viri ruralia exerceant in vinea colenda, vel sepe ponendo, vel in silvis stirpandis, vel arbores cedere, nec ad placita conveniant, nec mercatus fiat, nec venationes exerceantur. Tira carraria opera licet fieri in die dominica; item hostialia caria victualia vel angaria et, si forte necesse sit, corpus cuiuslibet duci ad sepulcrum. Femine opera textilia non faciant in die dominica, non caput lavent, non vestimentum consuant, nec lanam carpant; non licet linum battere aut vestimentum lavare nec vertices tondere, ut omni modo honor et requies diei dominico persolvatur, sed ad missarum solemnia undique conveniant et laudant Deum pro omnibus bonis, quae nobis milia dies conferre dignatus est. Die dominico non pro negotio, aliqua opera navigare et equitare licitum est, non panem facere, non balneare, non scribere, nam si aliquis praesumpserit aut Operaverit, VII dies peniteat. Lavacrum capitis potest esse, si infirmitas est; oblata si que die dominico offeruntur, sabbato debent fieri, a ieiunet ante missam et benedictionem datam. Nullus fidelis de ecclesia exeat»」(Schmitz, I, pp.789-790)。また悔悛の実修についてもっとも頻繁に課される罰は、断食に関するもの——つまりパンと水だけを摂ること——で、喜捨をしたり巡礼や追放を課したりすることはひどく稀であったことも指摘しておくにたりるだろう。

●10)—— こうした例は夥しく、そのいくつかを挙げるにとどめよう。*Poen. S. Columbani*, c.24 :「在俗信徒たちは奉献も間近に飲食したが、もちろんそれは無知から成されたものに違いなく、ひきつづき決してそれを繰り返すことのないよう誓い……悔悛した。それは冒瀆であると司祭が説教した後、そして食卓で悪魔が囁いた後に繰り返された貪食の罪であり、侮りから成されたものに違いない。パンと水による悔悛四十日を三度 «Si quis autem laicus manducaverit aut biberit iuxta fana, si per ignorantiam fecerit, promittat deinceps quod nunquam reiteret et... peniteat; si vero per contemptum hoc fecerit, id est, postquam sacerdos illi praedicavit, quod sacrilegium hoc erat, et postea mensae daemoniorum communicaverit, si gulae tantum vitio hoc fecerit aut repetierit, III quadragesimis in pane et aqua peniteat»」(Bieler, op. cit., p.104); *Poen. Hubertense*, c.XXIV:「腸卜、泉あるいは矩形の柵それとも樹木に犠牲もしくは供物を奉げるか、神性に原因を問いあるいは鳥や邪霊により予言をなすことにより犯された冒瀆につ

いては、五年間の悔悛および托鉢を課す «Si quis sacrilegium fecerit, id est quod aruspices vocant, si ad fontes vel ad cancellos in quadruvio vel ad arbores vota reddiderit aut sacrificium obtulerit, aut divinos de qualibet causa interrogaverit, aut per aves aut quocumque malo ingenio auguriaverit V annos poeniteat et elemosynam»」(Schmitz, II, p.335)、また *Poen. Arundel,* c.88に想定される事例は、死者の墓での供犠についてそうした儀礼が聖職者によっても行われていたものであることを伝えるものとして興味深い。「墓あるいは胸像その他に悪魔の生贄を奉げたり、敵対者を恐れてそれを縛りつけたりする者のうち、未然に自省した者は七年、そうでない者には十四年の悔悛を課す。罪に堕ちた司教もしくは司祭、助祭は聖務停止とし、無効とされた所属管区外で規定のごとく悔悛すること «Qui ad sepulcra vel ad busta seu alicubi daemonibus sacrificantes futura inquirunt, si vi aut metu alicuius hostis constricti id faciunt, VII annos, si sponte, XIV annos peniteat. Episcopi aut presbyteri et diaconi hoc crimine lapsi ab officio cessent et praescripto modo peniteant, non tamen locum ordinis amittant»」(Schmitz, I, pp.461-462)。また、*Poen. Egberti,* c.VIII/1は、樹木への供犠や占いといった異教的儀式に聖職者が参加する場合を想定している。「占いもしくは予言とは、偽りの聖言もしくは預言を、また未来の予測を書き記すこと、あるいは樹木その他教会外のものを礼拝することを謂い、これをなす者は聖職者であろうと在俗信徒であろうと、教会より破門される。聖職者には三年、在俗信徒には二年もしくは一年半の悔悛を課す «Auguria vel sortes qui dicuntur false sanctorum vel divinationibus observare vel quarumcumque scripturarum inspectione futura promittunt, vel votum voverit in arbore, vel in qualibet re excepto aecclesiam, si clerici vel laici, excommunicentur ab ecclesia vel tres annis clerici peniteant, laicus II annos vel unum et dimidium»」(Schmitz, I, p.581)。こうした異教の残滓あるいは異教的態度は、年頭の各種の夜祭にもみられるものであり（すでに聖ボニファティウスはその教皇ザカリウス宛ての有名な手紙で、それがローマですら実修されたものとして嘆いていた。R. Rau, *Briefe des Bonifatius, Willibalds Leben des Bonifatius, nebst einigen zeitgenössischen Dokumenten,* Darmstadt, 1968, pp.140-149参照）、これは悔悛者たちからひきつづき断罪されつづけることになる。*Poen. Arundel,* cc.83, 93 (Schmitz, I, pp.460-462) 参照。こうした引用は

限りなく続けることができる。また「占い」は異教儀式や崇拝ばかりか、聖書やその他の書にもみられるところである。たとえば、同じ *Poen. Arundel,* c.96 (Schmitz, I, p.463); *Corrector,* c.67 (同書, II, p.425) 等々参照。

●11)—— G. Storms, *Anglo-Saxon Magic,* Gravenhage, 1948参照。そこでは異教要素とキリスト教要素の融合のかなり意味深い一連の事例が提供されている。この問題については、同書pp.115-126参照。

●12)—— 子供たちの治癒のためには、悔悛者たちはほとんど皆いつも迷信的行為に訴える。母親たちは子供を「屋根の上 «supra tectum»」、「竈の中 «in fornacem»」、「井戸の上あるいは石垣の上、癒されるようその他どこにでも «supra puteum, vel ad parietem, aut ubicumque, pro sanitate...»」置き去りにした。*Poen. Egberti,* c.VIII/2 (Schmitz, I, p.581); *Poen. Valicellianum I,* c.92 (同書, p.412); *Poen. Arundel,* c.97 (同書, p.464) 参照。気象変化についてもまた、しばしば民衆から要請されるところで、悔悛者たちは信仰の力で嵐を左右することができるものとみなしつづけた（この点については、本書II章1節を参照）。たとえば、*Poen. Arundel,* c.82:「静穏なる天候を何らかの方法で変えようと試みたり、悪魔を召喚して人心を惑乱する者には三年の悔悛を課す «Qui aliqua incantationes aeris serenitatem permutare temptaverit vel qui demonum invocatione mentes hominum perturbaverit, III annos peniteat»」(Schmitz, I, p.460); *Poen. Vallicellianum,* I, c.85:「嵐を引き起こす者は七年の悔悛 «Si quis immissor tempestatum fuerit, VII annos peniteat»」(同書, p.308) 参照。*Corrector,* c.194には、まさにある地方で実修された嵐を呼ぶための儀礼が詳述されている (同書, II, p.452)。この点についても本書II章1を参照。 夫婦の愛情を増し保証するため、悔悛者たちは通常ある種の水薬を用いた。たとえば、*Poen. Valicellianum I,* n.90 (Schmitz, I, p.314); *Poen. Theodori* 191 (同書, II, p.541) 参照。これについても豊富な例を引くことができるだろう。

●13)—— こうした成果は特に農村部では、回心の基となった請願や信徒たちを支えた司牧配慮の一々によって異なるものであったに違いない。こうした意味で、Ⅲ章1節および同章註2、3で述べたヒルザウの大修道院長ヴィリヘルムスのエピソードは実に重要な意味をもつ。

●14)—— こうした事実はケルト - ゲルマン心性に比較して、疑いもなく異なった態度を要請する。教会はこうした指向性に、ある種の罪を犯す

に到らせる動機に、悪事の公開に、心の中でのみ犯されたか現実に犯された行為であるかの区別に、罪の頻度に注意を払い、そしてそれは不純な行為に対し、「男女を問わず同等に «in utroque sexu, pari ratione»」課される罰へと拡張される（*Poen. Pseudo-Theodori* c.25, Wasserschleben, p.575 «christiana religio» は、これが〈キリスト教の誓約 Christiana religio〉に典型的な慣用であることを明瞭に表現している）。一方、しばしば罪が貧窮に起因するものである場合には、悔悛の罰則の軽減が認められる。つまりそれは、貧困、飢餓に苦しむ者たちの困難な状況を際立たせるとともに、窮乏状態に注がれる教会側からの貧者をも含めた人々の権利への強い関心を明かすものである。たとえば、*Poen. Beda,* c.12は「母胎内の四十日以前の胎児を殺した女は一年、四十日以上のそれを堕胎した者は三年の悔悛。ただし自らを養うに困難なる貧窮女あるいは隠れてそれをなす娼婦はこれを別とする «Mulier quae occidit filium suum in utero, ante dies XL, 1 annum peniteat; si vero post dies XL, 3 annos. Sed distat multum utrum paupercula pro difficultate nutriendi an fornicaria causa sui sceleris celandi faciat»」(Schmitz, I, p.560) と正確を期し、*Poen. Valicellanum* I, c.60は「飢えあるいは裸体を晒し、否応なく食物をあるいは衣類を盗む «per necessitatem furaverit cibaria aut vestes sive quadrupedia propter famem vel nuditatem»」(Schmitz, I, p.296) 者には軽い悔悛行為を定めている。*Corrector* c.40も同様の原則を支持している。「盗みをはたらく者は悔悛をせねばならぬ。ただし困窮により不可抗になされた盗みは、夢遊あるいは自失によりなされた盗みと同様とみなす。まさに飢えから、教会外で常習的にではなく不可抗因によってなされた食料の盗みは、盗品返還のうえ、三週間の休日をパンと水で悔悛すること。ただし盗品を返還できぬ者は十日間をパンと水で悔悛するものとする «Si rapinam fecisti, gravius debes poenitere: quia miserabilius est quod per vim se vidente rapuisti, quam quod sibi, dormiente vel absente, furatus es. Si fecisti furtum necessitatis causa, sic dico ut non haberes unde viveres et propter famis penuriam et tantum furatus es victualis extra ecclesiam et non propter consuetudinem fecisti, redde quod tulisti et tres sextas ferias in pane et aqua peniteas. Si autem reddere non poteris, decem dies in pane et aqua poeniteas»」(同書, II, p.418)。悔悛者たちにとって自由民と下僕の関係は、特にそれに限られる訳ではないが、なにより倫理的な

問題として姿をみせる。かどわかされた婢女は解放されねばならぬ（たとえば、*Poen. Beda* c.II c.16; *Poen. Cummeani,* c.II c.27等々; Bieler, p.116 ; Schmitz I, p.557参照）か、*Poen. Casinese* 22によれば、すくなくとも不倫から生まれた息子は自由民とされねばならない(同書, p.404)。自由民が婢女と婚姻する場合、「前以て両者の合意ない限り、自らもしくは他方より離縁することを許されない «aut suam, aut alterius, non habet licentiam dimittere eam, si ante eum consensu amborum coniuncti sunt»」(*Poen. Pseudo-Theodori,* c.I, c.33, Wasserschleben, p.576)。また同書の別の悔悛規定c.IV c.30は非常に厳正である。「自由民は下僕が自らの労働によって得た金銭を取りあげてはならない。これに反してなす者は、不当に取りあげたものを返還し、司祭の判断に従って悔悛すること «Non licet homini a servo suo tollere pecuniam, quam ipse labore suo adquisivit, si autem fecerit, restituat ei, quod iniuste abstulit et poeniteat iudicio sacerdotis»」(同書, p.583)。また有罪とされる年齢についても考慮されるに到る――それが子供の場合か成人の場合かによって悔悛規定を変えつつ――さらに、聖職者の場合には同じ罪を犯しても司教は、司祭、助祭、副助祭よりも重く罰せられる。

●15)―― この点については本章1節で論じたところを参照。また、*Poen. Arundel,* C.78に載る事例は想起しておくに足りる。火と水の試練という問題を前に、信仰に頼りつつも、ある者たちは自らに有利な判定を確保しようと、妖術に訴えることをも躊躇しなかった。それは実のところ、曖昧な異教の慣習の採用に他ならない。「拳闘あるいは火器刀剣もしくは煮え湯や氷水その他規定の武具をいずれかの邪悪なる力をもって覆す者には三年、一年目は厳格に、続く二年は軽微な悔悛を課す «Quicunque bellum pugillum aut ferrum ignitum iudicii aut aquam fervidam vel frigidam aut aliquod omnino genus legitimi iudicii quolibet maleficio nisus fuerit subvertere, III annos, primo ex his graviter, duobus vero sequentibus leviter peniteat»」(Schmitz, I, p.457)。

●16)―― アラスの公会議に関しては広範な研究がある。ここでは、Ilarino da Milano, *Le eresie popolari,* (Ⅲ章註7に引用), pp.60-67; R. Manselli, *L'eresia del male,* (Ⅱ章註102に引用), pp.129-133および最近の研究、C. Violante, *La povertà nelle eresie,* (Ⅲ章註11に引用), pp.76-92を挙げるにとどめる。アラスでの異端に関する討論について、ヴィォランテの主張する

ような主知主義的見解は受容しかねるが。

●17)── 本書Ⅲ章2節ですでに引証した。

●18)── R. MANSELLI, *Studi sulle eresie,*(Ⅲ章註16に引用), pp.89-109:「シュタインフェルトのエヴェルヴィヌスとクレルヴォーの聖ベルナルドゥス」参照。

●19)── S. BERNARDI, *Sermones super Cantica Canticorum*(Ⅲ章註19に引用)。説教65、66 (pp.172-188) は、異端者たちへの中傷やその恥知らずな実修への当てこすりをも敢えてなし、説教64 (pp.166-168) では修道士たちを現世に戻るように誘う諸々の運動の微妙な心理的洞察もみられる。この点については本書Ⅲ章2節ですでに述べたところである。

●20)── GUIBERT DE NOGENT, *Histoire de sa vie (1053-1124),* par G. BOURGIN, Paris, 1907, pp.202-215 (Collection de textes pour servir à l'étude et à l'enseignement de l'histoire, 40) およびR. MANSELLI, *L'eresia del male,*(Ⅱ章註102に引用), p.146参照。

●21)── こうした問題に対して、「ラングドック地方の聖ドメニコ」と題された «Cahiers de Fanjeaux»,(Ⅲ章註23に引用)の第一集の提起がある。またそこには他の文献の指摘もある。

●22)── «vilissime feces scopes laicalibus excopande», R. MANSELLI, *La «Lectura»,*(Ⅱ章註37に引用), pp.205-206参照。

●23)── アレクサンデル三世については、その教皇在位時の諸々の個別問題についての研究がない訳ではないが、いまだ批評的に有効なモノグラフィーが欠けている。その全体像としては、M. PACAUT, *Alexandre III. Étude sur la conception du pouvoir pontifical dans sa pensée et dans son œuvre,* Paris, 1956(この著作はいろいろ批評的考察を援けてくれるものである)、およびC. D. FONSECA監修, *I problemi della civiltà comunale,* Atti del Congresso storico internazionale per l'VIII centenario della prima Lega Lombarda, Bergamo, 1971参照。またP. BREZZI, *Ritratto di Alessandro III;* O. CAPITANI, *Alessandro III, lo scisma e le diocesi dell'Italia Settentrionale,* in «Popolo e Stato in Italia nell'età di Federico Barbarossa, Alessandria e la lega lombarda», Torino, 1970, pp.179-193, 221-238参照。

●24)── A. DONDAINE, *Aux origines du Valdéisme,*(Ⅲ章註33に引用), pp.191-235; R. MANSELLI, *Studi sulle eresie,*(Ⅲ章註16に引用), p.86; CHR. THOUZELLIER,

Catharisme et Valdéisme,（Ⅲ章註35に引用）, pp.23-25; K. V. Selge, *Die ersten Waldenser,*（Ⅲ章註33に引用）参照。

●25）―― R. Manselli, *De la «persuasio» à la «coercitio»,*（Ⅲ章註54に引用）, pp.175-197参照。

●26）―― C. Douais, L'Inquisition. *Ses origines. Sa procédure,* Paris, 1906; E. Vacandard, *L'inquisition,* Paris, 1907; J. Guiraud, *Histoire de l'inquisition au Moyen Âge,* I: *Cathares et Vaudois;* II: *L'inquisition au XIIIe siècle en France, en Espagne et en Italie,* Paris, 1935-1938参照。いずれにしても特に教会権力と政治権力の関係について議論を尽すことは容易ではない。異端審問とその諸問題については、E. Van der Vekene, *Bibliographie der Inquisition. Ein Versuch,* Hildesheim, 1963参照。また、*Le Credo, La Morale et l'Inquisition*（Ⅲ章註54に引用）と題された総合研究をも忘れてはならない。

●27）―― この点は非常に重要でありまた微妙であるが、Y. Dossat, *Les crises de l'inquisition toulousaine au XIIIe siècle (1233-1273),* Bordeaux, 1959; Mariano da Alatri, *L'inquisizione francescana nell'Italia Centrale,* Roma, 1954を参照。

●28）―― この点については、常に有益なH. Grundmann, *Religiöse Bewegungen,*（Ⅱ章註110に引用）, pp.70-156、「インノケンティウス三世時代の宗教運動」を参照。一方、K. Schatz, *Papsttum und partikularkirchliche Gewalt bei Innocenz III (1198-1216),* in «Archivum Historiae Pontificiae», 8 (1970), pp.61-111は表題にもかかわらず、実のところこの問いには何も答えてくれず、われわれの観点からすると失望に終わる。A. Oliver, *Tactica de propaganda y motivos literarios en las cartas antihereticos de Innocencio III,* Roma, 1957からはいくつかの要素を抽出することができる。フエスカのドゥランドゥスについてはすでに註24に引いたChr. Thouzellier, pp. 213-451およびK. V. Selgeの二巻からなる著作に公刊された、*Liber Antiheresis*を参照。ドゥランドゥスの別の論考として、Chr. Thouzellierの監修による *Une somme anticathare, le Liber contra Manicheos de Durand de Huesca,* Louvain, 1964 (Spicilegium Sacrum Lovaniense. Études et Documents, fasc. 32) が公刊されている。

●29）―― 教皇の聖フランチェスコに対する処遇について、歴史的にもっとも掘り下げた研究はK. V. Selge, *Franz von Assisi und Hugolino von Ostia,* in

«San Francesco nella ricerca storica degli ultimi ottanta anni», Todi, 1971, pp. 157-222である。そこでは聖フランチェスコとインノケンティウス三世についても論じられている。謙遜派《ウミリアーティ》については本書II章註78に引いたザノーニの論考を参照。

●30)—— この点についてはすでに古いものとなったG. M. Monti, *Le confraternite medioevali dell'alta e media Italia,* Firenze, 1927に加え、p. G. Meersseman の諸研究が重要である。彼の研究はわれわれの観点からみて意味深いので、以下に列挙しておこう。*La prédication dominicaine dans les congrégations mariales en Italie au XIIIe siècle,* in «Archivium Fratrum Praedicatorum», 18 (1948), pp.131-161; *Études sur les anciennes confréries Dominicaines.* I. *Les confréries de Saint-Dominique,* 同書, 20 (1950), pp.5-113; *Études sur les anciennes confréries dominicaines.* II. *Les confréries de Saint-Pierre Martyr,* 同書, 21 (1951), pp.51-196; *Études sur les anciennes confréries Dominicaines.* III. *Les Congrégations de la Vierge,* 同書, 22 (1952), pp.5-176; *Études sur les anciennes confréries Dominicaines.* IV. *Les Milices de Jésus Christ,* 同書, 23 (1953), pp.275-308。また同じメールスマンは、悔悛派に関する論考と一連の資料を公刊している: *Dossier de l'Ordre de la Pénitence au XIIIe siècle,* Fribourg, 1961 (Spicilegium Friburgense, VII)。この論考はイタリア外ではあまり関心を引かなかったが、民衆信仰の世界にとっては注目すべきものである。これに類した研究は、上に引いた論考の数々でもしばしば語られるフランチェスコ会士たちを対象とすることもできる。また、G. Alberigo, *Contributi alla storia delle confraternite dei Disciplinati e della spiritualità laicale nei secoli XV e XVI,* in «Il movimento dei disciplinati nel settimo centenario del suo inizio (Perugia, 1260)», Perugia, 1962も忘れてはならない。ここで、*Centro di documentazione sul movimento dei disciplinati*がDeputazione di Storia Patria per l'Umbriaの監修のもとに刊行するQuaderniの重要性をもつけ加えておきたい。これには温和で微細にわたる民衆信仰の側面についての豊かな指摘がある。

●31)—— «Postquam Dominus dedit michi de fratribus, nemo ostendebat michi quid deberam facere»; K. Esser, *Das Testament des heiligen Franziskus von Assisi,* Münster i.W., 1949 (Vorreformationsgeschichtliche Forschungen, 15), pp.40, 160-169参照。

●32）—— この点については夥しい論考を引くことができるが、ここでは R. Manselli, *Per la storia della fede albigese nel secolo XIV: quattro documenti dell'inquisizione di Carcassona,* in «Studi sul Medio Evo cristiano, offerti a Raffaello Morghen», I, Roma, 1974, pp.514-518で採りあげた異端審問資料を想起するにとどめる。

●33）—— ゲラルド・セガレッリとその後継者たちについては、L. Spätting, *De Apostolicis, Pseudoapostolicis, Apostolinis,* München, 1947, pp.113-140; C. Violante, *Eresie nelle città e nel contado in Italia dall'XI al XIII secolo,* in «Studi sulla cristianità»,（Ⅲ章註4に引用）, pp.370-374参照。また、G. Leff, *Heresy,*（Ⅱ章註79に引用）, I, pp.191-195も有益である。襤褸派《サッカーティ》その他、第二リヨン公会議以降廃絶された修道会については、M. de Fontette, *Les mendiants supprimés au 2e concile de Lione (1274). Frères Sachets et frères pies,* in «Les mendiants au pays d'Oc au XIIIe siècle», s.l. (ma Toulouse) 1973 (Cahiers de Fanjeaux, 8), pp.193-215を参照。

●34）—— これは教令n.23 («Religionum diversitatem»), ed. in *Conciliorum Oecumenicorum Decreta,* Freiburg i.Br., 1962, pp.302-303のことである。また、H. Wolter-H. Holstein, *Lyon I et Lyon II,* Paris, 1966 (Histoire des Conciles Oecuméniques, 7) 参照。

●35）—— 第四ラテラノ公会議の教令n.13 («Ne nimia»), 上掲書所収, p.218参照。しかしこちらの方がより厳格で限定的である。「誠に嘆かわしくも信仰の差異が神の教会に深甚なる混乱を齎し来たり、ここに新たなる信仰を捏造したカタリ派ばかりでなく、いかなる者であろうと信仰を覆さんとするものはすべて厳禁し、認可されたるものを一となす。同様に、新たに信仰会派を成そうと欲する者は、すでに承認されてある会則および組織を受容すること。さらに修道士は予め定められたる修道院より他へ移ることを禁じ、また一人の大修道院長が複数の修道院の監督を兼ねることを禁ずる «Ne nimia religionum diversitas gravem in ecclesia Dei confusionem inducat, firmiter prohobemus, ne quis de caetero novam religionem inveniat, sed quicumque voluerit ad religionem converti, unam de approbatis assumat. Similiter qui voluerit religiosam domum fundare de novo, regulam et institutionem accipiat de religionibus approbatis. Illud etiam prohibemius, ne quis in diversis monasteriis locum monachi habere praesumatm

nec unus abbas pluribus monasteriis praesiere»」。

●36)―― ケレスティヌス五世については、«Dictionnaire d'Histoire et de Géographie Ecclésiastique», 12 (1953), coll.79-101のR. Molsによる当該項目およびそこに載せられた豊富な文献一覧を参照。

●37)―― これはヤコポーネの讃歌《ラウダ》n.53である。これについてはR. Manselli, (II章註42に引用), pp.20-22; A. Frugoni, *Celestiniana,* Roma, 1954 (Studi Storici, 6-7) の解釈を参照。

●38)―― «Cum isti fatui expectant finem mundi?»; A. Frugoni, *Il Giubileo di Bonifacio VIII,* in «Bullettino dell'Istituto Storico Italiano per il Medio Eco e Archivio Muratoriano», 62 (1950), pp.1-103; R. Morghen, *Medioevo Cristiano,* (III章註5に引用), pp.265-282参照。また本書II章8節および同章註88をも参照。

●39)―― これらの問題について、特に14世紀初頭に関してはR. Manselli, *Spirituali e Beghini in Provenza,* (III章註47に引用) で論じた。

●40)―― 〈霊的教会〉と〈肉身教会〉の対比は13世紀以降ますます具体的に表面化するが、これは民衆信仰と知的宗教の間の関係と影響を示す興味深い現象のひとつである。〈二つの教会〉の反立は、厳密な輪郭と差異を以って13世紀末、ペトルス・ヨアニス・オリヴィによってその著『黙示録講解 *Lectura super Apocalipsim*』で最初に定式化された。これは当時の大学における教義に準じた解釈学的手法を基にしたものだったが、それはオリヴィにとって部分的にはすでにはじまっているが、完全に現実とはなっていない間近に予見されるたしかな可能性でありつづけた。つまりそれは理念、知的な解釈的仮説であった。しかし、聖霊派たち――特に南フランスの――が虐げられ、それに追随するベギン派（北西ヨーロッパの同名で呼ばれる者たちと混同してはならない）平信徒たちとともども迫害されるに到るや、この仮説は現実と化し、民衆に容易にまた明瞭に受容され、たちまち普及することとなる。聖霊派とベギン派が壊滅せられても、ヒエラルキアからなり、富裕で、権力あり、政治に携わるとはいえ、破滅を定められた〈肉身教会〉と、貧しく、迫害され、見捨てられた〈霊的教会〉の反立という理念は14、15世紀にわたり、予言的黙示的行動の温床であり続け、反教皇庁的な改革の機運を醸成することになる。これらの問題については、E. Benz, *Ecclesia spiritualis,*

Stuttgart, 1934; R. Manselli, La «Lectura», (Ⅲ章註37に引用); Idem, *Spirituali e Beghini* (Ⅲ章註47に引用); Idem, *Accettazoione e rifiuto della terza età,* in «Archivio di Filosofia», 1971, pp.125-139参照。

●41)—— N. Rodolico, *I Ciompi,* Firenze, 1971, pp.60-61参照。ヨハンネス・ルペシッサについては、J. Bignami-Odier, *Études sur Jean de Roquetaillade,* Paris, 1952 を、『試練梗概 *Vade mecum*』については、M. Reeves, *The Influence of Prophecy,* (Ⅱ章註64に引用), pp.216-228参照。

●42)—— Anonimo Trecentista, *Storia di Fra Michele Minorita,* a cura di F. Flora, Firenze, 1946 (2ª ed.) 参照。これは修道士Michele Berti da Calciを語ったものである(ロドリコが前註に引いた論考でCalviと彼を呼んでいるのは誤りである)。

●43)—— A. Sisto, *Pietro di Giovanni Olivi, il Beato Venturino da Bergamo e San Vincenzo Ferreri,* in «Rivista di Storia e Letteratura Religiosa», 1 (1965), pp.268-273および «Bibliotheca Sanctorum», 12 (1969), coll.1168-1176のS. M. BertucciによるVicente Ferrerの項目参照。*Giacomo della Marca*については、«Bibliotheca Sanctorum», VI (1965), coll.388-396のR. Lioiによる項目を参照。

●44)—— これはシエナ、フェラーラ、ウルビーノ管区のこと。«Dizionario Biografico degli Italiani», IX (1967), pp.215-226のR. Manselliによる *Bernardino da Siena*の項目参照。

●45)—— こうした複雑多岐な信仰世界について、14世紀末から15世紀前半にかけて、みごとに概括したものにE. Delaruelle, E.-R.Labande, P. Ourliac, *L'Église au temps du Grand Schisme et de la crise conciliaire (1378-1449),* Paris, 1964 (A. Fliche - V. Martin, Histoire de l'Église, 14) 第2巻のE. Delaruelleによる論考、特に第5部「キリスト教徒の信仰の途」がある。

●46)—— この «reformatio in capite et membris» の観念の発展とその意味について——明らかにH. Jedinの貢献著しいところである——は、K. A. Fink, in «Die Mittelalterliche Kirche», (Ⅱ章註78に引用), pp.572-580およびそこに付された豊富な文献一覧を参照。イェダンには、二巻からなる論集、*Kirche des Glaubens. Kirche der Geschichte,* Freiburg-Basel-Wien, 1966があり、そこでこの問題はトレント公会議の前から後に到るまで順々に検討されている。また前註に引いたドラリュエールによる論考*La réforme*も忘れてはならない。そこでは改革の諸現象が異端諸現象と交錯して、歴史的展

望のもと興味深く論じられている。

●47)── 魔術や妖術への漸進的移行についてはすでにII章1節で論じたところに加え、S. Leutenbauer, *Hexerei und Zaubereidelikt in der Literatur von 1450 bis 1550,* Berlin, 1972 (Münchener Universitätsschriften. Iuristische Fakultät. Abhandlungen zur rechtswissenschaftlichen Grundlegenforschung, 3) の概括が有益である。

●48)── ジャンヌ・ダルクに関する歴史記述は、基本的に1世紀以上前にJ. Michelet, *Histoire de France, Le Moyen Âge,* V, Paris, 1841が提起し、厳密な歴史批評と該博な知識によってそれを再論したE. O'Relly, *Les deux procès de condamnation, les enquêtes et la sentencede réhabilitation de Jeanne d'Arc,* I-II, Paris, 1868に依拠している。最近フランスの歴史家R. Pernoudによってジャンヌ・ダルク研究が再開され、*La libération d'Orléans,* Paris, 1969は女史の研究を総合するものとなっている。他の女性たちの霊性とジャンヌ・ダルクの霊性を比較研究したE. Delaruelle, *La spiritualité de Jeanne d'Arc,* in «Bulletin de Litterature ecclésiastique», 1964, pp.17-33をも参照。

●49)── P. Doncoeur-Y. Lanhers, *Documents et Recherches relatifs à Jeanne la Pucelle,* I-III, Paris, 1952-1956; P. Tisset-Y. Lanhers, *Procès de condamnation de Jeanne d'Arc,* Paris, 1960参照。

●50)── «Jehanne la bonne Lorraine, / Qu' Engelais brulèrent a Reuen»; *Ballade des dames du temps jadis,* in *Le Testament,* v.349-350, in A. Longnon, *François Villon,* (II章註100に引用), p.73参照〔「そのかみの美姫の歌」日夏耿之介訳〕。

●51)── ピウス二世のイスラム教徒たちに対する態度は、F. Gaeta, *Sulla «Letteratura a Maometto» di Pio II,* in «Bullettino dell'Istituto Storico Italiano per il Medio Evo e Archivio Muratoriano», 77 (1965), pp.127-227とそこに公刊された書簡を、そしてまたH. Pfefermann, *Die Zusammenarbeit der Renaissancepäpste mit den Türken,* Winterthur, 1946を参照。そこにはトルコに対する政治的な振幅──教皇たちの立場からばかりでなく──が浮き彫りにされている。中世末の数世紀における十字軍およびその理念については、A. S. Atiya, *The Crusade in the Later Middle Ages,* London, 1938が総合的に概観している。そのpp.226-230ではピウス二世も論じられている。ただし民衆の心性の変化についてはかなり見過ごされている。

●52)── あらゆる種類の民衆運動に対する懸念に発する心情と態度に特

徴的なこのエピソードについてはL. Fumi, *Eretici in Boemia e Fraticelli in Roma nel 1466,* in «Archivio della R. Società di Storia Patria», 34 (1911), pp.117-130を参照。

●53)――贖罪の要請、黙示録的待望そして説教者たちの行動に撹乱されたこうした世界について、またシエナのベルナルディーノについては、A. Volpato, *La predicazione penitenziale-apocalittica nell'attività di due predicatori del 1473;* G. Tognetti, *Note sul profetismo nel Rinascimento e la letteratura relativa,* in «Bullettino dell'Istituto Storico Italiano per il Medio Evo e Archivio Muratoriano», 82 (1970), pp.113-128, 129-157の二論考を参照。両者とも豊かな知見と文献の指摘に満ちている。ブランダーノについては、まさに彼を論じたG. Tognetti, *Sul «romita» e profeta Brandano da Petroio,* in «Rivista Storica Italiana», 72 (1960), pp.20-44がある。またG. de Caro監修«Dizionario Biografico degli Italiani», 6 (1964), pp.752-755の*Bartolomeo da Petroio, detto Brandano*の項目をも参照。パオラのフランチェスコについては、«Bibliotheca Sanctorum», 5 (1964), coll.1163-1175のF. Russoによる項目の他に、E. Pontieri, *Un monarca realistica e un asceta del Quattrocento: Ferrante d'Aragona, re di Napoli e S. Francesco a Paola,* in «Ferrrante d'Aragona, re di Napoli», s.l., s.d. (ma Napoli, 1968), (2ª ed.), pp.371-443が重要である。